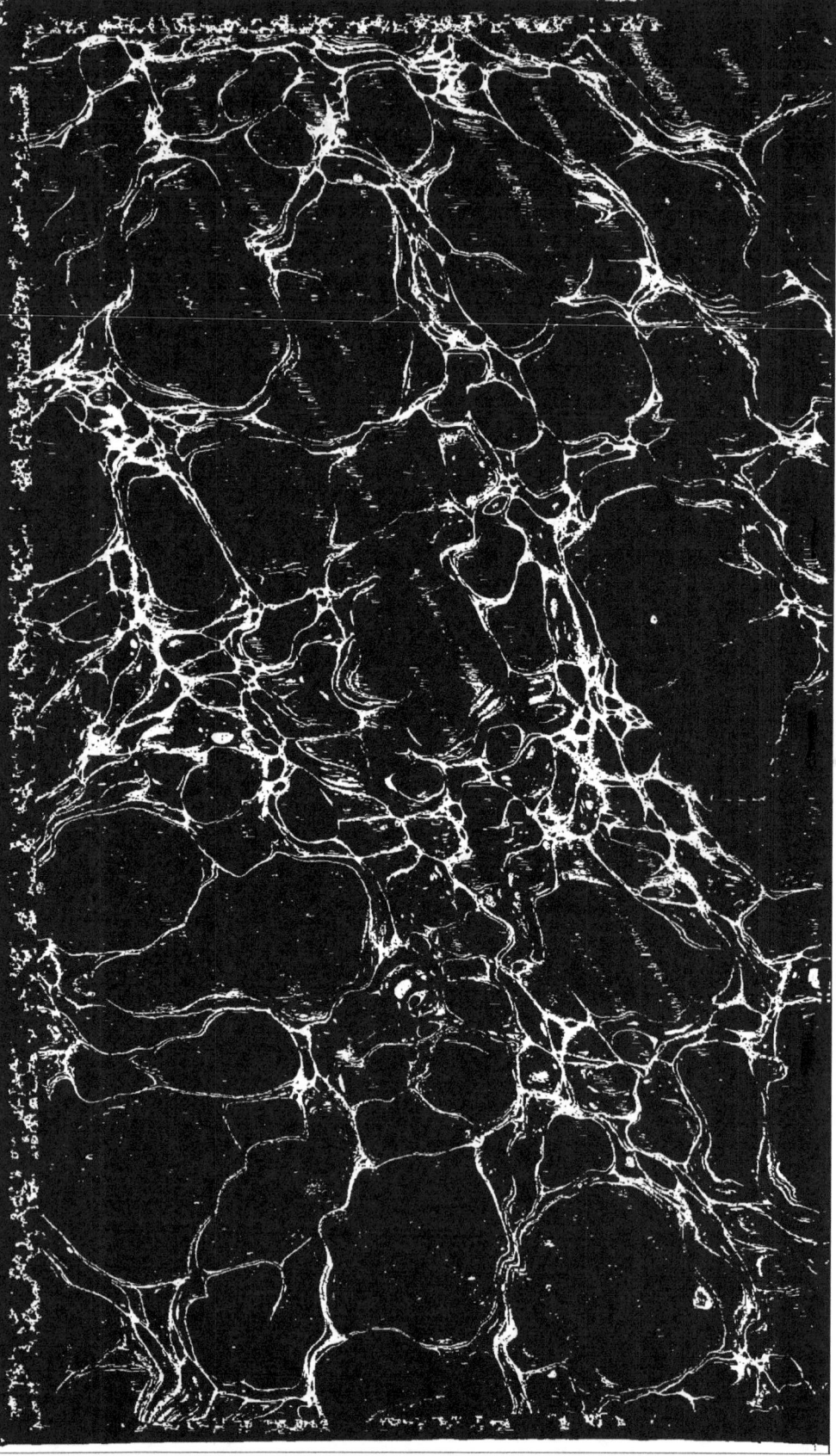

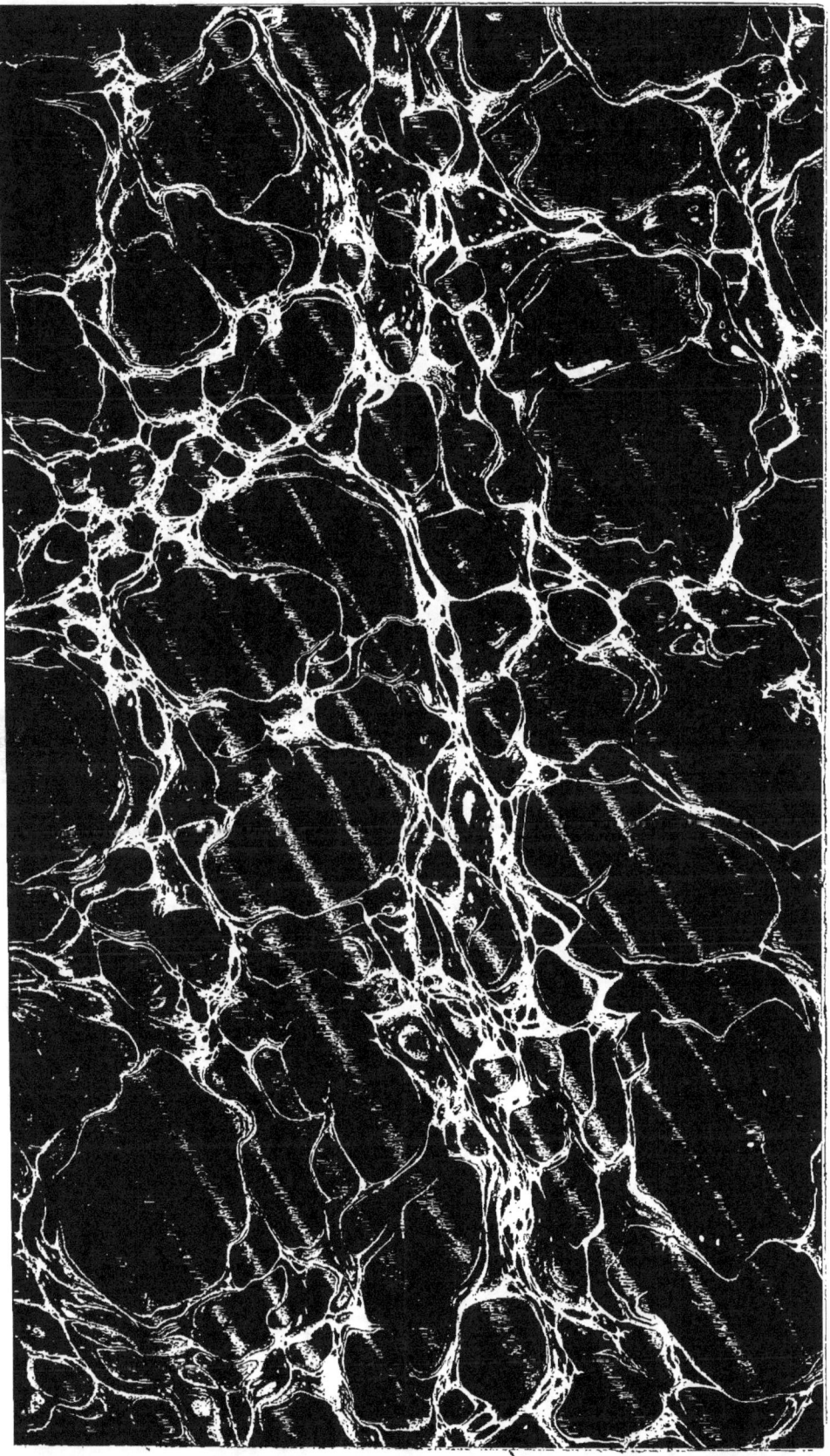

MANUSCRIT
DE L'AN TROIS
(1794-1795).

SE VEND AUSSI

CHEZ

DELAUNAY, Libraire, Palais-Royal.—MONGIE, boulevart des Italiens, n°. 10
BAUDOUIN, rue de Vaugirard, n°. 17.

Ouvrages du même Auteur.

MANUSCRIT DE 1812. — MANUSCRIT DE 1813.
— MANUSCRIT DE 1814.

PARIS.—IMPRIMERIE DE FAIN,
Rue Racine, n°. 4, place de l'Odéon.

MANUSCRIT
DE L'AN TROIS
(1794-1795)

CONTENANT LES PREMIÈRES TRANSACTIONS DES PUISSANCES DE
L'EUROPE AVEC LA RÉPUBLIQUE FRANÇAISE,

ET LE TABLEAU DES DERNIERS ÉVÉNEMENS

DU RÉGIME CONVENTIONNEL,

POUR SERVIR A L'HISTOIRE DU CABINET DE CETTE ÉPOQUE,

PAR LE BARON FAIN,
ALORS SECRÉTAIRE AU COMITÉ MILITAIRE DE LA CONVENTION NATIONALE.

PARIS.
A. DUPONT et Cie. LIBRAIRES,
RUE VIVIENNE, N°. 16.

1828.

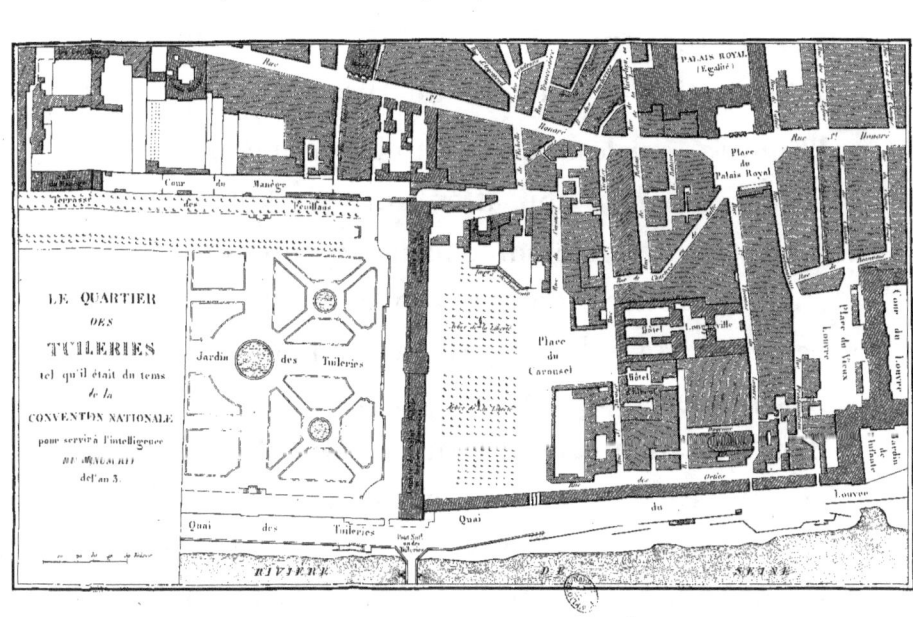

PRÉFACE.

Ce livre peut être considéré comme une introduction aux temps du Directoire et de l'Empire, sur lesquels le Public semble maintenant reporter son attention avec quelque intérêt. Le récit commence à l'époque qui a suivi le 9 thermidor; ma mémoire ne peut remonter plus loin. C'est le moment où le hasard des temps m'a transporté du collége dans les bureaux de la Convention nationale, et je ne raconte que les événemens dont j'ai été le témoin. Les souvenirs de la première jeunesse ne sont ni les moins sûrs ni les moins sincères. D'ailleurs, ce que je n'ai fait qu'entrevoir alors, j'ai pu dans la suite l'étudier plus mûrement; une circonstance particulière m'en a fait même un devoir. Lorsque le général Bonaparte est arrivé au gouvernement, il a demandé qu'on lui remît un précis des négociations qui avaient précédé sa promotion au commandement de l'armée d'Italie ; et ce travail a été la première esquisse de l'ouvrage que je publie aujourd'hui. Ce sera, si l'on veut, l'histoire du Cabinet de l'an trois. — Le Cabinet de l'an trois !... je vois d'ici bien des préventions s'exprimer par un sourire. Y avait-il un Cabinet en l'an trois ? Le livre répondra. Au surplus, il est tout simple que jusqu'à présent on en ait douté. Tandis que les affaires politiques se traitaient dans le silence de la nuit, au fond des appartemens démeublés des Tuileries, les révolutions des partis roulaient les unes sur les autres avec autant de rapidité que de bruit. Elles absorbaient toute l'attention de la place publique, et l'histoire contemporaine se remplissait avec une telle abondance des événemens du jour, que les travaux de la nuit n'y pouvaient guères trouver de place. Cette préoccupation des esprits s'est continuée long-temps, et de distractions en distractions, personne n'a plus pensé à la

PRÉFACE. 3

lacune qui était restée en arrière. Il faut le dire aussi : l'habitude de confondre les opérations du gouvernement républicain avec les excès de la Révolution n'a pas peu contribué à prolonger la méprise; et si l'on se rappelle avec quelle adresse ces préventions ont été cultivées, peut-on s'étonner de leur puissance et de leur durée? Quel empressement n'a-t-on pas mis à rapetisser, par le ridicule, les hommes et les travaux que les événemens s'efforçaient de grandir ! Que de soins pour déguiser, par des expressions détournées, le véritable but des partis et pour dénaturer à leur naissance les moindres relations qui tendaient à s'établir dans la société nouvelle? On a tant dit, tant écrit, tant répété qu'il n'y avait sur les bancs de la Convention que des sots, des fripons ou des bourreaux, qu'il n'est pas étonnant que le jugement de plusieurs générations en soit resté fasciné. A travers tous ces mépris, et par delà tant de fautes et tant de crimes, comment aurait-on deviné de véritables talens, de grands caractères, et tout ce qui peut recommander un Cabinet ?

Mais la Restauration a terminé le drame, et l'on peut maintenant mettre de côté les illusions de la scène et la défaveur que certains rôles ont encourue, pour ne plus voir que les acteurs, les appeler par leurs noms, les reconnaître à visage découvert, et faire la part de leur mérite personnel.

Les réputations individuelles commenceront la réhabilitation du groupe d'où elles sont sorties, et peut-être que tel nom fera rejaillir sur cette époque l'éclat qu'il en aurait pu recevoir. Il n'est pas jusqu'à la composition des Bureaux qui n'offre matière à réflexion sur l'injustice des idées qui ont prévalu si long-temps ! Ceux qui n'ont lu que les histoires des partis se doutent-ils que les comités du gouvernement avaient pour principaux employés le général Clarke, depuis maréchal de France; le général Dupont, depuis ministre du roi Louis XVIII ; M. Reinhard, aujourd'hui ministre de France à

PRÉFACE. 5

Francfort ; M. Otto, qui a été l'honneur de la diplomatie française, notamment à Londres et à Vienne ; Nugues Saint-Cyr, le compagnon de Suchet ; Faypoult, ministre des finances du Directoire et préfet de l'Empire ; Gau, conseiller d'état ; Aubusson, jusqu'au dernier moment chef de la secrétairerie d'état ; Pierre et Chabeuf, les premiers collaborateurs de Frochot à la préfecture de la Seine ; Petitot, de l'université ; et tant d'autres ?

Sur vingt employés que nous étions, tout au plus, au Comité Militaire, on peut citer Bailly de Monthion, qui est devenu aide-major-général de la grande armée ; Courtin, procureur-impérial à Paris ; Fréville, aujourd'hui conseiller d'état ; Mazoyer, aujourd'hui maître des requêtes ; l'adjudant-général Hortode ; Grivel, aujourd'hui contre-amiral ; etc. Mais il est inutile de pousser plus loin cette nomenclature secondaire. Ce qui mérite l'attention, c'est la liste des membres du comité de Salut Public, qui se sont succédé au timon de l'état, dans ces jours d'orage et de révolution ; je

PRÉFACE.

l'offre à ceux de mes lecteurs qui seraient curieux de juger les choses d'après les personnes, ou les personnes d'après les choses.

M. Thibaudeau est jusqu'à ce jour le seul des membres du comité de Salut Public qui, je crois, ait publié des mémoires : son volume sur les temps de la Convention offre des tableaux d'une grande vérité ; j'en ai extrait quelques notes qui pourront servir à rapprocher nos deux récits.

Enfin, pour faciliter l'intelligence de mon Manuscrit, j'y ai joint, 1°. une concordance du calendrier républicain avec le calendrier vulgaire pour l'an III, et, 2°. le plan de l'occupation des Tuileries par la Convention nationale a l'époque dont nous allons repasser les événemens.

CONCORDANCE

Du Calendrier républicain avec le Calendrier grégorien pour l'an III de la République.

PREMIER TRIMESTRE.

VENDÉM.		1794.		BRUMAIRE.		1794.		FRIMAIRE		1794.	
1	Primidi.	L.	22	1	Primidi.	M.	22	1	Primidi.	V.	21
2	Duodi.	M.	23	2	Duodi.	J.	23	2	Duodi.	S.	22
3	Tridi.	M.	24	3	Tridi.	V.	24	3	Tridi.	D.	23
4	Quartidi.	J.	25	4	Quartidi.	S.	25	4	Quartidi	L.	24
5	Quintidi.	V.	26	5	Quintidi.	D.	26	5	Quintidi.	M.	25
6	Sextidi.	S.	27	6	Sextidi.	L.	27	6	Sextidi.	M.	26
7	Septidi.	D.	28	7	Septidi	M.	28	7	Septidi.	J.	27
8	Octidi.	L.	29	8	Octidi.	M.	29	8	Octidi.	V.	28
9	Nonidi.	M.	30	9	Nonidi.	J.	30	9	Nonidi.	S.	29
10	Decadi.	M.	1	10	Decadi.	V.	31	10	Decadi.	D.	30
11	Primidi.	J.	2	11	Primidi.	S.	1	11	Primidi.	L.	1
12	Duodi.	V.	3	12	Duodi.	D.	2	12	Duodi.	M.	2
13	Tridi.	S.	4	13	Tridi.	L.	3	13	Tridi.	M.	3
14	Quartidi	D.	5	14	Quartidi.	M.	4	14	Quartidi.	J.	4
15	Quintidi.	L.	6	15	Quintidi.	M	5	15	Quintidi.	V.	5
16	Sextidi.	M.	7	16	Sextidi.	J.	6	16	Sextidi.	S.	6
17	Septidi.	M.	8	17	Septidi.	V.	7	17	Septidi.	D.	7
18	Octidi.	J.	9	18	Octidi.	S.	8	18	Octidi.	L.	8
19	Nonidi.	V.	10	19	Nonidi.	D.	9	19	Nonidi.	M.	9
20	Decadi.	S.	11	20	Decadi.	L.	10	20	Decadi.	M.	10
21	Primidi.	D.	12	21	Primidi.	M.	11	21	Primidi.	J.	11
22	Duodi.	L.	13	22	Duodi.	M.	12	22	Duodi.	V.	12
23	Tridi.	M.	14	23	Tridi.	J.	13	23	Tridi.	S.	13
24	Quartidi.	M.	15	24	Quartidi.	V.	14	24	Quartidi.	D.	14
25	Quintidi.	J.	16	25	Quintidi.	S	15	25	Quintidi.	L.	15
26	Sextidi.	V.	17	26	Sextidi.	D.	16	26	Sextidi.	M.	16
27	Septidi.	S.	18	27	Septidi.	L.	17	27	Septidi.	M.	17
28	Octidi.	D.	19	28	Octidi.	M.	18	28	Octidi.	J.	18
29	Nonidi.	L.	20	29	Nonidi.	M.	19	29	Nonidi.	V.	19
30	Decadi.	M	21	30	Decadi.	J.	20	30	Decadi.	S.	20

(Septembre / Octobre — Octobre / Novembre — Novembre / Décembre)

DEUXIÈME TRIMESTRE.

NIVOSE.		1794 et 1795.		PLUVIOSE.		1795.		VENTOSE.		1795.	
1	Primidi.	D.	21	1	Primidi.	M.	20	1	Primidi.	J.	19
2	Duodi.	L.	22	2	Duodi.	M.	21	2	Duodi.	V.	20
3	Tridi.	M.	23	3	Tridi.	J.	22	3	Tridi.	S.	21
4	Quartidi.	M.	24	4	Quartidi.	V.	23	4	Quartidi.	D.	22
5	Quintidi.	J.	25	5	Quintidi.	S.	24	5	Quintidi.	L.	23
6	Sextidi.	V.	26	6	Sextidi.	D.	25	6	Sextidi.	M.	24
7	Septidi.	S.	27	7	Septidi.	L.	26	7	Septidi.	M.	25
8	Octidi.	D	28	8	Octidi.	M.	27	8	Octidi.	J.	26
9	Nonidi.	L.	29	9	Nonidi.	M.	28	9	Nonidi.	V.	27
10	Decadi.	M.	30	10	Decadi.	J.	29	10	Decadi.	S.	28
11	Primidi.	M.	31	11	Primidi.	V.	30	11	Primidi.	D.	1
12	Duodi.	J.	1	12	Duodi.	S.	31	12	Duodi.	L.	2
13	Tridi.	V.	2	13	Tridi.	D.	1	13	Tridi.	M.	3
14	Quartidi.	S.	3	14	Quartidi.	L.	2	14	Quartidi.	M.	4
15	Quintidi.	D.	4	15	Quintidi.	M.	3	15	Quintidi.	J.	5
16	Sextidi.	L.	5	16	Sextidi.	M.	4	16	Sextidi.	V.	6
17	Septidi.	M.	6	17	Septidi.	J.	5	17	Septidi.	S.	7
18	Octidi.	M.	7	18	Octidi.	V.	6	18	Octidi.	D.	8
19	Nonidi.	J.	8	19	Nonidi.	S.	7	19	Nonidi.	L.	9
20	Decadi.	V.	9	20	Decadi.	D.	8	20	Decadi.	M	10
21	Primidi.	S.	10	21	Primidi.	L.	9	21	Primidi.	M.	11
22	Duodi.	D.	11	22	Duodi.	M.	10	22	Duodi.	J.	12
23	Tridi.	L.	12	23	Tridi.	M.	11	23	Tridi.	V.	13
24	Quartidi.	M.	13	24	Quartidi.	J.	12	24	Quartidi	S.	14
25	Quintidi.	M.	14	25	Quintidi.	V.	13	25	Quintidi.	D.	15
26	Sextidi.	J.	15	26	Sextidi	S.	14	26	Sextidi.	L.	16
27	Septidi.	V.	16	27	Septidi.	D.	15	27	Septidi.	M.	17
28	Octidi.	S.	17	28	Octidi.	L.	16	28	Octidi.	M.	18
29	Nonidi.	D.	18	29	Nonidi.	M.	17	29	Nonidi.	J.	19
30	Decadi.	L.	19	30	Decadi.	M.	18	30	Decadi.	V.	20

(Décembre / Janvier — Janvier / Février — Février / Mars.)

TROISIÈME TRIMESTRE.

GERMINAL.		1795.		FLORÉAL.		1795.		PRAIRIAL.		1795.	
1	Primidi.	S.	21 *Mars.*	1	Primidi.	L.	20	1	Primidi.	M.	20 *Mai.*
2	Duodi.	D.	22	2	Duodi.	M.	21	2	Duodi.	J.	21
3	Tridi.	L.	23	3	Tridi.	M.	22	3	Tridi.	V.	22
4	Quartidi.	M.	24	4	Quartidi.	J.	23	4	Quartidi.	S.	23
5	Quintidi.	M.	25	5	Quintidi.	V.	24	5	Quintidi.	D.	24
6	Sextidi.	J.	26	6	Sextidi.	S.	25	6	Sextidi.	L.	25
7	Septidi.	V.	27	7	Septidi.	D.	26	7	Septidi.	M.	26
8	Octidi.	S.	28	8	Octidi.	L.	27	8	Octidi.	M.	27
9	Nonidi.	D.	29	9	Nonidi.	M.	28	9	Nonidi	J.	28
10	Decadi.	L.	30	10	Decadi.	M.	29	10	Decadi.	V.	29
11	Primidi.	M.	31	11	Primidi.	J.	30	11	Primidi.	S.	30
12	Duodi.	M.	1 *Avril.*	12	Duodi.	V.	1 *Mai.*	12	Duodi.	D.	31
13	Tridi.	J.	2	13	Tridi.	S.	2	13	Tridi.	L.	1 *Juin.*
14	Quartidi.	V.	3	14	Quartidi.	D.	3	14	Quartidi.	M.	2
15	Quintidi.	S.	4	15	Quintidi.	L.	4	15	Quintidi.	M.	3
16	Sextidi.	D.	5	16	Sextidi.	M.	5	16	Sextidi.	J.	4
17	Septidi.	L.	6	17	Septidi.	M.	6	17	Septidi.	V.	5
18	Octidi.	M.	7	18	Octidi.	J.	7	18	Octidi.	S.	6
19	Nonidi.	M.	8	19	Nonidi.	V.	8	19	Nonidi.	D.	7
20	Decadi.	J.	9	20	Decadi.	S.	9	20	Decadi.	L.	8
21	Primidi.	V.	10	21	Primidi.	D.	10	21	Primidi.	M.	9
22	Duodi.	S.	11	22	Duodi.	L.	11	22	Duodi.	M.	10
23	Tridi.	D.	12	23	Tridi.	M.	12	23	Tridi.	J.	11
24	Quartidi.	L.	13	24	Quartidi.	M.	13	24	Quartidi.	V.	12
25	Quintidi.	M.	14	25	Quintidi.	J.	14	25	Quintidi.	S.	13
26	Sextidi.	M.	15	26	Sextidi.	V.	15	26	Sextidi.	D.	14
27	Septidi.	J.	16	27	Septidi.	S.	16	27	Septidi.	L.	15
28	Octidi.	V.	17	28	Octidi.	D.	17	28	Octidi.	M.	16
29	Nonidi.	S.	18	29	Nonidi.	L.	18	29	Nonidi.	M.	17
30	Decadi.	D.	19	30	Decadi.	M.	19	30	Decadi.	J.	18

QUATRIÈME TRIMESTRE.

MESSIDOR.		1795.	THERMID.		1795.	FRUCTID.		1795.
1 Primidi.	V.	19 *Juin.*	1 Primidi.	D.	19 *Juillet.*	1 Primidi.	M.	18 *Aout.*
2 Duodi.	S.	20	2 Duodi.	L.	20	2 Duodi.	M.	19
3 Tridi.	D.	21	3 Tridi.	M.	21	3 Tridi.	J.	20
4 Quartidi.	L.	22	4 Quartidi.	M.	22	4 Quartidi.	V.	21
5 Quintidi.	M.	23	5 Quintidi.	J.	23	5 Quintidi.	S.	22
6 Sextidi.	M.	24	6 Sextidi.	V.	24	6 Sextidi.	D.	23
7 Septidi.	J.	25	7 Septidi.	S.	25	7 Septidi.	L.	24
8 Octidi.	V.	26	8 Octidi.	D.	26	8 Octidi.	M.	25
9 Nonidi.	S.	27	9 Nonidi.	L.	27	9 Nonidi.	M.	26
10 Decadi.	D.	28	10 Decadi.	M.	28	10 Decadi.	J.	27
11 Primidi.	L.	29	11 Primidi.	M.	29	11 Primidi.	V.	28
12 Duodi.	M.	30	12 Duodi.	J.	30	12 Duodi.	S.	29
13 Tridi.	M.	1 *Juillet.*	13 Tridi.	V.	31	13 Tridi.	D.	30
14 Quartidi.	J.	2	14 Quartidi.	S.	1 *Aout.*	14 Quartidi.	L.	31
15 Quintidi.	V.	3	15 Quintidi.	D.	2	15 Quintidi.	M.	1 *Septembre.*
16 Sextidi.	S.	4	16 Sextidi.	L.	3	16 Sextidi.	M.	2
17 Septidi.	D.	5	17 Septidi.	M.	4	17 Septidi.	J.	3
18 Octidi.	L.	6	18 Octidi.	M.	5	18 Octidi.	V.	4
19 Nonidi.	M.	7	19 Nonidi.	J.	6	19 Nonidi.	S.	5
20 Decadi.	M.	8	20 Decadi.	V.	7	20 Decadi.	D.	6
21 Primidi.	J.	9	21 Primidi.	S.	8	21 Primidi.	L.	7
22 Duodi.	V.	10	22 Duodi.	D.	9	22 Duodi.	M.	8
23 Tridi.	S.	11	23 Tridi.	L.	10	23 Tridi.	M.	9
24 Quartidi.	D.	12	24 Quartidi.	M.	11	24 Quartidi.	J.	10
25 Quintidi.	L.	13	25 Quintidi.	M.	12	25 Quintidi.	V.	11
26 Sextidi.	M.	14	26 Sextidi.	J.	13	26 Sextidi.	S.	12
27 Septidi.	M.	15	27 Septidi.	V.	14	27 Septidi.	D.	13
28 Octidi.	J.	16	28 Octidi.	S.	15	28 Octidi.	L.	14
29 Nonidi.	V.	17	29 Nonidi.	D.	16	29 Nonidi.	M.	15
30 Decadi.	S.	18	30 Decadi.	L.	17	30 Decadi.	M.	16
						1 *Complementaires.*	J.	17
						2	V.	18
						3	S.	19
						4	D.	20
						5	L.	21
						6	M.	22

COMPOSITION
SUCCESSIVE
DU COMITÉ DE SALUT PUBLIC
PENDANT L'AN III.

§ Ier. *Le comité est de douze membres, dont le quart se renouvelle tous les mois.*

Dernier quart de l'ancien comité.	Prieur, de la Côte-d'Or. Carnot (1). Robert-Lindet.	Jusqu'au 15 vend. an III.
Ier. renouvellement qui a suivi la révolution du 9 thermidor.	Laloi. Eschasseriaux (2). Treilhard (3).	Jusqu'au 15 brum. an III.
	Thuriot. Cochon. Bréard (4).	Jusqu'au 15 frimaire.
	Merlin, de Douai (5). Fourcroy (5). Delmas.	Jusqu'au 15 nivôse.
Renouvellement du 15 vendémiaire an III.	Prieur, de la Marne. Guyton de Morveaux. Richard.	Jusqu'au 15 pluviôse.
Renouvellement du 15 brumaire.	Cambacérès (6). Carnot. Pelet de la Lozère.	Jusqu'au 15 ventôse.
Renouvellement du 15 frimaire.	Boissy-d'Anglas (7). Dubois de Crancé. André Dumont.	Jusqu'au 15 germinal.
Renouvellement du 15 nivôse.	Marec (8). Bréard. Chazal.	Jusqu'au 15 floréal.
Renouvellement du 15 pluviôse.	Merlin, de Douai (9). Fourcroy. Lacombe-Saint-Michel.	Jusqu'au 15 prairial.

(1) Carnot est réélu le 15 brumaire.
(2) Eschasseriaux est réélu le 15 vendémiaire an IV.
(3) Treilhard est réélu le 15 floréal.
(4) Bréard est réélu le 15 nivôse.
(5) Merlin et Fourcroy sont réélus le 5 pluviôse.
(6) Cambacérès est réélu le 15 germinal.
(7) Boissy-d'Anglas est réélu le 15 messidor.
(8) Marec est réélu le 15 prairial.
(9) Merlin est rappelé pour la troisième fois le 15 thermidor.

Renouvellement du 15 ventôse.	Laporte. Sieyès (1). Reubell (1).	Jusqu'au 15 messidor.

§ II. *A partir du 15 germinal, la composition du Comité est portée à seize membres.*

Renouvellement du 15 germinal.	Creuzé Latouche. Lesage, d'Eure-et-Loir (2).	Jusqu'au 15 floréal.
	Gillet. Roux, de la Haute-Marne.	Jusqu'au 15 messidor.
	Cambacérès (3). Aubry. Tallien.	Jusqu'au 15 thermidor.
Renouvellement du 15 floréal.	Treilhard Vernier. Defermon.	Jusqu'au 15 thermidor.
	Rabaut Pommier. Doucet de Pontecoulant.	Jusqu'au 15 fructidor.
Renouvellement du 15 prairial.	Marec. Blad. Gamon. Henri Larivière.	Jusqu'au 15 vendemiaire an IV.
Renouvellement du 15 messidor.	Louvet. Boissy-d'Anglas. Jean Debry. Lesage, d'Eure-et-Loir.	
Renouvellement du 15 thermidor.	Letourneur, de la Manche. Merlin de Douai. Reubell. Sieyès.	
Renouvellement du 15 fructidor.	Cambacérès. Revellière-Lepeaux. Daunou. Berlier.	Jusqu'à la fin.
Renouvellement du 15 vendémiaire an IV.	Chenier. Gourdan. Eschasseriaux aîné. Thibaudeau.	

(1) Sieyès et Reubell sont réélus le 15 thermidor.
(2) Lesage est réélu le 15 messidor.
(3) Cambacérès est réélu pour la troisième fois le 15 fructidor.

TABLE DES CHAPITRES.

                                                                  Pages.

PRÉFACE. 1

PREMIÈRE PARTIE.

CHAPITRE I. La coalition se divise. (Fin de l'an II.). 19
CHAP. II. Le comité de Salut Public se renouvelle. 24
CHAP. III. Premières délibérations sur les négociations qui se préparent. (Vendémiaire an III.). . 26
CHAP. IV. Prétentions de l'Espagne. (Suite de vendémiaire.). 31
CHAP. V. Dernières opérations de la campagne d'automne. (Brumaire an III.). 34
CHAP. VI. La question de la paix passe du Comité à la tribune. (Frimaire.). 41
CHAP. VII. Démarche directe de la Prusse. (Suite de frimaire.). 46
CHAP. VIII. Ouverture faite par le général en chef espagnol. Nivôse (janvier 95). 51
CHAP. IX. La Hollande et la campagne d'hiver. (Suite de nivôse.). 58
CHAP. X. Situation intérieure de la France. (*Id.*) 63
CHAP. XI. L'Autriche et l'Angleterre à la même époque. 70
CHAP. XII. Nouvelle déclaration de principes du comité de Salut Public. (Pluviôse.). 75

DEUXIÈME PARTIE.

Pages.

Chap. I. Première négociation de Bâle.—M. de Goltz et le citoyen Barthélemy. (Fin de pluviôse.)... 83
Chap. II. Démarches conciliatrices auprès de l'Espagne. (Même époque.)............ 88
Chap. III. Paix avec la Toscane, et dispositions des autres puissances d'Italie. (Suite de pluviôse.).. 94
Chap. IV. Nouvelle correspondance du général espagnol. Ventôse an III (fin de février)....... 106
Chap. V. Mission des citoyens Bourgoing et Roquesante. Fin de ventôse (Premiers jours de mars.) 112
Chap. VI. Seconde négociation de Bâle. — M. de Hardenberg et le citoyen Barthélemy. Premiers jours de germinal (fin de mars)......... 119
Chap. VII. Journées des 12 et 13 germinal à Paris. 127
Chap. VIII. Paix de Bâle avec la Prusse. 26 germinal an III (5 avril 95).............. 143

TROISIÈME PARTIE.

Chap. I. Correspondance de Figuières entre M. d'Ocaritz et le citoyen Bourgoing. (Fin de germinal). 161
Chap. II. Un autre négociateur arrive à Bâle. (Floréal.)....................... 168
Chap. III. Un troisième négociateur espagnol survient. 27 floréal (4 mai).............. 174
Chap. IV. Journée de prairial à Paris........ 184
Chap. V. Traité de paix et d'alliance avec la Hollande. (8 prairial)................... 200
Chap. VI. Convention additionnelle au traité avec la Prusse à la même époque............ 204

DES CHAPITRES.

Pages.

Chap. VII. L'Espagne et les enfans du roi Louis XVI. (Prairial.). 210
Chap. VIII. Double négociation avec l'Espagne. (Messidor.). 220
Chap. IX. Paix de l'Espagne. 4 thermidor an III (22 juillet 95). 226

QUATRIÈME PARTIE.

Chap. I. Suite de la paix d'Espagne. — Paroles d'alliance. 241
Chap. II. Les neutres. 251
Chap. III. Les amis de la Prusse. — La Bavière. — Le Wurtemberg. — Hesse-Cassel. — La Diète germanique. 259
Chap. IV. Le Portugal. 262
Chap. V. Naples. 267
Chap. VI. La Sardaigne et les autres puissances d'Italie. 272
Chap. VII. L'Autriche. 274
Chap. VIII. Dispositions militaires pour la fin de la campagne. (Fructidor). 282

CINQUIÈME PARTIE.

Chap. I. Progrès du parti royaliste en France. (Fin de l'an III.). 295
Chap. II. Fragmens de la correspondance de Vérone, et de quelques lettres des bords du Rhin. . . . 308
Chap. III. Les Sections de Paris. Premiers jours de l'an III (septembre 95). 323
Chap. IV. Réunion de la Belgique et du pays de Liége à la France. 334

TABLE DES CHAPITRES.

Pages.

CHAP. V. Premières étincelles de guerre civile à Paris. — Affaire de la rue Vivienne. 341

CHAP. VI. Journée du 13 vendémiaire (5 octobre 95). 350

CHAP. VII. Fin du régime de la Convention. Conclusion. 368

PIÈCES HISTORIQUES. 387

TABLE ALPHABÉTIQUE et raisonnée des matières contenues dans cet ouvrage. 435

FIN DE LA TABLE.

MANUSCRIT
DE L'AN TROIS.

PREMIÈRE PARTIE.

PREMIERES PAROLES DE PAIX.

(Fin de l'an II et commencement de l'an III.)

MANUSCRIT DE L'AN TROIS.

PREMIÈRE PARTIE.

CHAPITRE I.

LA COALITION SE DIVISE.

(Fin de l'an II.)

La journée du neuf thermidor vient de faire tomber le masque hideux que la révolution française a porté trop long-temps, et dans le même moment la victoire semble redoubler d'efforts pour rendre à la nouvelle république des traits aussi imposans que glorieux [1].

---

[1] Les premiers jours qui suivirent le 9 thermidor, tous les cœurs s'ouvrirent aux plus douces espérances!.... La France avait cessé d'être pour l'étranger un objet d'épou-

Au nord, Jourdan, vainqueur à Fleurus, n'a plus qu'un pas à faire pour rejeter les armées allemandes par-delà le Rhin. Au midi, Dugommier, qui a chassé les Anglais de Toulon, arrive sur les Pyrénées et porte l'attaque aux lieux où les Espagnols n'ont encore trouvé que la défense. Du côté des Alpes, les baïonnettes républicaines couronnent le sommet des derniers monts qui couvrent l'Italie; enfin, par toutes les issues, nos phalanges sont prêtes à déborder sur l'Europe.

Cependant voilà plus de deux ans que presque tous les rois s'obstinent dans cette guerre sanglante. Le moment où les grandes coalitions se divisent, semble n'être plus éloigné. Quand des poids inégaux subissent le même jet, il en reste toujours plus d'un en arrière.... Mais de quels rangs sortiront les premières paroles de paix? Par qui seront-elles portées? Et comment ce comité de Salut Public, à qui l'on fait encore une réputation si farouche, voudra-t-il les entendre?

Nous allons voir la diplomatie des rois, re-

---

vante! Rayée pour ainsi dire de l'état des nations civilisées, elle y reprit son rang. (Thibaudeau, page 125, *Convention.*)

nonçant à ses vieilles allures, s'engager en tâtonnant sur un terrain qui n'est plus celui des palais et des chancelleries ; se prêter à des formes nouvelles, entendre un langage nouveau, payer enfin tribut aux temps extraordinaires avec lesquels elle est réduite à s'accommoder ; cet épisode est propre à jeter quelque variété dans l'histoire trop monotone des négociations modernes.

Un mois était à peine écoulé depuis la chute de Robespierre, lorsqu'un inconnu se présente à Baden en Suisse, chez le citoyen Barthélemy, ambassadeur de la République française, près les cantons Helvétiques. Il remet un paquet, et disparaît. Ce mystérieux message contient des propositions faites au nom de la Prusse par le feld-maréchal Mollendorf, pour un échange de prisonniers. Quelques insinuations s'y trouvent qui paraissent annoncer le désir d'une pacification.

Peu de jours après, la personne qui a remis ce paquet se fait connaître au citoyen Bacher, agent de la République à Bâle. C'est un négociant allemand nommé Schmerts, des environs de Francfort. Schmerts finit par s'établir à Bâle, près du citoyen Bacher ; il demande, il sollicite une réponse de Paris. En attendant, il n'hésite pas à communiquer les lettres qu'il continue de recevoir du maréchal Mollendorf, relativement à l'échange proposé. Dans ces lettres, on parle des opérations militaires qui se poursuivent sur le Rhin; on assure que les Prussiens ne veulent pas attaquer; on prédit même des mouvemens que les armées autrichiennes essaieront, et qui ne seront pas secondés....

Presque au même moment, à deux cents lieues de là, sur la frontière espagnole, des dispositions semblables se déclarent; le 4 vendémiaire, an III (24 septembre 1794), un trompette arrive au camp de Dugommier.

Dans nos armées, la défiance la plus ombrageuse environne les relations qu'on peut avoir avec l'ennemi. Les généraux savent qu'ils sont soumis à la plus grande surveillance; le temps n'est pas encore loin où leur tête tombait au moindre doute, et rien n'égale leur circonspection. Quand un parlementaire se présente, c'est toujours en public qu'il est admis, et le cartel est lu à haute voix. Dugommier reçoit ainsi le trompette espagnol. Le message a pour objet de transmettre une lettre du citoyen Simonin, payeur de nos prisonniers de guerre à Madrid. Dugommier se hâte d'ouvrir cette seconde enveloppe; une petite branche d'olivier s'offre à sa vue; on l'a glissée dans une incision faite à la marge, et ce n'est qu'à l'aide de ce signe emblématique qu'on peut comprendre le sens de la dépêche : « Si vous faites accueil à ce symbole, » dit Simonin, la personne dont on m'a parlé se » montrera à découvert. » Les temps passent si vîte qu'on ne saurait plus aujourd'hui comment motiver cette extrême réserve d'expression dans la communication dont Simonin s'est chargé. Il faut se rappeler la position particulière où la Convention nationale s'est placée depuis quelques mois à l'égard de l'Espagne. Un décret défend sous peine de mort de parler de paix avec cette puissance, tant que les généraux espagnols n'auront pas donné satisfaction de la capitulation violée à Collioure. On est sous le poids de cette terrible défense. Non-seulement Simonin craint de parler, mais Dugommier lui-même craint d'entendre. Il s'empresse de déposer cette inquiétante communication entre les mains d'un représentant du peuple, qui est en mission près de son armée; ce représentant, c'est Delbrel, de la Corrèze. Celui-ci commence par dicter à Dugommier la réponse qu'il doit faire à Simonin. Avant de rien écouter, on y réclame l'exécution de la capitulation de Collioure. Delbrel en refère ensuite au comité de Salut Public.

Ainsi, les premières ouvertures arrivent presque en même temps de la part de la Prusse et de l'Espagne. Suivons-les au comité de Salut Public.

CHAPITRE II.

LE COMITÉ DE SALUT PUBLIC SE RENOUVELLE.

L'ancien comité de Salut Public avait posé en principe que la politique de la France regénérée *ne devait se faire qu'à coups de canon.* Dans ce système, si quelques hommes ne se sont pas montrés absolument contraires à l'idée d'une pacification avec des rois, c'est qu'ils ont entrevu dans les traités un nouveau moyen de guerre plus puissant peut-être que celui des armes. « Chaque roi qui s'unira à nous, disait-on alors, » viendra lui-même se consumer aux rayons sa- » crés de la liberté, et de ses propres mains, il » ouvrira le tombeau de sa tyrannie. Que ce motif » philanthropique nous rende moins odieuses des » négociations avec un roi, et puisque la paix est » nécessaire à la propagation de nos principes, » ne craignons pas de voir si l'intérêt des despotes » peut concorder momentanément avec nos gran- » des vues révolutionnaires. » On avait donc ouvert la porte aux négociations, dès le 13 avril

1794, en déclarant *que l'unité et l'indivisibilité de la République serait la condition nécessaire de tout préliminaire de paix.*

Aujourd'hui, cette porte des négociations pourrait s'entr'ouvrir avec plus de loyauté. La fierté républicaine est toujours aigre ; mais quelque influence que l'exaltation révolutionnaire conserve encore sur les esprits les plus sages, un retour progressif ramène évidemment vers des idées politiques moins exclusives. Le comité de Salut Public n'est plus le même ; Barrère, Collot d'Herbois et Billaud de Varennes en sont sortis, il ne reste de l'ancienne composition décemvirale que Carnot, Prieur de la Côte-d'Or, et Robert-Lindet. Les nouveaux membres introduits au gouvernement sont Eschasseriaux, Treilhard, Laloi, Thuriot, Cochon, Bréard, Merlin de Douay, Fourcroy et Delmas. Tous les mois, trois d'entre eux sortiront pour faire place à trois autres ; nous venons de les nommer dans l'ordre de rotation qui les rappellera au sein de la Convention nationale.

Tel est le comité qui a sous les yeux la dépêche de Barthélemy, les bulletins de Bacher et l'olivier de Simonin.

CHAPITRE III.

PREMIÈRES DÉLIBÉRATIONS DU CABINET DES TUILERIES SUR LES NÉGOCIATIONS QUI SE PRÉPARENT.

(Vendémiaire an III.)

La proposition qui vient de la Prusse n'a pour objet avoué qu'un cartel d'échange. Doit-on se presser d'y trouver autre chose? Pour entrer avec avantage dans des pourparlers plus sérieux, ne faudrait-il pas encore attendre? Une opinion dont la popularité est imposante, et qui voit chaque jour le nombre de ses partisans s'accroître dans le sein de la Convention, s'élève pour demander que le cours du Rhin soit réservé comme limite définitive à la République. Mais comment déclarer cette grande prétention, avant que le progrès de nos armes nous ait rendus entièrement maîtres et possesseurs du territoire dont il s'agit, et des forteresses qui en sont la clef? Nous bloquons Luxembourg ; mais le siége en est à peine commencé, et nous ne sommes pas encore devant Mayence. Une négociation prématurée avec la Prusse pourrait donc faire avorter des espérances que plus tard la valeur de nos soldats promet de réaliser ;... et qui sait d'ailleurs si la Prusse, en se mettant en avant, ne cherche pas à détourner, par des trêves et par de vaines négociations, un dénoûment qui doit coûter si cher à ses confédérés ? Des dissentimens viennent d'éclater, dit-on, entre le général prussien Mollendorf et le général autrichien Clerfayt. On assure que les Prussiens font mine de vouloir manœuvrer à part; mais cette brouille entre les chefs militaires est-elle bien sérieuse entre les cabinets ? Enfin, s'il est vrai que l'aigreur fermente entre ces deux alliés, ne convient-il pas de lui laisser prendre un degré de chaleur qui ne permette plus aux tiers de l'étouffer ? Il ne faut rien moins qu'une scission éclatante entre l'Autriche et la Prusse pour amener cette dernière puissance sur le terrain où l'attend la France nouvelle.

Des considérations plus graves encore surviennent et concourent à suspendre l'effet du premier mouvement qui portait le comité de Salut Public à répondre favorablement à la Prusse. Les patriotes polonais viennent de bondir sous le joug qui semblait les tenir abattus. Ils ont couru aux armes;

Kocziusko, Zayonscheck, Dombrowski, Joseph Poniatowski, et d'autres braves dont le nom ne mourra pas, sont à leur tête, et les voilà qui tentent de généreux efforts pour renverser les poteaux insolens du dernier partage! Déjà les gouverneurs prussiens de Thorn et de Dantzick ont pris l'alarme, et l'attention du cabinet de Berlin est brusquement rappelée de ce côté. Est-ce dans un tel moment que nous irons traiter avec la Prusse, pour lui donner moyen de reporter en Pologne les troupes qu'elle a sur le Rhin? Nous, qui voudrions secourir par toutes les diversions possibles l'entreprise des Polonais, et qui les encourageons du moins de tous nos vœux, commettrons-nous la faute grossière d'accroître le nombre de leurs assaillans, en prêtant l'oreille à des négociations aussi intempestives?

Après avoir mûrement réfléchi, le Comité croit devoir se garder d'un trop grand empressement à répondre aux désirs de la Prusse. On attendra que les événemens mieux connus ne permettent plus de doutes sur les véritables intentions de cette puissance. Mais du côté de l'Espagne, rien n'empêche de voir dès à présent si l'on peut s'entendre.

On n'ignore pas que le Cabinet de Madrid nourrit un profond mécontentement contre celui de Londres. Leur mésintelligence a éclaté ouvertement dans Toulon. Quant aux autres coalisés, l'Espagne, qui ne s'est laissé aller au parti de la guerre que pour exécuter fidèlement son pacte de famille, n'a pas tardé à s'apercevoir que leur politique n'était pas aussi désintéressée que la sienne. Depuis que l'Autriche a fait placer ses Aigles sur les portes de Valenciennes, et que le roi d'Angleterre a pris pour lui la souveraineté de la Corse, il est évident qu'on n'a plus d'autre but que de s'indemniser, par la dépouille de la France, de la vaine démonstration qu'on avait risquée d'abord pour la cause de la royauté. Les politiques de Madrid commencent donc à s'apercevoir que chaque vaisseau français pris ou coulé, que chaque matelot français tué ou fait prisonnier compromet d'autres intérêts que ceux de la France, et qu'en définitive chaque coup porté à cette alliée naturelle a son contre-coup sur l'Espagne. Ce ressentiment triomphera-t-il enfin des affections et des liens de famille?

Les membres du comité de Salut Public ont eux-mêmes à triompher de leurs préventions révolutionnaires contre une branche de la maison de Bourbon. Toutefois, ils se sentent disposés à mettre de côté leur antipathie personnelle, s'il leur est permis de ne plus voir dans les Bourbons d'Espagne que des ennemis de l'Angleterre.

Simonin est donc autorisé à entendre les propositions qu'on veut faire passer par son intermédiaire, et déjà le Comité est impatient de connaître toute la pensée de l'Espagne!

CHAPITRE IV.

PRÉTENTIONS DE L'ESPAGNE.

(Fin de vendémiaire.)

Si le comité de Salut Public est pressé, il n'en est pas de même des Représentans près l'armée des Pyrénées-Orientales; Vidal et Delbrel, qui sont chargés de transmettre à Madrid l'autorisation donnée à Simonin, pensent *que trop d'empressement dans cette affaire pourrait être considéré comme une espèce d'avance : or*, disent-ils, *une grande nation n'en doit pas faire à des esclaves vaincus!* Ils étaient donc résolus à laisser venir une occasion. Heureusement cette occasion ne tarde pas à s'offrir. Les ordres du comité de Salut Public sont du 16 vendémiaire, et le 24, un parlementaire espagnol apporte au camp une lettre de Simonin qui, cette fois, se borne à exprimer combien on regrette à Madrid de nous voir nous obstiner dans les souvenirs de l'affaire de Collioure. Le parlementaire s'en retourne avec la décision du Comité qui passe par dessus les récriminations de Vidal et de Delbrel.

A la réception presque inespérée de cette décision, Simonin se transporte auprès de la personne qui lui sert d'intermédiaire avec le Cabinet espagnol. On lui déclare aussitôt qu'on est disposé à traiter sur les bases suivantes : 1°. L'Espagne reconnaîtra le système actuel du gouvernement français ; 2°. La France remettra les enfans de Louis XVI à l'Espagne ; 3°. Les provinces françaises limitrophes de l'Espagne seront cédées au fils de Louis XVI, qui les gouvernera souverainement et en roi.

Simonin transmet purement et simplement cette proposition. Sa lettre est du 14 brumaire (4 novembre 1794). A peine les Représentans près l'armée des Pyrénées l'ont-ils décachetée, que leur colère éclate : Simonin est un homme beaucoup trop officieux! s'écrient-ils, et sur-le-champ, ils prennent un arrêté pour faire cesser de telles communications, motivant cette mesure *sur ce qu'entre des républicains et des esclaves, il ne doit y avoir d'autre correspondance que celle du canon et de la baïonnette!*

Le comité de Salut Public est de l'avis de Vidal et Delbrel. Il s'étonne à son tour qu'un Français ait pu tracer les lignes dictées par le ministre espagnol. « *Prenez des mesures*, écrit-il

» aux représentans près l'armée des Pyrenées-
» Orientales, *pour faire revenir sur-le-champ*
» *Simonin. Il compromet à Madrid la dignité*
» *du Peuple Français.* »

Cette première lueur de négociation s'est donc éteinte presque au moment où l'on venait de l'apercevoir; mais les succès de nos armes peuvent remédier à ce premier échec; ils prennent de jour en jour un accroissement tel qu'ils doivent combler tôt ou tard l'intervalle qui sépare encore les deux termes de la négociation.

CHAPITRE V.

DERNIÈRES OPÉRATIONS DE LA CAMPAGNE D'AUTOMNE.

(Brumaire.)

Les quatre places du nord, Condé, Valenciennes, Le Quesnoy et Landrecies, où les Autrichiens ont laissé des corps d'armée pour garnisons, viennent de capituler. La forteresse de Bellegarde, que les Espagnols occupaient encore sur les frontières des Pyrénées, nous est également rendue. Ainsi, l'expulsion des étrangers est consommée. Carnot, qui, à travers les discordes civiles, a consacré ses veilles dans le Comité à ménager ce grand résultat, éprouve la satisfaction de l'annoncer lui-même à la tribune au moment où l'expiration de ses pouvoirs le fait rentrer dans les bancs de l'assemblée. Des réjouissances sont ordonnées. *Condé s'appellera Nord-Libre; Bellegarde sera Sud-Libre.* Le président de la Convention nationale, **Cambacérès**, élevant la voix devant le peuple réuni au **Champ-de-Mars** pour célébrer la fête des Victoires, proclame, le 30 vendémiaire, *que le territoire de la République est délivré !*

Rien n'arrête plus les justes représailles qui vont transporter la guerre sur le territoire étranger. Déjà les troupes légères de Moreau, de Souham, de Vandamme et de Reynier ont atteint la rive gauche du Vahal et du Rhin ; leur général en chef, Pichegru, reçoit l'ordre d'avancer avec le reste de ses forces sur la Hollande.

Jourdan a franchi la Meuse ; il a battu l'armée autrichienne dans les champs de Juliers. Il est entré à Cologne ; l'Électeur s'est réfugié à Vienne, où l'électeur de Trèves l'a précédé ; et tandis que Lefevre, Championnet, Kleber et Bernadotte distribuent leurs soldats sur cette partie des rives du Rhin, les forteresses de l'intérieur du pays, enveloppées dans cette rapide invasion, tombent les unes après les autres. Juliers, Venloo, Nimègue, Maestricht, Rhinfeldt, ont baissé leurs ponts-levis. La Convention fait attacher aux voûtes de la salle de ses séances trente-six drapeaux qui viennent de lui être présentés par l'adjudant-général Pajol, aide-de-camp de Kleber. Pour achever la conquête de tout le pays qui s'étend entre la France et le Rhin, il ne reste plus qu'à forcer les portes de Luxembourg et de Mayence.

Déjà l'approche de nos armées a porté la fer-

mentation parmi les peuples qui sont au delà du fleuve. Les princes du nord de l'Allemagne ont tourné leurs regards vers la Prusse, et semblent décidés à suivre l'impulsion que cette puissance donnera. Dès le 3 octobre (12 vendémiaire) le roi de Prusse écrivait en ces termes au Landgrave de Hesse-Cassel : « La crise dangereuse dans la-
» quelle se trouve notre pays est d'autant plus
» sensible à mon cœur qu'elle menace les princes
» mes parens, qui me sont infiniment chers;
» et je suis intimement convaincu que, dans la
» tournure malheureuse que cette guerre a prise,
» la seule voie pour préserver l'Allemagne de sa
» ruine totale, est la paix ! »

L'antique Diète de Ratisbonne elle-même a ressenti par contre-coup des émotions pacifiques. Le 13 octobre (22 vendémiaire) l'envoyé de Bavière y demandait qu'on s'occupât de négocier un traité honorable. Quelques jours après, l'Électeur de Mayence faisait parler dans le même sens. Le Margrave de Bade et l'Électeur de Saxe essayaient le même avis. Sur ce terrain, l'influence de la Prusse grandit chaque jour, et l'internonce impérial en est réduit à de vains efforts pour la contre-balancer.

La dissidence survenue entre la politique de Berlin et celle de Vienne, se développe dans les camps du Rhin, aussi-bien qu'à Ratisbonne. Non-seulement la Prusse a rappelé vingt mille hommes sur ses frontières de Pologne, mais elle vient encore d'affaiblir son armée du Rhin par un détachement de douze mille soldats, qu'elle emploie à couvrir ses états de Westphalie. D'autres détachemens se préparent à suivre les premiers, et la forteresse de Mayence voit se dégarnir les lignes qui doivent la défendre. En Suisse, on ne parle que de la singulière réponse du général en chef prussien Mollendorf à un député badois, qui lui demandait un sauf-conduit pour des voitures de grains : « Si je vous le donnais, a dit le maréchal, il ne » serait pas reconnu par les postes autrichiens. »

Les communications que le général prussien entretient à Bâle avec l'agent de la République, sont plus actives que jamais. Le négociant Schmertz est toujours auprès du citoyen Bacher. Le major Mayenrinck, adjudant-général de Mollendorf, vient de l'y rejoindre, et il est muni des pouvoirs de son chef pour traiter de l'échange des prisonniers, *ainsi que des autres objets qui y tiennent*. Les dispositions de la Prusse sont toujours les mêmes, et cependant de graves événemens ont changé en peu de jours la face des affaires, qui semblaient avoir rappelé son attention sur la Vistule.

Soit que l'insurrection polonaise n'ait été que l'explosion d'une intrigue sourdement conduite, dont le patriotisme polonais a été pris pour dupe, soit que ce généreux mouvement n'ait été trahi que par la fortune des armes, l'entreprise a échoué. Souvarow, qui se tenait là tout près, en embuscade, avec une armée nombreuse, a profité du prétexte, comme s'il se l'était ménagé; il est tombé sur les insurgés avec l'empressement le plus cruel. Il les a vaincus dans une première bataille, livrée sur le Bug, près de Brezesk. Il les a anéantis dans une seconde bataille que Kocziusko, accouru au secours de ses compagnons, a risquée sur le chemin de Varsovie. Kocziusko est tombé prisonnier des Russes; tous les autres chefs sont tués, pris ou dispersés. Souvarow a signalé son triomphe par le sac et l'incendie du faubourg de Praga, et l'occupation de Varsovie lui livre les restes de la malheureuse Pologne.

Le comité de Salut Public ne peut que savoir gré à la Prusse de ce que de pareils événemens ne la détournent pas de son premier projet de traiter avec la République; il commence à accorder sa confiance aux ouvertures qui ont été faites. Les explications de Bâle deviennent plus franches et plus positives. Les Prussiens y renouvellent leur promesse de ne point agir hostilement; ils demandent seulement que nous ménagions les provinces prussiennes occupées par nos troupes, et ne paraissent embarrassés que pour ce qui regarde

Mayence. « L'honneur du roi et de son général, » disent-ils, tient à la conservation de cette place. »

Si, des affaires du nord, nous passons à celles du midi, le point de vue n'est pas moins favorable à la République. Ses armées des Pyrénées ont pris le même essor que celles du Rhin.

Dugommier et Moncey sont entrés en Espagne. Ce dernier s'est emparé de la mâture d'Iriaty et de la fonderie d'Orbaceyte, les deux établissemens les plus importans de la Biscaye. Du côté de Dugommier, l'offensive est encore plus décidée. Après avoir pris possession de la Montagne Noire, ce général s'est avancé sur le camp de la Madelaine, où le général espagnol La Union l'attendait derrière une centaine de redoutes hérissées d'artillerie. Augereau commandait l'attaque de la gauche, Pérignon celle du centre, et Sauret celle de droite; deux batailles ont été successivement livrées à la Madelaine et à Saint-Sébastien, toutes deux glorieuses pour la France, mais sanglantes et également fatales aux généraux en chef des armées opposées. La Union a perdu la bataille avec la vie. Dugommier plus heureux a du moins été enseveli dans le triomphe. Un éclat d'obus l'a frappé au moment où il concevait le juste espoir d'aller avant l'hiver asseoir son camp sous les murs de Barcelonne. Pérignon a pris le commandement d'une main vigoureuse ; il a su achever ce qui était si bien commencé, tandis qu'Urrutia, qui succédait à La Union, faisait de vains efforts pour arrêter sa déroute. La place de Figuières, restée à découvert, s'est trouvée aussitôt investie. Sa garnison comptait neuf mille hommes ; ses remparts étaient armés de cent cinquante pièces de canon ; mais la terreur était derrière ses portes, et la place n'a pas tardé à se rendre. « Je doute, écrit » Pérignon, qu'on puisse même en deux mois, » avec tout le zèle possible, dresser l'état des » ressources en tout genre qui viennent de tom- » ber dans nos mains. »

On marche sur Rose. La prise de cette place couronnera la campagne.

CHAPITRE VI.

LA QUESTION DE LA PAIX PASSE DU COMITÉ A LA TRIBUNE.

(Frimaire.)

Encouragés par l'ascendant de notre position militaire, les orateurs de la Convention n'hésitent plus à parler de l'espoir qu'on a d'arriver à la paix. Chacun se met à faire de la politique à sa manière. Eschasseriaux apporte à la tribune un travail *sur les principes qui doivent diriger un peuple républicain dans ses relations avec les autres nations.* « Tous les peuples sont fati-
» gués de la guerre, dit Pelet de la Lozère[1]. Tous
» admirent le courage des Français. Les rois eux-
» mêmes ne sont pas à se repentir de s'être mêlés
» de nos affaires, et vous les verriez bientôt à
» votre barre, si le Cabinet britannique ne les
» retenait. » Tallien, l'orateur du parti qui domine depuis le 9 thermidor, prend aussi la pa-

---

[1] Séance du 24 brumaire.

role : « L'intrépidité de nos défenseurs va bientôt
» forcer les rois ébranlés à se courber devant la
» majesté du Peuple Français. Nous sommes au
» moment de les voir réclamer une paix qui ne
» peut que nous être honorable. Que la France
» se débarrasse ainsi d'une partie de ses ennemis
» pour aller porter la gloire de ses armes sur les
» bords de la Tamise..... C'est depuis le 9 ther-
» midor, surtout, que vous êtes grands aux yeux
» de l'Europe. La justice, reprenant son empire
» et développant ses rameaux sur la France, a
» rallié tous les Français. Il faut apprendre aux
» gouvernemens étrangers que ce n'est plus avec
» un simple Comité qu'ils auront à traiter, mais
» avec la masse des Représentans de vingt-cinq
» millions d'hommes. Prenons des mesures sages
» pour faire une paix honorable avec quelques-
» uns de nos ennemis; puis, *à l'aide des vais-*
» *seaux hollandais et espagnols*, portons-nous
» avec vigueur sur les côtes de la nouvelle Car-
» thage! » Ces dernières paroles, surtout, sont
accueillies par les acclamations les plus vives!....
Toutefois, les vœux des Représentans sont loin
d'être unanimes. Les débris du parti *décemviral*
sont encore puissans dans l'assemblée, et cette
minorité garde avec aigreur ses principes. Les
uns ne veulent entendre parler de paix qu'à condition qu'on la dictera dans un cercle, à la ma-

nière de Popilius ; les autres repoussent comme mesquine et trop déliée l'idée de se débarrasser d'abord de quelques ennemis, pour se retourner avec plus de force contre le reste. Duhem est de cette dernière opinion ; il va lui-même déposer au comité de Salut Public un acte qu'il signe, et par lequel il déclare que *l'intérêt national ne permet pas de conclure de paix partielle ; qu'il ne faut penser qu'à une paix générale, et que toute proposition contraire est suggérée par nos ennemis.* Enfin, les dissidens se plaisent à faire circuler mille bruits accusateurs qui prennent leur source dans le secret dépit avec lequel les anciens meneurs, écartés du pouvoir, voient se consolider, par le grand œuvre de la paix, la popularité de leurs successeurs. « La marche du » nouveau Comité sera timide et lâche, disent-ils; » il va, dans son empressement à conclure, sacri- » fier l'honneur et les intérêts de la République! » On va plus loin ; on parle de sourdes intrigues. Sans doute les demandes de l'Espagne ont transpiré. On les a devinées, du moins pour ce qui regarde les enfans de Louis XVI, et l'on assure que l'adoucissement de leur sort est le prélude des transactions humiliantes que nous allons subir. On reproche même au Comité d'avoir donné un instituteur au fils de Louis, et cette farouche accusation obtient une réponse qui n'est pas moins sauvage. « *Les membres de votre Comité*, » dit l'un d'eux à la tribune, *savent comment* » *on fait tomber la tête des tyrans ; mais ils* » *ignorent comment on élève leurs enfans !* »

Cette exagération révolutionnaire qu'une partie de l'assemblée conserve encore dans ses principes et dont le plus grand nombre a peine à purger son langage, pourrait être interprétée au dehors, de manière à faire méconnaître les véritables intentions de la majorité qui maintenant dirige les affaires en France. Le comité de Salut Public croit donc nécessaire de couvrir ces discussions par un exposé de principes fait en son nom à la tribune. « Les uns, dit le rapporteur[1], » supposent que la République ne veut absolu- » ment souffrir pour voisins que des gouverne- » mens basés sur la démocratie, et qu'elle ne » consentira à faire la paix avec aucune nation » sans stipuler au préalable le changement de » son gouvernement, et lui imposer une consti- » tution républicaine ; d'autres plus adroits assu- » rent que le gouvernement français est devenu » tout à coup plus facile à traiter, qu'il a besoin » de la paix, et qu'il se prêtera à tous les sacri- » fices.... Nos triomphes et nos principes nous » permettent de réfuter ces fausses assertions et

---

[1] Merlin de Douay, séance du 14 frimaire an III.

» de dire tout haut ce que nous voulons. Nous
» voulons la paix, mais la paix solide et glo-
» rieuse. Le Peuple Français, *en traçant de sa*
» *main triomphante, les limites dans lesquelles*
» *il lui convient de se renfermer*, ne repoussera
» aucune offre compatible avec ses intérêts, sa
» dignité, son repos et sa sûreté; il traitera avec
» ses ennemis, comme il les a combattus, à la
» face de l'univers !

» L'Espagne, continue l'orateur du Comité,
» ne tardera pas à reconnaître que sa seule et
» véritable ennemie, c'est l'Angleterre; et, quant
» à la Prusse, elle finira par s'apercevoir que
» c'est dans une paix solide avec la France et
» dans son union intime avec les puissances du
» Nord qui l'avoisinent, qu'elle peut retrouver la
» seule résistance qu'elle ait à opposer à la dé-
» vorante Russie. »

La Convention nationale accorde sa sanction à cette allocution politique, en ordonnant que le discours soit imprimé et traduit dans toutes les langues. L'attention reste fixée sur le passage qui concerne particulièrement les Cabinets de Berlin et de Madrid. On rapporte le décret qui défendait de faire des prisonniers espagnols. Le cri de l'humanité achève de se faire entendre, et le décret qui défendait de faire des prisonniers anglais et hanovriens est aussi rapporté.

CHAPITRE VII.

DÉMARCHE DIRECTE DE LA PRUSSE.

(Suite de frimaire.)

Les paroles du Comité ne pouvaient manquer d'aller à leur adresse : déjà même, de la part de plusieurs Puissances, on venait au-devant.

On ne tarde pas à apprendre que le Cabinet de Berlin a pris son parti, et que dans les premiers jours de décembre, M. de Goltz, dernier ambassadeur de Prusse à la cour de France, a été nommé pour traiter avec la République. M. Harnier, son secrétaire de légation, le devance. Ce précurseur de la paix pousse jusqu'à Paris, et se présente au Comité : son langage est des plus concilians.

« Le roi, mon maître, dit-il, a pu être révolté
» des horreurs qui, principalement sous le règne
» de Robespierre, ont marqué l'époque de la ré-
» volution française ; mais, loin d'en vouloir à la
» France de ce dont elle-même était victime,

» *loin d'avoir la prétention de la subjuguer ou*
» *de s'immiscer dans son régime intérieur*, le
» roi de Prusse n'a désiré que lui voir retrouver le
» bonheur qu'elle avait perdu dans ses convulsions
» intestines. Sa Majesté, charmée du changement
» décisif qui paraît être survenu dans les princi-
» pes et dans la marche du gouvernement fran-
» çais depuis la chute du parti jacobin, en tire
» le plus heureux augure pour le rétablissement
» de la tranquillité. Elle désire sincèrement le
» retour de la paix ; elle ambitionne même, si les
» circonstances s'y prêtent, le beau rôle de paci-
» ficateur d'une grande partie de l'Europe. »

Le voyage de M. Harnier a pour but de connaître définitivement si les intentions pacifiques du Comité s'accordent avec celles du roi ; M. de Goltz, qui arrive à Bâle, y attend son retour ; on veut répondre avec franchise à cette démarche. En conséquence, le Comité n'hésite pas à s'expliquer sur les conditions qu'il entend mettre à la paix. Il déclare nettement à M. Harnier que la principale est la cession de toute la rive gauche du Rhin, y compris Mayence. « La République,
» dit le Comité, ne s'opposera pas à ce que la
» Prusse et les princes d'Allemagne, auxquels
» cette cession doit enlever des provinces ou des
» portions de territoire, cherchent les moyens de
» s'indemniser, soit aux dépens de la maison d'Au-

» triche, soit dans la sécularisation des biens ec-
» clésiastiques, sécularisation dont le traité de
» Westphalie a déjà donné l'exemple. Quant à
» l'intention que la Prusse paraît avoir de s'inter-
» poser en faveur des princes, ses voisins, le Co-
» mité se montre disposé à s'y prêter. »

Muni de cette réponse, M. Harnier s'empresse d'aller rejoindre M. de Goltz à Bâle. Il n'a pas manqué de rendre compte à Berlin des moindres détails de son voyage. Le Cabinet prussien, au premier coup d'œil, nous trouve exigeans; mais la loyauté des procédés le rassure, et M. de Goltz reçoit ses instructions définitives.

De son côté, le comité de Salut Public a nommé un plénipotentiaire; c'est l'ambassadeur en Suisse, Barthélemy. Le citoyen Bacher lui est adjoint en qualité de secrétaire interprète; dans l'intérieur du Comité, le représentant Cambacérès est chargé de suivre les commencemens de la correspondance de Bâle.

Cet état d'accommodement dans lequel on est enfin placé avec la Prusse, est un grand pas de fait, et le Comité se hâte de s'en prévaloir dans le petit nombre de correspondances qui lui sont ouvertes en Europe; il est pressé surtout d'en donner la nouvelle à Copenhague, où règne le ministre le plus considéré du Nord. La politique républicaine achève de se développer dans cette communication :

« Tu assureras M. de Bernstorff, écrit le Co-
» mité à l'envoyé de la République Grouvelle, que
» l'opinion qu'il a fait entrevoir, relativement
» au sort des pays conquis, n'a pas peu contri-
» bué à affermir notre gouvernement dans la ré-
» solution qu'il était déjà disposé à prendre à l'é-
» gard de la limite du Rhin. La Prusse nous
» propose d'intervenir en faveur des princes d'Al-
» lemagne; dis à M. de Bernstorff que nous ne
» croyons pas que les *médiations* en général, et
» particulièrement celle de la Prusse, convien-
» nent à la République. Mais si le mot nous pa-
» raît déplacé, nous voulons à peu près la chose.
» Nous verrons donc avec plaisir les petits États
» séculiers se rallier autour de la Prusse, en même
» temps que nous serons disposés à traiter *sépa-
» rément* avec eux, et c'est surtout par le canal
» de M. de Bernstorff que nous recevrions plus vo-
» lontiers leurs propositions... Il est un autre in-
» térêt qui occupe vivement la République et
» sur lequel le Danemarck et la Prusse doivent
» encore avoir même opinion que nous. Il s'agit
» du salut de la Pologne, qui est au moment de
» devenir la proie de la Russie ; nous reclamons à ce
» sujet le concours du Danemarck et de la Suède. »

Le Comité qui traite ces grands intérêts a déjà

subi plusieurs renouvellemens partiels. Il est maintenant composé des Représentans Prieur de la Marne, Guyton-Morveau, Richard, Cambacérès, Pelet, Boissy-d'Anglas, Dubois-Crancé, André Dumont, Marec, Bréard, Chazal, et de ce même Carnot que nous avons vu sortir le dernier de l'ancien comité de Salut Public. Après un mois d'absence, il vient d'être rappelé aux affaires du gouvernement; témoignage éclatant par lequel la Convention s'efforce de le mettre hors de ligne, tandis que la réaction de l'opinion publique poursuit avec fureur les autres membres du comité décemviral.

CHAPITRE VIII.

OUVERTURE FAITE PAR LE GÉNÉRAL EN CHEF ESPAGNOL DON JOSEPH URRUTIA.

(Nivôse. Janvier 1795.)

Il est un autre point sur lequel les membres du Comité demandent encore l'intervention de M. de Bernstorff, tant ils sont portés à la confiance envers ce ministre. « Nous allons, » lui font-ils dire, nous efforcer, à Bâle, de con- » centrer toute la guerre continentale sur l'Au- » triche seule; mais pour isoler de même notre » ennemie maritime, l'Angleterre, il nous fau- » drait en détacher l'Espagne. Cette dernière » puissance avait paru vouloir traiter; le Co- » mité s'étonne de ne plus en entendre parler... » Nous ne pouvons attribuer son silence qu'à » l'erreur du Cabinet de Madrid sur nos inten- » tions, et peut-être à une sorte de désespoir » qui ne s'attend pas à trouver de la généro- » sité dans une République qu'on a gratuite- » ment outragée. »

Telles sont, à l'égard de l'Espagne, les expressions dont le comité de Salut Public se sert dans la dépêche qu'il expédie à Grouvelle le 3 nivôse. Mais son inexpérience des procédés diplomatiques le rend trop impatient ; il n'est pas nécessaire d'aller chercher Madrid à Copenhague, et le Comité ne tarde pas à s'en convaincre. Sa dépêche pour le Nord était à peine partie, qu'il apprend qu'un trompette espagnol s'est présenté le 26 nivôse au camp français sous Figuières ; ce parlementaire a apporté la lettre suivante, à laquelle beaucoup de franchise et un peu d'enflure espagnole prêtent un caractère tout particulier.

« Au quartier-général de Gironne, le 13 janvier 1795.

» *Le général en chef de l'armée espagnole, au*
» *général en chef de l'armée française.*

» Depuis que j'ai pris le commandement de
» cette armée, j'ai eu tant d'occasions de savoir
» qu'entre toutes les qualités dont tu es doué,
» celle de l'humanité était une des plus saillantes,
» que j'ai formé l'idée de t'écrire sur les objets
» importans que contiendra cette lettre ; mais
» je me suis vu retenu par des bruits vagues qui
» annonçaient un autre général. Je le fais à présent, dans la confiance que tu garderas pour
» toi seul cette lettre, ou du moins la partie qui

» pourrait me compromettre, et j'attends de ta
» générosité que tu ne m'exposeras pas en pu-
» bliant cet écrit, dicté par l'intention la plus
» pure.

» Les dernières opérations de ton prédécesseur
» et les tiennes ont été heureuses ; il se peut que
» les subséquentes le soient aussi. Mais les évé-
» nemens de la guerre sont sujets à des hasards.
» Le comte de La Union, général vaillant et ex-
» périmenté, a été vaincu et tué, et peut-être
» il m'est réservé la gloire de te vaincre. Dans
» tous les cas, convenons de ne pas flétrir les
» lauriers de la victoire par le sang des vaincus
» ni par les gémissemens des habitans désarmés ;
» qu'on respecte le laboureur, et qu'on le laisse
» tranquille dans sa chaumière ; qu'on traite les
» prisonniers avec générosité, et qu'on recueille
» avec humanité les blessés, sans distinction d'amis
» ou d'ennemis ; je te promets la réciproque, et
» j'attends une réponse positive.

» Puisque l'Espagne et la France se trouvent
» compromises, et croient devoir se faire la
» guerre, qu'elles la fassent ; mais que cette
» guerre se dépouille d'une inimitié enflammée,
» et que ceux qui tirent l'épée volontairement
» contre les droits, l'honneur et les opinions de
» leur patrie, que ceux-là seuls soient victimes
» des horreurs de la guerre. Plût au ciel que ce

» conflit cessât! et que deux nations faites natu-
» rellement pour être unies revinssent à l'être!

» La guerre est mon métier : ainsi l'espoir
» d'acquérir l'estime de mes compatriotes, le
» respect des ennemis même, et de faire connaî-
» tre à toute l'Europe que le soldat espagnol ne
» manque pas d'énergie pour vaincre, pourrait
» exciter en moi une ambition que les Stoïciens
» même ne pourraient blâmer....mais plus am-
» bitieux encore de contribuer au bonheur géné-
» ral, mes vœux seront toujours pour la paix,
» quoiqu'elle doive mettre fin à mon comman-
» dement, et jeter mon nom dans l'obscurité.
» Par de certaines notes que j'ai trouvées dans
» les papiers de mon prédécesseur, j'ai vu qu'il
» projetait depuis quelque temps des moyens
» pacifiques; mais je n'ai pu découvrir si ces pro-
» jets lui avaient été suggérés, s'il a eu des confé-
» rences avec Dugommier, ou si ses propres dé-
» sirs les lui avaient dictés. Quoi qu'il en soit,
» et pour ne pas perdre de temps, je vais au
» plus court, et je passe à te faire la proposition
» suivante :

» Notre rivalité n'a pas encore un but direct.
» Qu'elle s'exerce donc à des objets plus dignes
» que celui de répandre le sang! Le voisinage de
» l'Espagne et de la France rendra toujours ces
» deux nations inséparables en commerce et en

» amitié. Pourquoi donc travaillent-elles avec
» tant d'efforts à se détruire? Pourquoi la ruine
» de l'une doit-elle servir de base à l'élévation
» de l'autre ? Pourquoi ne pas fuir ce précipice ?...
» Si de généraux ennemis que nous sommes,
» nous nous changions en conciliateurs de la paix,
» la gloire serait à tous deux, au lieu que la gloire
» militaire n'exalte que le vainqueur; en échange
» d'une gloire affreuse qui ne fleurit qu'arrosée
» par des larmes, nous nous attirerions les ap-
» plaudissemens de tout ce qui est digne du nom
» d'homme!

» Je te demande que tu me répondes sur ce
» point, avec la franchise dont je te donne l'exem-
» ple; nous ne sommes autorisés, toi et moi, qu'à
» nous faire la guerre. Faisons-la sans manquer à
» nos devoirs, mais cherchons en même temps les
» moyens de faire la paix. Quand nous nous au-
» rons réciproquement communiqué nos idées,
» et que nous aurons vu leur utilité, faisons-en
» part à nos gouvernemens : qu'une noble émula-
» tion nous anime, et qu'on élève une statue dans
» le temple de l'humanité au premier de nous
» qui réussira à inspirer l'esprit de paix à ses con-
» citoyens.

» Réponds-moi sans retard, et si nous restons
» d'accord de travailler pour le bien, je ne perdrai
» pas un moment à l'insinuer à mon souverain,

» et j'emploierai tous mes efforts à le faire consen-
» tir à un arrangement que tant de millions d'hom-
» mes désirent.

» *Signé*, Joseph d'Urrutia. »

Certes! un général en chef n'écrit pas une telle lettre sans être sûr de l'aveu de son gouvernement; les représentans du peuple près l'armée des Pyrénées, auxquels le général Pérignon s'est empressé de remettre le cartel espagnol, n'ont aucun doute à cet égard : cependant, sans attendre les instructions du Comité, n'écoutant toujours que l'austérité de leur politique révolutionnaire, ils ont cru devoir dicter à Pérignon une réponse en ces termes :

« Au quartier-général de Figuières, le 26 mars an III.

» *Le général en chef de l'armée des Pyrénées*
» *Orientales, au général en chef de l'armée*
» *espagnole.*

» Je connais comme toi les lois de l'humanité.
» Je connais celles de la guerre et je saurai me ren-
» fermer dans le cercle qu'elles me prescrivent;
» mais je connais aussi l'amour de mon pays, et
» partout où je trouverai des hommes armés con-
» tre sa liberté, mon devoir est de les combattre...
» même jusque dans les chaumières.

» Il ne m'appartient pas de répondre au second

» objet de ta lettre. Je n'ai pas le droit de m'ériger
» en conciliateur ; je ne suis ici que pour me bat-
» tre. Si le gouvernement espagnol a des proposi-
» tions à faire à la République, c'est à la Conven-
» tion nationale ou à son comité de Salut Public
» qu'il doit s'adresser directement.

» Je dois ajouter que les représentans du peu-
» ple près cette armée, en présence desquels j'ai
» ouvert ta lettre, m'ont chargé de te rappeler, à
» toi et à ton gouvernement, la violation de la
» capitulation de Collioure.

» *Signé*, Pérignon. »

Cette réponse ne peut être considérée à Paris que comme un fâcheux contre-temps.... Laissons le Comité délibérer à cet égard : d'autres chapitres qui appartiennent à cette période réclament ici leur place.

CHAPITRE IX.

LA HOLLANDE ET LA CAMPAGNE D'HIVER.

(Suite de nivôse. Janvier 1795.)

Tandis que les soldats de Jourdan creusent sous la neige la tranchée devant Mayence, que leurs braves camarades resserrent le blocus de Luxembourg dont ils préparent le bombardement, que Pérignon reçoit les clefs de Rose, que les défenseurs de la Catalogne cherchent un dernier point d'appui sur la faible ligne de la Fluvia, et qu'enfin les Piémontais voient nos bataillons prêts à tomber sur eux du haut des Alpes, comme de redoutables avalanches, l'armée du nord marche au pas de charge sur la Hollande.

Cependant le stathouder a conçu un moment d'espoir. Le prince de Hesse-Cassel, arrivant de Maestricht où il a capitulé, lui a rapporté que dans l'armée française on montre des dispositions pacifiques pour la république hollandaise ; que lui seul, comme stathouder, pourrait être un obstacle à tout arrangement. Aussitôt le stathouder a saisi cette ouverture. Les lignes protectrices de la Meuse et du Rhin étaient au moment de s'effacer sous la glace. Le danger devenait imminent ; il fallait à tout prix gagner le temps du dégel, et le seul moyen était de négocier !.... Le stathouder se rend donc à l'assemblée des États Généraux ; il leur communique l'avis qu'il a reçu ; il ne veut pas qu'on se laisse arrêter par l'exclusion qui le menace personnellement ; il déclare qu'il croit devoir sur-le-champ entrer en pourparlers, et MM. Brantzen de Gueldres, et Repelaër de Dordrecht, sont envoyés à Paris.

Mais le stathouder n'est pas le seul à savoir que l'incident des glaces peut mettre la Hollande à la merci des troupes républicaines. C'est Carnot qui dirige encore une fois le fil des opérations militaires, et par lui de tels à-propos ne sauraient être négligés. Les dispositions du comité de Paris ne sont donc plus les mêmes qu'à l'époque où le prince de Hesse-Cassel capitulait à Maestricht. Aussi, lorsque les envoyés du stathouder se présentent, *la même main, qui les fait admettre dans le Comité, signe l'ordre aux troupes de la République de s'avancer jusqu'à Amsterdam.* L'entreprise était hardie ; un dégel inopiné pouvait changer le succès en désastre. Mais l'audace est la mère de la fortune!... Cependant Pichegru hésite; il se fait répéter l'ordre plusieurs fois. Ennuyés de ces délais, les représentans Roberjot, Alquier et Bellegarde, qui se trouvent en mission auprès de l'armée, le font appeler. « *Tiens*, lui disent-ils, *voici les derniers ordres* » *du Comité; si dans deux heures tu n'es pas* » *en marche, tu es destitué* [1]! »

Aussitôt le Vahal est franchi sur la glace. C'est le 7 nivôse (27 décembre) que ce beau mouvement a commencé; il se poursuit avec intrépidité. Le lendemain, 8 nivôse, on passe la Meuse sur la glace, comme on a passé le Vahal. L'armée anglo-batave croit se retirer derrière le Lech; mais le Lech a disparu. Nous arrivons et les alliés vont chercher l'Yssel qu'ils ne retrouvent pas davantage.

Le peuple de Paris subissait alors une cruelle disette, par suite des difficultés que la rigueur de la saison mettait dans l'arrivage des subsistances. Mais, à la nouvelle des succès de notre armée du nord, toutes les plaintes contre l'hi-

---

[1] Des révélations, devenues publiques, assurent qu'à cette époque Pichegru avait déjà fait connaître à Monsieur, depuis Louis XVIII, de secrètes dispositions, pour concourir au rétablissement de la maison de Bourbon.

ver ont cessé. « *Puisque ce grand froid nous
» livre la Hollande*, dit gaiement Letourneur
» de la Manche à la tribune, *il n'est pas de pa-
» triote qui ne se console d'avoir un peu soufflé
» dans ses doigts.* »

Bientôt on apprend que nous occupons Utrecht. Le jour que nous y sommes entrés, le prince d'Orange a abandonné le stathoudérat, et n'a pris que le temps de se jeter dans une barque pour gagner l'Angleterre.

Enfin, dans la séance du 6 pluviôse, le dénouement est annoncé. « Nous sommes à Amster-
» dam, écrivent les représentans près l'armée du
» nord. » Aussitôt toute l'assemblée se lève, et les voûtes retentissent des cris de *vive la République!* On veut suspendre ce premier élan pour entendre le reste de la dépêche, et l'enthousiasme se comprime un moment. « Nous som-
» mes à Amsterdam, reprend le rapporteur du
» Comité. Les Anglais se réfugient par Gronin-
» gue dans leur électorat de Hanovre; toute la
» Hollande est au pouvoir de la République, et
» c'est par une charge de cavalerie sur la glace
» que nous nous sommes emparés de la flotte de
» Texel. »

A ce dernier trait, les acclamations redoublent et vont chercher des échos par toute l'Europe.

A voir ces témoignages d'admiration qui échappent à nos ennemis comme à nos amis, qui ne croirait que la République est au moment de recueillir le prix de la constance et du courage! Mais le tableau a son revers dans la situation intérieure de la France,

CHAPITRE X.

SITUATION INTÉRIEURE DE LA FRANCE.

(Nivôse. Janvier 1795.)

Une lutte opiniâtre se poursuit entre les chefs révolutionnaires, que la journée du 9 thermidor a divisés: devenus ennemis acharnés, après avoir été trop long-temps complices, ils s'accablent les uns les autres des récriminations les plus odieuses. Tous les excès de la terreur, ils se les reprochent et s'en accusent tour à tour. Le parti républicain s'énerve ainsi, en réagissant sur lui-même ; il avilit la cause en montrant à nu les personnes ; et la majesté du pouvoir, dont il est si important de ménager le prestige, reçoit un grave échec à travers toutes les révélations qu'on se jette à la tête.

Dans ce moment, un représentant (Merlin de Thionville) arrive de l'armée où il était en mission. En rentrant dans la Convention, les yeux encore éblouis de l'horizon de gloire qu'il vient de quitter, il se croit plongé tout à coup au fond d'un antre où les passions les plus sombres se déchaînent, et, cédant à l'émotion que ce pénible contraste lui fait éprouver, il ne peut retenir ces paroles :

« Il existe donc un système pour neutraliser le
» courage des Français, et pour rendre inutiles les
» victoires de nos braves défenseurs! La situation
» dans laquelle je retrouve cette assemblée me
» prouve que ce système est suivi dans son sein.
» C'est lorsque du nord au midi, de l'orient à l'oc-
» cident, nos troupes triomphantes arborent par-
» tout le drapeau tricolore, que la discorde vient
» se refugier ici.

» Je le demande, est-ce au milieu de tant de
» victoires que nous devons nous abandonner à
» des querelles insignifiantes, au lieu de songer
» au moyen de briser les chaînes de tous les peu-
» ples, en préparant une campagne encore plus
» belle que celle qui vient de se terminer? Vous
» ne sentez donc pas, vous qui entretenez ces
» misérables divisions dans la Convention, vous
» ne sentez donc pas combien il est beau, com-
» bien il est glorieux d'être Français! L'Angle-
» terre et l'Autriche tremblent. Si vous savez être
» fermes, si vous savez commander aux factions,
» vous commanderez aussi à tous les tyrans de
» l'Europe; mais si vous épousez d'autres que-
» relles, c'en est fait de la République! »

Ces remontrances sont vaines; les passions sont trop vives pour les entendre, et la pente qui entraîne est trop rapide! celui-là même qui vient de parler ne s'est pas plus tôt jeté dans ce foyer d'effervescence, qu'il bouillonne comme les autres. Les Thermidoriens ne veulent voir que les Jacobins; ils ne craignent que les Jacobins. Pour les comprimer sous une majorité plus pesante, ils se décident à rappeler soixante-treize de leurs collègues qui ont été expulsés au 31 mai, et ce renfort de haine envenime la réaction, bien loin de la calmer. Les plus modérés s'obstinent eux-mêmes à punir les plus fous, moins pour se venger de ce qui s'est fait que pour s'en absoudre[1]!

Il s'agit de mettre en accusation ce qui reste des anciens membres du comité de Salut Public. On fait le procès au comité révolutionnaire de

---

[1] Pour la République, je craignais bien plus les terroristes de l'an II que les terroristes de l'an III. Il ne me venait pas à la pensée que le royalisme pût renaître de ses cendres, ni que les armées étrangères pussent triompher des nôtres : c'était une erreur, sans doute, mais elle était partagée par beaucoup d'autres; elle était fondée sur la confiance aveugle que nous avions dans la solidité inébranlable de la révolution, la durée de la République et la bonté de notre cause. (Thibaudeau, *Mémoires sur la Convention*, page 241.)

Nantes. Ce procès commence celui de Carrier; le procès de Carrier entraîne celui de Joseph Lebon; d'autres procès s'instruisent encore; le rideau qui couvrait la plus grande partie des crimes de 1793 se déchire, et la France frémit d'horreur.

« *Tenez, voyez*, disent alors quelques hom-
» mes habiles, *voilà ce que c'est que la Répu-
» blique!...* »

La Convention elle-même reste muette quand Carrier, se réveillant de son délire à l'aspect de l'échafaud, et promenant ses derniers regards sur tous ses collègues, leur jette ce cri d'adieu : « Puisque vous me condamnez, tout est donc » coupable ici, jusqu'à la sonnette du président! »

Cependant des avis reçus du dehors ont fait comprendre au parti royaliste tout l'avantage qu'on peut tirer de l'indignation qui éclate, et jusqu'où la réaction peut aller. Des bruits nouveaux se font entendre. Des journaux sont créés pour répéter ces bruits et les commenter; on commence à dire que le gouvernement républicain ne saurait durer long-temps. On parle des enfans de Louis XVI; on risque des insinuations; on provoque la Convention elle-même par des conjectures hardies : « Si l'assemblée, dit-on, » persiste à garder sous sa main les rejetons de » nos rois, c'est peut-être parce qu'elle nourrit le

» secret dessein de relever le trône !... il n'y a
» qu'un pas de la prison du Temple au palais
» des Tuileries !...»

Avec ces propos qui circulent, avec ces arrière-pensées qui se déguisent mal, on réussit à jeter de nouveaux fermens de discorde; mais si l'opinion royaliste se réveille dans les salons; s'il est de bon ton dans quelques sociétés de confondre la Terreur avec la République, et les républicains avec les énergumènes, il n'en est pas moins vrai que la haine de la royauté est toujours l'instinct populaire, et même le préjugé qui domine encore les principaux meneurs de la Convention nationale.

Au milieu du conflit tumultueux de tant de partis extrêmes, on ne saurait se dissimuler combien le voisinage des prisonniers du Temple devient inquiétant. Les plus modérés de l'assemblée voudraient qu'on leur rendit la liberté, en les mettant hors de France. Brival est de cet avis. Mais de quelles expressions, grand Dieu! la modération croit avoir besoin de se hérisser! Dans cette motion, il lui échappe de regretter *qu'au milieu de tant de crimes inutiles, la Terreur ait épargné les restes d'une race qui est aujourd'hui si embarrassante!* — *Il n'y a pas de crimes inutiles*, lui crie-t-on aussitôt. — *La guerre de la Vendée*, reprend l'orateur interrompu, *ne se poursuit-elle pas au nom des enfans de Louis XVI? Je persiste à demander leur bannissement. — Eh quoi!* réplique Chazal, *c'est donc dans la Vendée que vous voulez les envoyer pour tout terminer?*

Le comité de Salut Public, par l'organe de Cambacérès, prend lui-même part à cette discussion. « On parle beaucoup trop depuis quel-
» que temps des prisonniers du Temple, dit l'o-
» rateur du Comité : il y a peu de dangers à pro-
» longer leur captivité; il y en aurait beaucoup
» à les expulser. Un ennemi est bien moins à
» craindre lorsqu'il est en notre puissance, que
» lorsqu'il passe aux mains de ceux qui soutien-
» nent sa cause. » La Convention se range de cet avis... Mais la corde la plus délicate a vibré!

D'autres difficultés encore fatiguent la Convention nationale et troublent en tous lieux et à tous les instans le repos de la France La famine est partout. Paris est dans la pénurie la plus inquiétante. Chaque matin, de nombreux attroupemens de femmes se disputent les distributions des boulangers, et, pour comble de désordre, sur toutes les routes, on intercepte à main armée les arrivages. La sûreté des transports, la liberté des communications sont compromises. Un relâchement général a succédé à une compression trop forte, et la police intérieure n'a presque plus de ressort.

Nous n'avons rien dissimulé; la plaie intérieure est profonde, d'autant plus profonde que le secret du mal se cache dans la politique anglaise.

CHAPITRE XI

L'AUTRICHE ET L'ANGLETERRE.

(Nivôse et janvier.)

Le Parlement britannique vient de se réunir, et la déclaration suivante a été jetée dans le discours du trône.

« Malgré les revers et les contrariétés que nous
» avons éprouvés dans la dernière campagne,
» nous conservons la conviction intime que nous
» devons poursuivre vigoureusement la guerre
» juste et nécessaire où nous sommes engagés...
» Aucun gouvernement établi, aucun état indé-
» pendant ne peut, dans la situation actuelle des
» choses, placer une confiance réelle dans les né-
» gociations. »

L'Autriche emploie à peu près le même langage dans les communications qu'elle est obligée d'avoir avec ses co-états de l'Empire. Mais les longs protocoles de Ratisbonne nous offrent moins d'éclaircissemens que quelques lignes des débats du Parlement anglais.

Dans la discussion qui est ouverte par le discours du trône, M. Canning émet le vœu que, tout en poursuivant la guerre avec vigueur, on n'en recherche pas moins le moyen d'arriver à la paix.

Fox est plus absolu dans son désir d'un accommodement : « Nos désastres sont tels qu'on n'en a » jamais vu de pareils, » dit-il, et il récapitule les triomphes de la République en des termes qu'un Français sera toujours fier d'entendre. Voici sa conclusion : « Qu'on cherche une semblable cam- » pagne dans les annales de l'Europe ! non ! nous » ne pouvons sortir trop tôt d'une guerre aussi rui- » neuse. »

Un troisième avis est ouvert : « Puisqu'il n'est » plus permis d'opérer la contre-révolution de » France par les armes, dit M. Thornton, peut- » être devrait-on chercher dans la paix les moyens » d'obtenir le même résultat ? »

Mais la haine de M. Pitt, et sa confiance en des menées secrètes lui font repousser toute espèce de transaction. « Il a plu, dit-il, à l'impénétrable » Providence de donner l'avantage à la France » partout où elle s'est montrée. Ne succombons » pas du moins sans avoir déployé tous nos ef- » forts. Pour moi, je ne veux abandonner le com- » bat que quand mon excuse sera dans l'entière » impuissance de le soutenir... L'Autriche est dé- » terminée à poursuivre avec vigueur la campagne

» prochaine, pourvu que l'Angleterre l'aide de ses
» finances. Moyennant six millions sterling, l'em-
» pereur d'Allemagne s'engage à opposer deux
» cent quarante mille hommes à la République
» Française. »

Des subsides! s'écrie l'opposition, toujours des subsides! c'est un remède de dupes. L'année dernière, nous en donnions à la Prusse; à quoi cela a-t-il servi? La Prusse traite maintenant avec la France. Quelle meilleure garantie nous offre l'Autriche? Nous la paierons aujourd'hui; demain elle s'arrangera avec la République. —
« C'est parce que la Prusse nous quitte, réplique
» M. Pitt, qu'il faut rattacher l'Autriche encore
» plus fortement à notre cause. Si la Prusse nous
» manque de foi, devons-nous pour cela renon-
» cer à faire des alliances? L'Autriche a une
» politique fixe; nul Cabinet n'est plus aguerri
» aux défaites et ne sait mieux s'en relever. Elle
» ne peut voir avec plaisir les Français maîtres
» de la Hollande. Elle ne se résignera jamais à
» leur abandonner les Pays-Bas, et il est impos-
» sible qu'elle leur permette de dominer sur le
» plus petit coin de l'Italie. Voilà nos garanties
» à l'égard de l'Autriche; et d'ailleurs nous ne
» la paierons que partiellement et à mesure
» qu'elle acquittera les obligations du traité. —
» Ces victoires qui vous découragent, continue

» M. Pitt, en s'adressant sans doute à ceux des
» alliés qui montrent en ce moment la plus
» inquiétante hésitation, ces victoires, les répu-
» blicains de France ne les ont obtenues qu'à
» force d'assignats et de réquisitions. La violence
» à l'égard des personnes et des propriétés était
» tout le secret de leur force. Mais de tels moyens
» ne peuvent durer. Il leur fallait pour appui
» les comités révolutionnaires, les représentans
» en mission et la guillotine! Or, tous ces appuis
» sont tombés sous la hache qui a frappé Robes-
» pierre. La France doit passer de l'accès de la
» fièvre chaude à l'abattement inévitable qui suit
» cette crise. Le système de la Terreur fera place
» au système opposé, et il n'y aurait rien d'éton-
» nant qu'un retour à des sentimens plus hu-
» mains amenât un retour à la royauté. — Quant
» à moi, la paix ne me paraîtra solide avec
» la France, que lorsque les Français seront
» rentrés dans la monarchie, ou du moins lors-
» que leur gouvernement aura éprouvé quelques
» changemens intermédiaires. Cependant, si
» nous refusons de traiter, ce n'est pas absolu-
» ment parce que la France est constituée en ré-
» publique; mais parce que les principes de cette
» république mettent un obstacle insurmontable
» à toute espèce de négociation. Avez-vous fait
» attention aux discours de Tallien? Un tel gou-

» vernement n'offre rien de stable; on ne peut
» se fier à de tels hommes, et déjà les plus har-
» dis s'épouvantent de leur position! »

Une si vive attaque contre le comité de Salut Public ne pouvait rester sans réponse. La tribune des Tuileries doit une réplique à celle de Westminster, et l'Europe étonnée se voit ainsi reportée aux temps où les sénats de Rome et de Carthage discutaient d'un rivage à l'autre. Nous avons entendu M. Pitt; écoutons maintenant Boissy-d'Anglas.

CHAPITRE XII.

NOUVELLE DÉCLARATION DE PRINCIPES DU COMITÉ DE SALUT PUBLIC.

(Février. Pluviôse an III.)

« Le Gouvernement anglais, dit l'orateur ré-
» publicain,[1] nous accuse d'immoralité, lui qui,
» sans pudeur, exerce le brigandage de la course
» sur le commerce des neutres; qui remplit la pres-
» qu'île de l'Inde de carnage et de cadavres, et
» jusque dans les déserts de l'Amérique ameute
» les sauvages du Nord contre les paisibles cultiva-
» teurs des États-Unis! — Il crie partout que nous
» en voulons à l'indépendance des peuples, lui qui
» veut contraindre Gênes, Venise, la Suède et le
» Danemarck à abjurer la neutralité dans laquelle
» ils sont restés à notre égard! — Enfin, il ose
» déclarer qu'il n'est pas sûr de traiter avec nous,
» lui qui, lié avec la Russie, excite les Turcs à

---

[1] Séance du 11 pluviôse an III (30 janvier 1795).

» faire la guerre à la Russie; lui qui encourage
» les Polonais à faire une révolution, et les laisse
» ensuite sans appui; lui qui délaisse la Suède après
» l'avoir poussée contre les Russes; lui qui, après
» avoir forcé la Hollande à nous combattre, n'in-
» tervient aujourd'hui dans son désastre que pour
» s'adjuger le cap de Bonne-Espérance; lui, enfin,
» qui après avoir séduit les malheureux habitans
» de la Vendée et de Toulon, jouit tranquille-
» ment du spectacle de leur ruine!

» Messieurs les ministres de l'Angleterre met-
» tent nos pouvoirs en doute! Notre gouverne-
» ment, disent-ils, n'est que provisoire et tem-
» poraire. Ignorent-ils que le gouvernement qui
» sait vaincre a, par cela même, le droit de né-
» gocier? La Convention nationale est un pléni-
» potentiaire nommé par la totalité du peuple
» français pour terminer la révolution et la guerre.
» Fut-il jamais ambassadeur revêtu d'un plus
» ample pouvoir et d'un plus auguste caractère!

» Princes de l'Empire, Cabinets de Prusse, d'Es-
» pagne et d'Italie, on veut vous empêcher de
» vous rapprocher de la France, et l'on se mé-
» prend d'une manière bien étrange dans les al-
» légations qu'on emploie pour vous faire crain-
» dre la République!

» Si notre gouvernement était aussi désordonné
» qu'on vous le dit, qu'auriez-vous à redouter

» d'une république qui porterait dans son sein une
» source de faiblesse et d'agitation qui l'empêche-
» rait à jamais de s'occuper de vous ?...

» Mais il est temps que les formules d'une
» politique ancienne et malavisée fassent place
» aux expressions franches et loyales d'un gou-
» vernement libre.

» Non-seulement il est sûr et honorable de
» traiter avec nous, mais votre véritable intérêt
» l'exige. Vous qui en sentez la nécessité, appre-
» nez-en les moyens; nous sommes trop forts
» pour avoir rien à déguiser.

» La Convention déteste la guerre sans la
» craindre; elle sera toujours prête à en faire
» cesser les horreurs, quand on lui présentera
» un traité conforme à la dignité du peuple
» français. Mais nous devons avertir que nous
» ne souffrirons pas que l'on paralyse nos armes,
» que l'on suspende nos triomphes par des né-
» gociations fausses et insignifiantes.

» Les dangers auxquels nous venons d'échap-
» per, le désir d'en rendre le retour impossible,
» nous obligent à couvrir nos frontières par leurs
» limites naturelles. De grands fleuves, de hautes
» montagnes et l'Océan pourront seuls nous ga-
» rantir de tout envahissement et de toute at-
» taque pour une longue suite de siècles.

» A ce prix, les puissances de l'Europe peuvent

» compter sur une paix qui sera inviolable de
» notre part. »

Ce langage montre avec quelle confiance le gouvernement républicain sait élever la tête au-dessus des divisions intestines pour parler aux étrangers. M. Pitt se confie dans des complots qui ne sont peut-être que des intrigues; il compte sur une famine dont il s'exagère les effets, dont les souffrances sont locales, partielles, et le malaise passager. Mais ce qui soutient la politique républicaine à un éminent degré d'énergie, c'est que notre puissance militaire devient chaque jour plus irrésistible au dehors, et qu'au dedans, l'impulsion donnée par la volonté nationale conserve assez de force pour surmonter toutes les résistances secondaires, et pour entraîner ceux-là même qui voudraient l'amortir. S'il faut reconnaître aujourd'hui que l'Angleterre et l'Autriche ont accru leur haine de tout ce qui fait la gloire de la nouvelle république, on a du moins la certitude qu'il n'en est pas ainsi de la plupart des autres puissances. Nous sommes au moment de rompre la Coalition, et ce grand résultat va porter remède à tous les maux de l'intérieur. En se pressant de l'obtenir, on ne peut manquer de rouvrir les vastes marchés du Nord et du Midi à nos approvisionnemens; de raffermir le crédit et de dissiper ces vagues incertitudes qui se sont élevées depuis quelque temps sur la stabilité du nouvel ordre de choses en France. Aussi voyons-nous le Comité redoubler d'efforts, de soins et d'activité. Suivons-le de la tribune au cabinet. Il ne veut négliger aucun moyen pour amener sur le terrain des négociations les puissances qui flottent encore indécises entre les dégoûts de la guerre et les dangers qu'on leur fait craindre dans la paix. Des négociations et des traités vont maintenant nous occuper.

FIN DE LA PREMIÈRE PARTIE.

MANUSCRIT
DE L'AN TROIS.

DEUXIEME PARTIE.

PREMIERS TRAITÉS. — LA TOSCANE. — LA PRUSSE.

(Printemps de l'an III. 1795.)

MANUSCRIT DE L'AN TROIS.

DEUXIÈME PARTIE.

CHAPITRE I.

PREMIÈRE NÉGOCIATION DE BALE, ENTRE M. DE GOLTZ ET LE CITOYEN BARTHÉLEMY.

(Fin de pluviôse.)

La Diète de l'Empire s'est décidée à voter le *conclusum* si impatiemment attendu en Allemagne. Après avoir déclaré que *le but de cette guerre n'était pas de s'immiscer dans les affaires intérieures de la France,* la Diète demande qu'on s'occupe de préparer les voies de la pacification. Mais le chef de l'Empire n'admet ce *conclusum* que sous la restriction d'une paix qui serait juste, honorable et acceptable, et provisoirement, il exploite, comme moyen de guerre, ce désir qu'on exprime pour la paix. Sous prétexte de mieux soutenir la négociation qu'on voudrait entamer, il recommande à ses co-états de fournir au plus tôt le quintuple contingent nécessaire pour ouvrir la campagne prochaine.

Cependant, depuis que le ministre plénipotentiaire de la Prusse, M. de Goltz, est arrivé à Bâle, divers envoyés des états d'Allemagne s'y sont rendus. L'aspect de cette ville a changé. Les curieux s'en approchent, et le célèbre M. Burke commence à y voir ce qu'il a appelé depuis *le grand encan de l'Europe!*

De son côté, le ministre plénipotentiaire de la République a reçu ses pouvoirs qui ont été signés le 26 nivôse (15 janvier). Quittant aussitôt la résidence qu'il avait dans la petite ville de Baden, il est allé s'établir à Bâle. A son arrivée, les magistrats et le grand tribun de l'état de Bâle lui ont fait visite, et de toutes parts on s'est empressé autour du pacifique envoyé de la terrible République.

Le citoyen Barthélemy est un homme d'une cinquantaine d'années, d'une haute stature, d'un extérieur simple qui se compose de modestie, d'aménité, de calme et de bonhomie. La bienveillance de son accueil inspire la confiance. Il soutient cette impression par une conversation facile qui décèle plus de pénétration que d'adresse, et plus de justesse que de brillant. Neveu du célèbre abbé Barthélemy, et protégé des Choiseul, il fait honneur à l'école qui l'a produit aux affaires.

Le 22 janvier, M. de Goltz et le citoyen Barthélemy ont échangé leurs pleins pouvoirs. L'entrevue a été *très-gaie*. Tel est le premier secret qui s'échappe de Bâle.

Deux jours après, le 24 janvier, ils sont entrés en conférence, et les propos sont devenus sérieux.

Les premières demandes de M. de Goltz ont été *un armistice et la neutralité* de Mayence, comme conditions préliminaires de la paix.

La Prusse a besoin de l'armistice, disait son ministre, pour amener les princes de l'Empire qui sont sous son influence, à prendre part à la paix avec la France.

Quant à Mayence, M. de Goltz ne dissimulait pas combien ce point était embarrassant. Les Français ont commencé le siége de cette place, et les Prussiens forment une partie principale de l'armée qui la défend. L'honneur du roi de Prusse ne serait-il pas compromis si ses troupes désertaient les remparts au moment où ils sont attaqués? La neutralité de Mayence pourrait seule tout concilier. D'un côté, les Prussiens et les

Autrichiens l'évacueraient; de l'autre, les Français lèveraient le siége.

Mais l'Autriche consentira-t-elle à cette transaction? la Prusse se charge de le lui demander. Si l'Autriche s'y refuse, les Prussiens ne se retireront pas moins. Alors Mayence, réduite aux Autrichiens pour ses seuls défenseurs, ne peut tarder à capituler, et l'Allemagne ne pourra imputer cette perte qu'à l'obstination du Cabinet de Vienne.

Si, au contraire, l'Autriche se prête à l'expédient de la neutralité de Mayence, la place restera entre les mains des troupes des Cercles, qui la remettront à la France à la fin des conférences de Bâle, ou à la paix générale.

Ainsi, de manière ou d'autre, la Prusse ne dispute pas Mayence à la République.

Telles ont été les premières paroles de M. de Goltz; celles du citoyen Barthélemy sont un refus nettement prononcé.

Ce qu'on craint le plus du côté de la France, c'est qu'on n'abuse de notre inexpérience des négociations par de vaines apparences, et qu'on n'ait d'autre dessein que de nous dérober un temps précieux, tout en faisant retomber l'odieux de la continuation de la guerre sur le comité de Salut Public.

« La France n'a pas d'intérêt à un armistice »,

a répondu le citoyen Barthélemy; « elle n'en a
» qu'à la paix. Commençons par faire notre
» traité; nous le tiendrons secret si vous le vou-
» lez, pour donner à l'Autriche le temps de
» s'expliquer, et à vos alliés du nord de l'Alle-
» magne, celui d'arriver. Nous pourrons même,
» la paix signée, couvrir la cessation des hostilités
» sous le prétexte d'un armistice. Mais tant que
» la question principale n'aura pas été complé-
» tement résolue entre nous, mes instructions
» me défendent d'entendre à aucune trêve ni à au-
» cune neutralité qui suspendrait les opérations
» militaires. »

M. de Goltz ayant allégué que ses instructions n'étaient pas moins impératives, on a jugé inutile de prolonger davantage cette discussion, et les deux négociateurs sont convenus d'en référer respectivement à leur Cabinet.

A peine ces deux difficultés venaient-elles de s'élever, que la négociation s'est trouvée tout-à-coup arrêtée par une cause encore plus grave. Le lendemain de la première conférence, M. de Goltz est tombé malade; la maladie n'a pas tardé à prendre le caractère le plus alarmant, et le dixième jour, M. de Goltz a succombé.

CHAPITRE II.

DÉMARCHES CONCILIATRICES AUPRÈS DE L'ESPAGNE.

(13 pluviôse. 6 février.)

La négociation de Bâle ne pouvait manquer d'en amener d'autres. Le vent souffle à la paix sur toutes les puissances du second ordre. Du côté de l'Italie, à Venise, à Gênes, à Bâle même, divers princes frappent aux portes, et le comité de Salut Public se fait tout oreilles pour les entendre. Il tourne surtout son attention vers les Pyrénées, et c'est dans ce moment qu'il apprend avec quelle maladresse on a repoussé sur la frontière les dernières ouvertures si franches et si loyales du général Urrutia. Mais il ne s'agit plus de prévenir le mal; il ne peut être question que de le réparer, et l'on n'a qu'une crainte à cet égard, c'est de ne pas faire assez.

D'abord on charge les Représentans près l'armée des Pyrénées de renouer, s'il est possible, avec le général espagnol, quelques communications à l'aide desquelles on essaiera de revenir sur le mauvais effet de la dernière.

En même temps, on écrit à Venise, à Bâle, à Hambourg, à Copenhague, enfin à tous les envoyés que nous avons dans des résidences où l'Espagne entretient aussi des agens; on cherche à faire entendre à ceux-ci « que les premières
» communications du gouvernement espagnol
» n'ont pas été accueillies comme il était dans
» l'intention du gouvernement français qu'elles
» le fussent; qu'elles ont été mal comprises,
» parce qu'elles étaient mal adressées; que la
» France ne veut pas la perte de l'Espagne; que
» l'Espagne ne veut pas la perte de la France;
» et que si l'on est décidé à Madrid à traiter de
» bonne foi, on sera bientôt d'accord. »

Ce n'est pas tout; ces avis sont détournés; le Comité veut en risquer de plus directs. Le citoyen Bourgoing, dernier chargé d'affaires que la France ait eu à Madrid, a quitté l'Espagne depuis dix-huit mois seulement. Le souvenir qu'il y a laissé est trop honorable et trop récent pour qu'il n'y jouisse pas encore de quelque crédit; il vit retiré à Nevers; on le fait venir. On lui répète ce qu'il s'agit de bien expliquer à quelques-uns des hommes influens avec lesquels il a été en relation à Madrid et, le 19 pluviôse, sur la table même du Comité, le citoyen Bourgoing expédie les lettres qu'on lui demande. C'est à MM. d'Ocaritz et d'Yriarte qu'il s'adresse sous un prétexte purement personnel. Les dépêches partent sous le couvert du ministre des États-Unis, à Paris.

Ce n'est pas tout encore. Le Comité désire ajouter les procédés aux paroles, et le hasard lui en fournit une occasion qu'il s'empresse de saisir.

Dans les lettres qui viennent de passer à la frontière, il s'en trouve une de M. de Crillon, ancien officier général français au service d'Espagne, qui écrit à son fils, brigadier des armées espagnoles, maintenant prisonnier de guerre en France, et dans cette lettre on remarque, entre autres passages, celui-ci :

« J'ai un reste d'espoir de voir finir cette guerre
» malheureuse, et d'en voir recommencer une
» nouvelle, où je pourrais encore espérer de com-
» battre avec les Français unis aux Espagnols,
» contre les vrais ennemis des deux nations. »

Le Comité est touché de ces sentimens qui s'accordent si bien avec sa politique, et pour en rendre un éclatant témoignage, il donne ordre que M. de Crillon fils, retenu en cantonnement dans les environs de Montpellier, soit dirigé sur le quartier général de l'armée des Pyrénées-Orientales. Le représentant du peuple, Goupilleau de Fontenay, qui est en mission sur la frontière, reçoit en même temps des instructions sur la conduite amicale à tenir envers ce prisonnier.

L'envoi des lettres du citoyen Bourgoing, et l'exécution des ordres relatifs au jeune Crillon, deviennent l'occasion d'une correspondance qui se rétablit dans les termes suivans entre les généraux en chef :

« Au quartier-général de Figuières, le 27 pluviôse an III (15 février 1795).

» *Le général en chef de l'armée des Pyrénées-*
» *Orientales, au général en chef de l'armée*
» *espagnole.*

» Je t'adresse, général, une dépêche pour le
» ministre des États-Unis d'Amérique, résidant
» en Espagne. Elle vient de son collègue, en-
» voyé près la république française. Je te prie
» de la lui faire tenir incessamment et avec sû-
» reté.

» Je profite de cette occasion pour t'envoyer le
» discours prononcé à la Convention nationale le
» 14 frimaire dernier, par Merlin de Douay, et
» celui de Boissy-d'Anglas, du 11 pluviôse; tu
» y verras la franchise et l'impartialité avec les-
» quelles les intérêts des puissances belligérantes
» sont discutés; tu y trouveras la proclamation
» des principes de notre gouvernement. Quoique

» je ne sois ici que pour me battre, comme je te
» l'ai écrit, j'aime trop mon pays, j'aime trop la
» République pour ne pas chercher à détruire les
» préventions injustes que les ministres de Lon-
» dres se sont attachés à répandre sur les inten-
» tions de la France. Je voudrais qu'il me fût
» possible de faire parvenir ces deux discours dans
» les quatre parties du monde,

» *Signé*, Pérignon.

» *P. S.* Comme le ministre américain, résidant
» en France, désire être assuré que sa lettre à son
» collègue en Espagne est parvenue, je te prie
» d'en faire mention dans ton reçu. »

Peu de jours après, le jeune Crillon est amené au représentant du peuple Goupilleau de Fontenay, à Figuières. Celui-ci a bien compris les intentions du Comité, et il s'y conforme avec une franchise et une générosité de manières bien rares jusqu'alors. Le jeune Crillon sait que sa délivrance est le prix des vœux que son père a formés pour la paix. Le fils ne dément pas les sentimens du père. Plein de loyauté, il est comme lui dominé par le plus vif désir de voir l'union se rétablir entre les deux nations, et le 2 ventôse il est remis au camp espagnol.

Laissons à ces différentes démarches le temps

de produire leur effet. Quatre jours après les avoir prescrites, le comité de Salut Public a la satisfaction de signer enfin son premier traité de paix. Ce n'est ni avec l'Espagne, ni avec la Prusse; c'est avec la Toscane.

CHAPITRE III.

PAIX AVEC LA TOSCANE, ET DISPOSITIONS DES AUTRES PUISSANCES DE L'ITALIE.

(Suite de pluviôse.)

Peu de temps après le 10 août, la Toscane avait été la première à reconnaître la République. Mais le 8 octobre suivant, lord Hervey, parlant au nom du roi d'Angleterre, avait signifié au Grand-Duc qu'il lui donnait douze heures pour se déclarer contre la France, et, depuis ce moment, toute communication officielle s'était trouvée interrompue entre Paris et Florence.

Il était assez naturel cependant que la Toscane aspirât à se relever de l'état forcé où cette sommation impérieuse de l'Angleterre l'avait réduite; aussi n'a-t-elle cessé de faire des démarches pour y parvenir. Le Grand-Duc tenait secrètement le fil de cette affaire. Il était secondé par le ministre Manfredini, et par les conseillers-d'état Corsini et Carletti; ce dernier était même désigné depuis long-temps pour se rendre à Paris auprès

du comité de Salut Public. Ses pouvoirs dataient du 14 brumaire (4 novembre 1794), et il s'était avancé jusqu'à Gênes où il attendait des passe-ports. Mais le Comité avait mis un prix à ce raccommodement. Ce qu'il exigeait, ce n'était ni des concessions politiques, ni des tributs d'or, de tableaux ou de statues, c'était du pain. Nos départemens du midi étaient affamés, et telle était la pénurie du temps, qu'elle avait placé le nœud de cette négociation dans des sacs de blé. Des grains destinés pour Toulon, nous ont été enlevés à Livourne par les Anglais; la Toscane est responsable de cette violation de son territoire, et le comité de Salut Public n'a voulu entendre aucune parole de conciliation avant que les grains de Livourne n'eussent été rendus. Cette restitution ayant été faite dans le courant de nivôse, des passe-ports ont été envoyés aussitôt à M. Carletti; il est arrivé à Paris le 11 pluviôse, et dix jours après, le représentant Richard se présente à la tribune au nom du Comité. « La Convention, dit-il, a
» déclaré qu'elle aurait égard à la situation des
» gouvernemens que la crainte et la violence ont
» contraints de marcher à la suite de la coalition;
» la première preuve qu'elle va donner de la sin-
» cérité de cette disposition sera en faveur de
» la Toscane... Le Grand-Duc ayant restitué tout
» récemment, et à ses frais, les grains qui nous

» ont été enlevés à Livourne, le comité de Salut
» Public a cru devoir conclure le traité que je viens
» soumettre à votre ratification. »

On allait ratifier le traité, séance tenante, quand Thibaudeau se lève : « Je ne souffrirai pas
» pour ma part, s'écrie-t-il, que le premier traité
» qui soit fait avec une puissance belligérante soit
» ratifié sans avoir été médité. Ce n'est pas avec
» le Comité que les puissances font la paix; c'est
» avec la Convention. »

« Il ne faut pas tant se dépêcher, dit Bourdon
» de l'Oise; il ne faut pas qu'on croie que nous
» avons soif de la paix! »

« La Toscane ne vaut pas deux de nos dépar-
» temens, » ajoute un autre membre; mais il est aussitôt rappelé à l'ordre : on lui répond que nous ne devons insulter aucun état, quelle que soit sa force ou sa faiblesse.

« Hâtons-nous, dit Cambacérès à son tour,
» de faire cesser une discussion incidente sans
» objet comme sans utilité. »

Enfin, sur la demande expresse du Comité qui repousse toute idée de précipitation et toute influence trop exigeante, la Convention ordonne l'impression du traité et l'ajournement.

Quelques jours après, dans la séance du 25 pluviôse, on fait une seconde lecture du traité, et l'assemblée approuve en ces termes : « La

» Convention nationale, après avoir entendu le
» rapport de son comité de Salut Public, décrète
» qu'elle confirme et ratifie le traité de paix con-
» clu le 21 pluviôse, présent mois, entre le co-
» mité de Salut Public et le ministre plénipo-
» tentiaire du Grand-Duc de Toscane [1]. »

Ce premier acte diplomatique en introduisant la République dans le système politique de l'Europe, donne occasion de régler définitivement le protocole de notre nouveau droit public, ainsi que toutes les questions de forme qui s'y rattachent. L'article le plus délicat de la discussion engagée à cet égard est relatif à la nature et à l'étendue des pouvoirs du Comité dans les négociations, et particulièrement dans les stipulations secrètes.

L'admission d'articles *qui resteront secrets* éprouve une vive opposition. — Quels sont donc ces si grands secrets dont on nous fait peur? disent les uns. — Il n'est point digne du peuple français de traiter dans le secret, disent les autres. — Réfléchissez, leur répond Cambacérès, sur la multiplicité et sur la divergence des intérêts des puissances, et dites-nous s'il est sage de se priver de tous les avantages que peuvent offrir des stipulations secrètes? —

---

[1] Nous reportons le texte de ce traité aux *Pièces historiques*.

Mais quelle garantie aurons-nous que le traité ainsi modifié sera conforme à nos principes et aux grands intérêts de la République? — La meilleure garantie, réplique Boissy-d'Anglas; vous l'avez dans la composition du gouvernement actuel. Si les douze membres du comité de Salut Public avaient signé des articles secrets qui compromissent l'honneur ou l'intérêt national, les trois nouveaux membres, que le renouvellement du mois ne tarderait pas à introduire dans la connaissance intime des affaires, viendraient aussitôt vous avertir.

Après une délibération suivie dans plusieurs séances, on autorise le comité de Salut Public à admettre des articles secrets; mais il est expressément entendu *que ces articles ne peuvent avoir pour objet que d'assurer la défense de la République ou d'accroître ses moyens de prospérité, et que, dans tous les cas, ils ne peuvent être contraires aux articles patens, ni les atténuer.*

Au surplus, on est généralement d'accord sur la nécessité de laisser une grande latitude au comité de Salut Public dans ses transactions diplomatiques. « Si vous n'investissez pas votre Comité » d'une confiance entière, dit Thibaudeau, com- » ment pourra-t-il obtenir celle des gouverne- » mens étrangers? » — « Collègues du comité de » Salut Public, s'écrie Crassous, vous allez, je

» l'espère, je le désire, donner la paix au peu-
» ple français : remplissez cette mission impor-
» tante, et ne craignez pas qu'on vous chicane sur
» cette responsabilité. »

Le Comité croit devoir répondre à des encouragemens qui lui ont été contestés d'abord, mais qu'on lui accorde maintenant avec libéralité, et cette réponse, dont Cambacérès fait les principaux frais, est une nouvelle manifestation de principes.

« Rassurons l'Europe, après l'avoir étonnée, dit
» l'orateur; ne soyons pas des conquérans inexo-
» rables. Au surplus, le Comité comprend ses
» devoirs et de certaines méfiances; voici toute
» sa pensée : la génération n'a pas subi tant d'é-
» preuves, et fait tant de sacrifices, sans vouloir
» en assurer le fruit à sa postérité. Nous trace-
» rons donc *d'une main sûre* les limites de la
» République; et, quoi qu'il en soit, il faut que
» l'Europe sache que dans ce grand œuvre nous
» ne sommes pas dirigés par des vues d'agrandis-
» sement, mais par le besoin du repos public. »

A ces paroles remarquables, Fréron, qui s'appelle l'orateur du peuple, s'empresse d'ajouter le secours de son éloquence emphatique et sonore. « Le bras
» que nous tendons aux nations, dit-il, est un
» bras vainqueur et non fatigué; traitons, mais
» ne composons pas avec la gloire! La victoire

» elle-même a tracé nos limites; ferons-nous ré-
» trograder son vol? non!... Peuples étrangers,
» l'Hercule français posera ses colonnes là où
» vous cesserez de le combattre! Nos nouvelles
» frontières sont déjà tracées par une immense
» guirlande de lauriers, et il nous tarde que l'o-
» livier vienne y marier ses rameaux. »

Les bocages ensanglantés de la Vendée répètent en ce moment pour la première fois ces mêmes accens de paix et de concorde; mais, de ce côté, plus de guirlandes de lauriers, plus de fanfares, plus de triomphes. Les plaies hideuses de la guerre civile, même quand elles commencent à se cicatriser, repoussent de telles allusions. Toutefois, l'accommodement qui vient d'être conclu à la Jaunaie, près Nantes, avec les chefs vendéens, est pour la Convention un heureux prélude aux traités qu'elle cherche à négocier avec l'ennemi du dehors.

La pacification de la Jaunaie a été signée le 27 pluviôse, ou 15 février. On y assure la liberté religieuse aux curés des campagnes, et l'arrangement s'est terminé par une distribution de deux millions aux Vendéens. Les chefs, après avoir écrit sur leurs drapeaux cette inscription, *Conquis par la justice et par l'humanité*, en ont fait la remise au représentant du peuple Ruelle, *leur pacificateur*. La lettre d'envoi est revêtue

des signatures de Charette, Fleuriot, Sapinaud, Coetus et Dubruc. On y lit ces paroles : « Puis-
» que vous êtes celui qui sûtes nous inspirer, avec
» la confiance, le désir de faire cesser une guerre
» affligeante, soyez aussi celui auquel nous nous
» adressons pour faire passer à la Convention ces
» gages de notre réconciliation sincère [1] ! »

Sur ces entrefaites, les ratifications du Grand-Duc de Toscane sont arrivées, et le comte Carletti demande à présenter les lettres de créance qu'il a reçues de son prince pour résider auprès de la République. La Convention veut qu'il soit introduit dans le lieu de ses séances; l'envoyé toscan vient annoncer sa mission par un discours au président. Le président Thibeaudeau lui répond par les complimens d'usage, lui donne l'accolade de l'amitié républicaine, et l'invite aux honneurs de la séance. Désormais le ministre de Toscane aura place dans la tribune réservée aux membres du corps diplomatique. Telle est, dans

---

[1] On a publié depuis une lettre écrite à cette occasion par Charette au régent (Monsieur, Louis XVIII), dans laquelle ce chef vendéen déclare « *que les circonstances*
» *l'ont forcé de conclure cette pacification, qui lui four-*
» *nira les moyens de recommencer plus tard la guerre*
» *avec plus de vigueur; que cette trêve n'est qu'un piège*
» *dressé aux républicains, et que jamais il n'existera*
» *de véritable paix entre lui et la République.* »

toute sa simplicité, la première réception de ce genre faite par la Convention nationale [1].

La Toscane a donné l'exemple à ses voisins de l'Italie. Le suivront-ils? à les entendre, ils voulaient le devancer.

A Rome, on demande à rentrer en communication avec la France; mais on se récrie contre un traité de paix : on n'en a pas besoin parce qu'on prétend n'être pas en guerre. Cependant l'Italie est inondée de prédicateurs romains qui tonnent contre la nouvelle république.

---

[1] Comme on le voit, les formes de notre diplomatie n'étaient pas alors très-compliquées, et notre étiquette était fort simple. Le président de la Convention n'avait ni palais, ni faste, ni licteurs. Le ministre plénipotentiaire d'un prince vint en carosse me visiter dans l'appartement très-bourgeois où je logeais. Les ambassadeurs des rois de Prusse et d'Espagne, qui firent ensuite leur paix avec la Convention, ne furent pas traités avec plus de cérémonie. Des hommes superficiels et légers, que la vie des cours avait corrompus, essayaient de tourner en ridicule cette simplicité. Les Cabinets étrangers étaient loin d'en plaisanter, et leurs envoyés, en entrant dans cette assemblée où l'on n'était ébloui ni par l'or, ni par la pourpre, mais dont les armées triomphaient de l'Europe, et dont les principes effrayaient toujours les trônes, se sentaient saisis d'un respect bien différent de celui que leur inspiraient l'éclat du diadème et la majesté royale!..
(Mémoires de Thibaudeau, *Convention nationale*, page 127.)

Depuis quelques mois, la cour de Naples, par l'organe du chevalier Micheroux, son envoyé à Venise, est en pourparlers avec le citoyen Lallemant, agent de la République française, à la même résidence. Elle a fait faire en même temps par un émigré français, M. de Naillac, des démarches auprès du citoyen Villars, envoyé de la République à Gênes; et le comité de Salut Public a répondu à ces ouvertures, en ne mettant d'autres conditions à la paix que des envois de blé. Il demande que la Sicile en expédie cinq cent mille quintaux, ou au moins trois cent mille à la destination de Toulon, de Villefranche et de Marseille.

Le Piémont, dépouillé de la Savoie et du comté de Nice, ruiné au dehors par une guerre qui se prolonge au-delà de tous les calculs, au dedans par le despotisme intolérable des Autrichiens, se voit sur le point de devenir la proie de ses ennemis ou de ses auxiliaires. Sans doute, il se trouverait fort heureux d'échapper aux difficultés de sa position par une prompte paix avec la République: le fils du roi et l'archevêque de Turin sont hautement de cet avis; mais le difficile est de faire cette paix à l'insu des Autrichiens qui s'en méfient. On tremble qu'au premier mot de la négociation, l'Autriche ne s'arme de ce prétexte pour confisquer aussitôt et s'adjuger le reste de l'Italie septentrionale. Cependant on a déjà risqué quelques ouvertures auprès du citoyen Desportes, résident de la République à Genève. Le baron Vignet des Étolles, ministre de Sardaigne en Suisse, a essayé aussi, dès le mois de février dernier, d'entrer en communications avec le citoyen Barthélemy; M. Monnot, secrétaire de l'état de Berne, lui servait d'intermédiaire. Enfin, un certain M. Pagès, émigré français, se disant secrétaire du baron Vignet des Étolles, a écrit directement au comité de Salut Public. Dans ce correspondant officieux, le Comité n'a vu qu'un intrigant qui cherche à obtenir sa rentrée par un service, ou qu'un espion de l'Autriche qui voudrait savoir où nous en sommes avec le Piémont. C'est directement par le citoyen Desportes et par le citoyen Barthélemy que le Comité a transmis sa réponse. Les Alpes étant une des barrières naturelles de la France, on exigeait que le Piémont renonçât à toute idée de recouvrer la Savoie et le comté de Nice; mais on se montrait disposé à l'indemniser, en prenant pour base l'arrangement de 1733, par lequel la France assurait secrètement le Milanais et la Lombardie à la Sardaigne. — A peine ces premières paroles ont-elles été échangées, que l'Autriche, dévoilant ses soupçons, a fait enlever la malle contenant les lettres de Suisse à Turin. Cette leçon a suffi pour jeter le Cabinet sarde dans l'immobilité de l'inquiétude et de la peur.

En résumé, il est évident que les puissances de l'Italie supportent impatiemment le joug de l'Autriche et de l'Angleterre; mais elles sont retenues par la crainte des dangers qu'une défection peut leur attirer. Elles attendent une occasion et un protecteur. L'Espagne peut leur donner l'une et l'autre.

CHAPITRE IV.

NOUVELLE CORRESPONDANCE DU GÉNÉRAL URRUTIA.

(Fin de février. Ventôse.)

On a reçu de nouvelles lettres du général espagnol Urrutia. Nous avons déjà fait connaissance avec ce correspondant. Son style n'est pas commun dans les affaires de ce genre, et nous ne craignons pas que l'attention se fatigue à le lire. Il est assez piquant d'entendre, le soir, se parler des gens qui se sont battus pendant toute la journée.

« Au quartier-général de Gironne, le 16 février 1795.

» *Le général en chef de l'armée espagnole au gé-*
» *néral en chef de l'armée française.*

» Il y a quelque temps que j'avais lu le discours
» de Merlin de Douai, que tu m'as fait passer tra-
» duit, et je lirai celui de Boissy-d'Anglas contenu
» dans le Moniteur qui, par ton canal, m'est

» parvenu quelques jours plus tôt que je ne l'aurais
» reçu.

» Je n'ai jamais douté que le sort du général
» d'armée ne fût, comme tu me le dis, de se
» battre; mais je crois que les généraux, ainsi
» que tous les hommes, doivent s'occuper à ser-
» vir le dieu de l'humanité. C'est dans ce sens que
» je t'ai écrit le 13 du mois dernier : je suis ici
» pour faire la guerre, et je la ferai avec généro-
» sité. Mais tous mes désirs n'en sont pas moins
» pour une réconciliation entre les deux nations,
» de préférence aux gloires militaires et ensan-
» glantées. Je souhaite la paix avec plus d'ardeur
» que de gagner des batailles. Tels sont et seront
» mes principes. Plût au ciel que je pusse contri-
» buer à lier, par une amitié ferme et stable, ceux
» qui se regardent à présent comme ennemis, et
» qui se préparent à consommer leur ruine réci-
» proque !

» *Signé*, Joseph d'Urrutia. »

« *Deuxième lettre du même jour. Le général en*
» *chef de l'armée espagnole au général en*
» *chef de l'armée française.*

» Je reçois aujourd'hui ta lettre qui accompa-
» gnait celle du ministre des États-Unis de l'A-
» mérique, résidant à Paris, à son collègue rési-
» dant à notre cour, et je lui donne cours dans

» l'instant par un courrier extraordinaire, comme
» tu me le recommandes.

» Le trompette a remis le paquet de lettres
» pour les prisonniers.

» *Signé*, Joseph d'Urrutia. »

« Au quartier-général de Gironne, le 21 février 1795.

» *Troisième lettre du général en chef de l'ar-*
» *mée espagnole au général en chef de l'armée*
» *française.*

» Le brigadier, duc de Mahon[1], est arrivé au
» quartier-général. Je suis informé que c'est en
» faveur de son père qu'il a obtenu cette grâce.
» Il est reconnaissant du bon traitement qu'il a
» reçu ; de mon côté, j'estime ta générosité en-
» vers les prisonniers. Je n'en ai jamais douté,
» et tu peux croire que j'y correspondrai.

» *Signé*, Joseph d'Urrutia. »

« Au quartier-général de Gironne, le 25 février 1795.

» *Quatrième lettre du général en chef de l'ar-*
» *mée espagnole au général en chef de l'armée*
» *française.*

» En lisant le discours de Boissy-d'Anglas, qui
» paraît avoir trouvé un accueil favorable du pu-

---

[1] M. de Crillon.

» blic de ta capitale, je n'ai pu douter des vues
» que tu as eues en me l'envoyant. Je me livre
» avec plaisir à l'idée qu'il y a en toi aussi une
» propension humaine et louable vers le véritable
» bien des deux nations; et, en effet, quelle plus
» grande gloire que celle de promouvoir l'esprit
» de fraternité dans le moment même que nos
» armées se disposent à recommencer les scènes
» sanglantes et horribles de la guerre? Dès mon
» arrivée à l'armée, je te fis part de mes réflexions
» sur ce point. Mes principes sont invariables, et
» je me confirme toujours en ce que les fonctions
» d'un général n'excluent pas le droit de servir
» l'humanité.

» Pour entrer dans la discussion de divers points
» établis par Boissy d'Anglas, il faudrait s'accor-
» der pour travailler sur cette matière. Il pour-
» rait se faire que le moment ne fût pas loin;
» mais, en attendant, je ne puis que faire observer
» que les Espagnols, nullement indécis dans
» leurs sentimens, ont regardé avec douleur les
» sanguinaires agitations de la France et la dé-
» vastation totale à laquelle la conduisait la fu-
» reur de ses partis; et à présent ils se plaisent à
» entendre publier que les dissensions intestines
» sont réprimées, les échafauds abattus, les pri-
» sons ouvertes, le sang innocent vengé, les mi-
» nistres de la Terreur livrés à la mort et à l'in-

» famie. Depuis que cet horizon heureux d'huma-
» nité et de modération s'est montré, je me suis
» flatté de l'espoir d'employer tous mes efforts
» dans l'agréable travail d'une pacification ; mes
» désirs vont être comblés, et je ne suis retenu
» que par faute de savoir à qui l'on doit s'adres-
» ser. Sans cette connaissance, il est clair que je
» ne puis faire aucune proposition à ma cour,
» pour sûr que je sois des principes qui ont dicté
» et dicteront toujours ses démarches. Les pre-
» mières que l'on fait pour rétablir la bonne in-
» telligence interrompue essuyent des difficultés,
» et celle de pouvoir se communiquer ses idées
» n'est pas la moindre. Le bruit des armes trou-
» ble et confond les voix de la philosophie, et
» quelquefois même l'alternative des succès éloi-
» gne le moment de les écouter. Qu'il serait glo-
» rieux de se charger avec l'ardeur de la bonne
» foi de faire fraterniser deux nations que la Pro-
» vidence a destinées pour vivre en amitié et en
» union d'intérêts! Éloignons tous les obstacles
» qui pourraient entraver ou prolonger cette œu-
» vre. Réponds-moi avec clarté. — L'officier
» porteur de la présente pourra l'être de ta ré-
» ponse ou l'écouter.

» *Signé*, Joseph d'Urrutia. »

L'officier que le général espagnol a chargé du

dernier message s'est présenté au camp français le 8 ventôse (26 février). Admis en présence de Goupilleau de Fontenay et de Pérignon, il a multiplié les questions sur le mode de traiter avec la France; il a même donné à entendre qu'une suspension d'armes faciliterait les négociations. On lui a répondu que si la crainte de la publicité retient l'Espagne, elle doit sentir qu'une suspension d'armes est le moyen le moins propre à tenir nos communications secrètes; que la politique de la République voit avec défaveur ces propositions d'armistice; que ce qu'il y a de mieux à faire, c'est de s'expliquer franchement et directement avec le comité de Salut Public, et que la conduite récente de la Toscane fournit un exemple bien simple à suivre. L'officier espagnol s'est retiré en disant que son général avait été sur le point d'envoyer une personne de confiance, chargée de ses pouvoirs, pour faire des propositions, et qu'on ne tardera pas sans doute à prendre ce parti.

D'après cette conversation, le Comité s'attend à voir l'Espagne entrer sous peu de jours en négociations; il croit n'avoir pas de temps à perdre pour s'occuper du choix des négociateurs et préparer leurs instructions.

CHAPITRE V.

MISSION DES CITOYENS BOURGOING ET ROQUESANTE A FIGUIÈRES.

(Fin de ventôse. Premiers jours de mars.)

Lorsque les plénipotentiaires espagnols se présenteront sur la frontière, il faut qu'ils y trouvent les nôtres, et que la négociation puisse commencer aussitôt. Les petites combinaisons que le comité de Salut Public fait entrer dans ses dispositions, ne décèlent que trop le peu d'aplomb qu'on a encore sur ce terrain nouveau, et la méfiance que l'on conserve contre tout ce qui est *diplomatie et diplomates*. On envoie deux négociateurs, le citoyen Bourgoing et l'adjudant général Roquesante; derrière eux sera le représentant Goupilleau de Fontenay dont on a tant à se louer, et que le Comité considère comme son véritable plénipotentiaire. Les deux négociateurs ne seront que ses adjoints. L'un tiendra la conférence, tandis que l'autre restera comme conseil et comme secrétaire auprès du Représentant. Si la négociation vient s'ouvrir dans le camp français, ce sera Bourgoing qui traitera; s'il faut aller la chercher dans le camp ennemi, ce sera Roquesante, que l'habit militaire rend plus convenable pour le rôle de parlementaire. *Dans tous les cas, l'un servira de contrôle à l'autre.*

Quant aux instructions, en voici le sommaire :
D'abord, pas d'armistice.

— Ne faire connaître nos conditions qu'après que l'Espagne aura présenté les siennes.

— Si l'Espagne veut revenir sur l'article des enfans de Louis XVI, défense de rien entendre.

— Rappeler pour base des indemnités que nous avons à réclamer : 1°. L'armement fait par la France en 1790 pour protéger l'Espagne contre l'Angleterre, service en retour duquel l'Espagne a déclaré la guerre à la France; 2°. les treize vaisseaux que l'Espagne a contribué à nous faire perdre à Toulon.

Vient ensuite l'article des cessions qu'on peut exiger pour indemnités. Une discussion s'élève ici. — Dès le premier mot *de paix* avec l'Espagne, Dugommier avait proposé de retenir la Cerdagne, Fontarabie et le port du Passage. Depuis, on a particulièrement insisté sur le Guipuscoa, petit pays que le prolongement de la chaîne des Pyrénées semble jeter de notre côté. On allègue les mêmes raisons de convenances géographiques pour garder la vallée d'Aran. Ceux-là demandent qu'on profite de l'occasion pour s'assurer l'intégrité de la possession de Saint-Domingue, par la cession de la partie Espagnole ; ceux-ci réclament la Louisiane. Ce serait une colonie continentale dans un climat salubre, et *il est peut-être plus important qu'on ne pense*, dit-on à ce sujet au Comité, *d'avoir pour la fin d'une révolution une grande colonie continentale en réserve.*

L'honnête Bourgoing ne peut cacher le découragement qu'il éprouve en voyant tant de prétentions et d'exigeances qui s'entassent l'une sur l'autre. Sa loyauté ne craint pas de se mettre aux prises avec les donneurs de conseils qui ont pour eux la faveur des présomptions républicaines.

« L'Espagne, toute vaincue qu'elle est, leur » dit-il avec ménagement, ne sent pas cependant » assez le besoin de la paix pour se soumettre à » de tels sacrifices. » — Eh bien ! on le lui fera sentir ; et l'on aura recours à de nouvelles victoires. — « Mais, reprend le diplomate, ces nombreu- » ses cessions affaibliraient beaucoup l'Espagne, et » l'affaiblissement de cette puissance est contraire » à notre politique. » — *Oui*, réplique-t-on, s'il s'agissait de l'affaiblir au profit d'un tiers; *non*, si c'est au profit de la République. — Ici, un troisième avis se présente ; c'est celui du *mezzo*

termine : « Il faut que la France prenne sur l'Es-
» pagne, mais il ne faut pas que l'Espagne y
» perde; et de même que nous offrons à la Sar-
» daigne de l'indemniser du comté de Nice et de
» la Savoie sur le Milanais, offrons à l'Espagne
» l'appât de la conquête du Portugal.... » Bourgoing cherche encore à dissiper ces illusions.
« Charles IV, dit-il, est un honnête homme. Un
double mariage unit sa famille à celle qui règne
en Portugal ; il ne voudrait pas détrôner sa fille.
Un prétexte ne suffirait pas pour une pareille
guerre, et ici le prétexte même n'existe pas. »

Le comité de Salut Public se décide à laisser
ces différentes prétentions dans le vague. On en
obtiendra ce qu'on pourra ; aucune n'est prescrite
comme condition absolue.

On complétera, s'il est possible, la paix avec
l'Espagne par une alliance offensive et défensive
contre l'Angleterre. On se contentera d'offrir l'as-
sistance de la France pour l'invasion du Portugal
et la reprise de Gibraltar. Enfin, et cet article
qui termine les instructions, fait trop d'honneur au
Comité pour être passé sous silence, on stipulera
au profit de l'agriculture de la France le don
d'un certain nombre de jumens poulinières, de
brebis et de béliers mérinos.

Bourgoing et Roquesante partent donc avec
une grande latitude de pouvoirs. Ils arrivent à

8.

Figuières le 28 ventôse ou 18 mars; mais personne ne s'est encore présenté de la part de l'Espagne; on n'a reçu aucune réponse aux lettres de Madrid; depuis vingt jours, il n'y a pas eu la moindre communication entre les avant-postes, et les opérations militaires ont redoublé d'activité. Que penser de ce mécompte? les intentions de l'Espagne ne seraient-elles plus les mêmes, ou se serait-on réellement abusé sur la sincérité des ouvertures précédentes?

Après dix grands jours d'attente sur la frontière, Bourgoing reçoit enfin, le 7 germinal (27 mars) une première réponse à l'une des lettres que nous l'avons vu écrire à Madrid, il y a plus de six semaines, sous le couvert du ministre des États-Unis. Cette réponse est de M. Ocaritz; mais elle ne vient ranimer aucune des espérances qu'on s'était faites. Le correspondant de Madrid, après avoir satisfait à ce qu'il y avait de personnel dans la lettre de Bourgoing, lui dit que, *quant aux insinuations politiques, il n'a pas cru devoir toucher cette corde avec M. le duc de la Alcudia; qu'il ne s'en aviserait que dans le cas où il aurait à proposer des bases plus solides que les bruits qui courent; qu'il faudrait préalablement connaître les dispositions du gouvernement français...* Toutefois, M. Ocaritz termine par des vœux qui répondent à ceux de M. Bourgoing, et par l'invitation de continuer cette correspondance.

Quelque disparate qu'il y ait entre ce langage et celui du général Urrutia, la lettre espagnole laisse du moins une porte ouverte pour s'entendre, et l'on s'empresse d'en profiter afin de réchauffer, s'il est possible, la tiédeur de ces interminables commencemens. Bourgoing répond donc dès le lendemain en ces termes :

« Je suis peiné, mon cher Ocaritz, que vous
» n'ayez, relativement aux apparences de paix,
» que vos vœux personnels à me transmettre...
» quoique je sois, *comme vous*, étranger aux af-
» faires politiques, je pourrais, *comme vous*, me
» flatter d'être écouté de mon gouvernement si
» j'avais à lui faire passer, de la part du vôtre,
» des propositions propres à servir de base aux
» négociations de la paix. Mais tant qu'il ne
» se présentera pas quelque personne chargée
» d'une commission officielle, nos vœux, mon
» cher Ocaritz, fussent-ils partagés par nos gou-
» vernemens, pourraient rester long-temps sté-
» riles... » Le citoyen Bourgoing parle aussi de son arrivée à Figuières; il espère que ce voyage, entrepris pour des affaires personnelles, ne sera pas inutile, si l'on en vient enfin *aux pourparlers* entre les deux gouvernemens.

Le général Pérignon transmet cette lettre au

commandant de l'armée espagnole, non pas cette fois par un trompette, mais par l'adjudant-général Roquesante lui-même. Celui-ci la remet ouverte au général Urrutia qui en prend lecture, et l'envoie aussitôt par un courrier à Madrid.

Ces allées et venues ne sont pas à leur terme. Pour nous en distraire un moment, portons notre attention du côté de Bâle, où la négociation de la Prusse nous rappelle.

CHAPITRE VI.

DEUXIEME NEGOCIATION DE BALE. — M. DE HAR-
DEMBERG ET LE CITOYEN BARTHÉLEMY.

(Premiers jours de germinal. Fin de mars.)

M. le comte de Goltz est mort le 17 pluviôse (5 février), et son successeur, M. de Hardemberg, n'est arrivé à Bâle que le 30 ventôse (20 mars). Dans cet intervalle de six semaines, le secrétaire de légation, Harnier, a été autorisé à continuer les conférences. Tous les articles en discussion ont été approfondis; le plénipotentiaire de France a remis son projet de traité; M. Harnier l'a envoyé à Berlin, et la question en est à un tel point de maturité, que le nouveau négociateur semble venir à Bâle moins pour discuter que pour signer ou pour rompre.

Une rupture ne serait pas impossible.

Tant que la négociation s'est passée en conversation, la diplomatie prussienne n'a montré aucune opposition sérieuse aux prétentions de la République sur Mayence et sur tout le pays de la rive gauche du Rhin; mais lorsqu'il s'est agi de consigner ce principe dans la rédaction du traité, de grandes difficultés se sont élevées.

« Le roi du Prusse, a dit M. Harnier, ne s'op-
» pose pas à ce que vous preniez la rive gauche
» du Rhin; mais il ne dépend pas de lui de vous
» la donner. C'est à l'Empire à en faire la cession.
» Si vous l'obtenez, notre pays de Clèves suivra
» tout naturellement; si vous ne l'obtenez pas,
» le pays de Clèves ne vous serait plus bon à
» rien. » — En conséquence, la Prusse s'opposait à ce que la cession de la ligne du Rhin et même de *Wezel* et de *Mœurs* fût énoncée au traité. Elle renvoyait cette stipulation à la paix générale.

La cession de la rive gauche du Rhin ajournée à la paix générale!... On devine déjà combien cette proposition a dû être mal sonnante à Paris. Le Comité, vivement ému, s'est remis à douter de la sincérité du gouvernement prussien, et l'humeur a failli tout envenimer.

Jusqu'alors nos armées étaient restées inactives sur le Rhin. Les Prussiens avaient trouvé dans les événemens de la Hollande un prétexte pour se replier sur Wezel et la Westphalie, et leur général Mollendorf, en quittant les environs de Mayence, avait demandé qu'on n'entreprît rien de sérieux du côté où il se retirait. Le comité de

Salut Public y avait consenti; mais retombé dans ses méfiances contre la Prusse, il allait revenir sur cette espèce de suspension tacite quand les considérations suivantes l'ont retenu.

L'armée de Mollendorf est fraîche et forte de quatre vingt mille hommes; à ce nombre on peut ajouter les Hanovriens. Si de telles forces venaient à se rabattre sur la Hollande et sur le Bas-Rhin, il ne faudrait rien moins que nos armées du nord et de Sambre et Meuse pour les contenir, et l'armée du Rhin, perdant ainsi l'appui des deux autres, resterait seule contre celles de l'Autriche et de l'Empire. Comment, avec cette infériorité de nombre et de position, pourrait-elle suffire pour protéger les siéges de Mayence et de Luxembourg?

Dans cette perspective, le parti le plus sage était de ne rien brusquer; il a prévalu, et les plus intraitables se sont résignés à attendre le dénoûment de la négociation de Bâle qui ne pouvait être éloigné.

Tel était l'état des choses à l'arrivée de M. de Hardemberg; mais avec le nouveau négociateur, un changement notable ne tarde pas à se déclarer dans le système de la Prusse.

Le plénipotentiaire prussien sent aussi vivement que ses prédécesseurs combien est délicate *l'initiative* que nous voulons faire prendre à la

Prusse, relativement à la cession de la rive gauche, et combien le crédit de son cabinet en Allemagne peut s'en trouver compromis. Il disserte à ce sujet avec politesse et ménagement, mais avec chaleur; il s'étend complaisamment sur tous les obstacles que notre ambition de la frontière du Rhin doit rencontrer : mais enfin il ne conteste plus que sur la forme de la rédaction. Tous ses soins se réduisent à éviter les termes qui pourraient rendre la Prusse responsable envers *la patrie allemande*. Il exige surtout qu'on rejette dans la partie secrète du traité les articles qui assureront des dédommagemens territoriaux, et des garanties pour certaines créances bavaroises que son gouvernement ne veut pas perdre.

Nous ne sommes cependant pas à la fin des débats.

Tandis que ce grand rapprochement s'opère sur l'article qui a été jusque-là le plus contesté par M. Harnier, M. de Hardemberg remet en question tout le traité, en élevant une prétention qui transporte aussitôt la dissidence sur un autre point non moins essentiel.

Maintenant l'avantage de la paix n'est pas le seul que la Prusse se propose; sa politique achève de s'expliquer. Elle veut quitter le rôle secondaire auquel la coalition l'a réduite, et reprendre en Allemagne une existence plus digne de la rivale de l'Autriche. Dans les relations qu'elle vient de rouvrir avec la France, elle a entrevu un moyen de s'attacher tous les princes ses voisins. Elle désire que son alliance leur offre une protection plus efficace que celle de toutes les armées de l'Empire. A cet effet, elle nous demande de reconnaître une ligne de neutralité derrière laquelle elle puisse étendre un abri sur le nord de l'Allemagne.

Cette proposition impromptue est présentée par M. de Hardemberg avec un intérêt tout particulier. Il est hanovrien de naissance, et il ne dissimule pas que le Hanovre sera compris dans sa démarcation du nord. On dirait que l'idée première du système, devenu celui de la Prusse, appartient au sentiment personnel qui pousse le plénipotentiaire à éloigner la guerre de son pays natal. Cette présomption peut n'être pas fondée; cependant l'intérêt individuel se rencontre si souvent au fond des affaires, qu'on ne risque guère de mécomptes dans de pareilles suppositions. Que la ligne de démarcation du nord soit une idée hanovrienne ou prussienne, elle est devenue une autre pierre d'achoppement au traité.

Une ligne de neutralité derrière laquelle le Hanovre pourra nous échapper! Le Hanovre, province du roi d'Angleterre, neutralisé au moment même où la guerre de l'Angleterre contre nous se ranime avec plus de fureur! quelle combinaison étrange! C'est d'abord ce qui choque le plus le comité de Salut Public, et il a grand'peine à se familiariser avec cette conception. Elle ne lui déplaît pas moins considérée sous le point de vue général.

« Le roi de Prusse, disent les membres du
» Comité dans leur délibération, le roi de Prusse,
» après nous avoir demandé d'admettre ses bons
» offices en faveur des princes ses co-états de
» l'empire qui voudraient faire la paix, vient
» nous proposer de les considérer dès à présent
» comme neutres. Il y a une contradiction évi-
» dente entre cette offre de médiation et cette
» demande de neutralité. A quels traités de paix
» pourront aboutir les bons offices du roi de
» Prusse, quand il aura placé ses protégés dans
» une position de neutralité qui les garan-
» tira de tous les maux de la guerre? Pour que
» nous puissions accorder de tels avantages, il
» faut que ces princes se déclarent et prennent
» la peine de traiter en personne. »

Ce qui décide principalement le Comité à rejeter la proposition, c'est qu'elle comporte une foule de détails propres à amener des discussions interminables, et qu'elle lui semble un détour diplomatique réservé pour reculer de plus en plus la conclusion du traité.

L'habitude donne la confiance; l'inexpérience est timide; et l'on ne doit pas ici perdre de vue que les membres du Comité en sont pour la plupart à leur apprentissage. Leur défiance prend surtout son origine dans le secret de nos divisions intestines, et dans la persuasion où ils sont que l'étranger possède encore mieux qu'eux-mêmes ce secret redoutable. Avec un tel pressentiment, ils sont disposés à voir dans les moindres détails, et dans les plus petites difficultés que les négociations comportent, un subterfuge échappatoire qu'on emploie pour ne pas aller plus loin. On ne peut se dissimuler que, de toutes parts, on fait courir le bruit que la République est sur le point de devenir la proie de ses troubles intérieurs. M. de Hardemberg lui-même a paru se ressentir de l'influence de pareilles rumeurs, et n'a pas dissimulé qu'on pouvait hésiter à conclure dans de telles circonstances.

Ainsi donc les défiances du comité de Salut Public sur l'arrière-pensée de la Prusse, bien plus encore que les raisonnemens politiques, sont le véritable motif qui repousse la dernière proposition. Un avis qui serait de nature à dissiper tout à coup ces défiances, ferait par cela seul tomber toutes les répugnances. Or, cet avis inespéré arrive au moment même où le Comité vient presque de rompre. Le 10 germinal, une dépêche de Barthélemy, apportée par un courrier extraordinaire, annonce que la signature du traité ne tient plus qu'à l'admission de l'article qui stipule la neutralité du nord. M. de Hardemberg l'a déclaré positivement.

Dès que le Comité ne peut plus douter que la paix ne soit derrière cet article, il revient aussitôt sur la décision contraire qu'il a prise, et admet tout ce qui était en question.

A peine le courrier qui va porter à Bâle l'ordre de signer est-il à cheval, qu'une insurrection populaire des plus violentes éclate autour de la Convention nationale.

CHAPITRE VII.

JOURNÉES DES 12 ET 13 GERMINAL A PARIS.

Nous avons déjà parlé du malaise intérieur de la France. Il s'est accru avec la haine des partis que nous avons laissés en présence.

Les basses classes de la population de Paris, que la disette rassemble toutes les nuits aux portes des boulangers, sont un puissant auxiliaire pour le mécontentement des *Jacobins*. Mais les *Thermidoriens* ont aussi un peuple pour eux; c'est le peuple des *honnêtes gens*. Toutes les classes aisées de la société le composent. Une nombreuse jeunesse, échappée aux désastres des familles ainsi qu'aux réquisitions du service militaire, en forme la troupe légère; le juste ressentiment qu'elle éprouve prête à son effervescence tous les caractères de la fureur populaire. Le pouvoir du jour est derrière elle, et les efforts même des Jacobins pour se relever, ne font que précipiter les mesures qui doivent compléter leur défaite. On a ainsi forcé la Convention à mettre en jugement les trois membres les plus compromis de l'ancien gouvernement décemviral : Collot d'Herbois, Barrère et Billaud de Varennes ont comparu devant l'assemblée.

« C'est un bien triste tableau des vicissitudes
» révolutionnaires, a dit Collot d'Herbois dans
» le début de sa défense, que présentent ici trois
» hommes long-temps obscurs, qui, de concert
» avec des collègues courageux, et appuyés de
» votre puissance, ont soutenu sans affront, pen-
» dant quinze mois, une lutte à jamais mémora-
» ble contre toutes les puissances de l'Europe, et
» qui sont aujourd'hui forcés par un sort contraire
» d'écarter une sinistre accusation !.. quoi qu'il en
» soit, les rois peuvent contempler notre situation
» avec un plaisir secret; les coups que nous leur
» avons portés nous dédommagent et nous con-
» solent ! »

Depuis dix jours, ce procès occupe les séances de la Convention par les débats les plus animés [1]. Si l'influence politique des accusés ne s'exerce

---

[1] C'était peine perdue que de discuter les chefs d'accusation. Dès les premiers jours de l'instruction, chaque membre de la Convention avait son opinion faite. Les uns avaient résolu de sauver les accusés, les autres de les condamner. On ne jugeait pas, on combattait. (Thibaudeau, *Mémoires sur la Convention*, tom. I, pag. 151.)

plus que sur les bancs les plus élevés d'une extrémité de la salle, ils ont du moins pour défenseurs des collègues justement honorés qui demandent à partager leur sort [1] : et même sur les banquettes les moins agitées, un faible intérêt, reste d'un grand crédit et souvenir d'une longue habitude, plaide encore secrètement en leur faveur.

La vivacité avec laquelle l'attaque et la défense se poursuivent, laisse échapper des révélations importantes :

« Abandonnez ces discussions, dit Carnot,
» ajournez vos querelles, et donnez-nous un gou-
» vernement, car vous n'en avez pas. Il faut vous
» le dire, citoyens, l'effroi d'une responsabilité
» outrée produit la dissolution; tout est frappé
» de stupeur parmi ceux qui sont à la tête des
» affaires publiques; chacun des membres que

---

[1] On avait cru prudent de restreindre à trois le nombre des accusés de l'ancien gouvernement ; mais leurs anciens collègues (Robert Lindet, Carnot et Prieur de la Côte-d'Or), repoussant cette espèce de grâce comme une injure, réclamèrent la solidarité dont on voulait les décharger. On a vu tant de lâches complices du pouvoir l'abandonner dans le malheur, et se réunir même à ses ennemis pour l'outrager abattu, qu'on ne peut s'empêcher d'admirer un aussi rare dévouement. Il fit alors une vive impression. (Thibaudeau)

» vous portez au gouvernement n'aspire dès son
» entrée qu'au moment d'en sortir ; *on redoute*
» *les opérations militaires un peu hasardeuses.*
» Les négociations ne prennent pas la route na-
» turelle et abrégée qu'elles devraient suivre,
» qu'elles suivraient si l'on ne craignait de passer
» pour avoir vendu son pays. Tout s'ajourne,
» tout traîne en longueur; chacun craint de con-
» clure ; chacun tâche d'atteindre le terme de sa
» dangereuse carrière [1]. Un nouveau genre de
» terreur nous a frappés ; l'imposture et la diffa-
» mation ont changé tous les rôles. Tel qui croyait
» avoir mérité la réputation d'un homme juste et
» sensible, se trouve transformé par la réaction

---

[1] Depuis le 9 thermidor, le gouvernement est retourné dans la Convention toute entière... Il a été dispersé entre treize comités... Le comité de Salut Public conserve à peine le pouvoir strictement nécessaire pour continuer la guerre... Il est entravé dans presque toutes ses opérations, et obligé de se réunir souvent avec plusieurs autres comités pour arrêter les moindres mesures. Ces réunions occasionent une assez grande perte de temps ; il n'est plus opportun d'agir, quand on a délibéré .. Les autres comités prennent souvent des arrêtés incohérens et contradictoires, faute d'un point central où les opérations se discutent et se concertent. Enfin, il y a pour ainsi dire treize gouvernemens, etc. (Thibaudeau, *Mémoires sur la Convention nationale*, pag. 333 et 335.)

» *en un buveur de sang*, et tel dont le nom
» seul inspirait de l'effroi, est devenu l'exemple
» de la douceur et de la modestie.... Il n'y a plus
» qu'un moyen de sortir de cette crise violente;
» c'est de respecter l'intégrité de la Convention.
» Nous qui n'avons pas le droit d'exclure de notre
» sein un représentant du peuple, pouvons-
» nous envoyer un représentant du peuple à la
» mort?... Pourquoi tant de rigueurs au nom
» d'une nation généreuse qui nous remettrait
» elle-même nos erreurs, si nous en avions com-
» mis...?

« On ne voit ici que des accusateurs, des té-
» moins et des victimes, s'écrie à son tour Gui-
» ton-Morveaux; il est scandaleux de poursui-
» vre cette affaire. »

Ces apostrophes ont produit un grand effet; l'issue du procès commence à devenir incertaine; plusieurs accusateurs ont déjà reculé devant la condamnation capitale. Ceux-ci se sont contentés de *l'ostracisme* ; ceux-là ont demandé qu'on renvoyât du moins les accusés par-devant les assemblées électorales qui les ont nommés; d'autres ont proposé de remettre le jugement à la prochaine session législative. A cette occasion, on a parlé du terme que la Convention devait mettre à sa durée, et la question de convoquer incessamment les assemblées primaires a été soulevée.

Ce dernier avis achevait d'exposer au grand jour la lassitude et le découragement que Carnot n'avait pas craint de révéler. Chénier, Louvet, Cambacérès, Merlin de Douai, Pelet, et ceux des membres de la Convention qui ont conservé le plus de sang-froid dans ce procès, se lèvent alors pour combattre une disposition des esprits qui leur paraît aussi intempestive que dangereuse, et la situation des affaires continue de s'éclaircir dans leurs discours.

« L'aristocratie médite des complots, disent-
» ils; le royalisme nourrit un nouvel espoir; on
» siffle au théâtre nos airs républicains, et l'on a
» transformé nos hymnes de thermidor en chants
» de vengeance et d'hécatombes [1]. *Une ardeur*

---

[1] Les salons dorés, on appelait ainsi ceux de l'ancienne noblesse, exerçaient une influence immense. Ce n'était pas pour leur mérite personnel, ni pour le plaisir qu'ils procuraient, qu'on y attirait les révolutionnaires; on ne les caressait, on ne les fêtait, que pour en obtenir des services ou pour corrompre leurs opérations. En face, on les accablait de toutes sortes de séductions, et par derrière on se moquait d'eux : c'était dans l'ordre ; mais il y en avait beaucoup qui ne le voyaient pas. Ils croyaient augmenter d'importance et de considération en fréquentant des gens de l'ancien régime, et se laissaient prendre

» *de massacres, sortie des décombres de Lyon,*
» *se répand dans le midi. Le Rhône roule au-*
» *jourd'hui d'autres victimes!...* Voilà votre ou-
» vrage, hommes farouches des temps de Robes-
» pierre! vos fureurs ont calomnié la liberté. Si
» la réaction est aujourd'hui si emportée, c'est
» vous qu'il faut en accuser, vous qui avez donné
» à l'esprit public cette férocité qui vous carac-
» térise.... Et c'est dans ce moment, où toutes les
» haines les plus opposées menacent si violem-
» ment la République, qu'on propose aux mem-
» bres de la Convention d'abandonner leur poste

à ces honteuses amorces. Devant eux, on hasardait d'abord quelques plaisanteries sur la révolution : comment s'en fâcher ? C'était une jolie femme qui se les permettait. Leur républicanisme ne tenait pas contre la crainte de déplaire ou de paraître ridicule. Après les avoir apprivoisés au persifflage, on les façonnait insensiblement au mépris des institutions... En effet, il est impossible, de quelque fermeté de caractère qu'on soit pourvu, de n'être pas influencé par la société qu'on fréquente. On cède d'abord par politesse : une fausse honte empêche ensuite qu'on revienne sur ses pas, et l'on finit par épouser, pour ainsi dire malgré soi, les opinions des autres. C'est ainsi que le parti républicain éprouva beaucoup de défections; que les uns firent des concessions, et que d'autres se vendirent entièrement au royalisme. (Thibaudeau, *Mémoires sur la Convention*, tom. I, p. 138.)

» et de se réfugier derrière la convocation des as-
» semblées primaires? Non! que notre mission
» s'accomplisse. Sachons surmonter toute lâcheté
» d'esprit, et, pour rétablir complètement la paix
» intérieure, convenons enfin qu'aucun citoyen
» ne pourra plus être poursuivi pour des faits ré-
» volutionnaires. Quant à la paix extérieure,
» peut-être a-t-on eu le tort de la croire et trop
» facile et trop prochaine; mais du moins ne con-
» tribuons pas à l'éloigner de nous. Eh! quelle est
» la puissance qui consentira à faire la paix avec
» une assemblée qui parle de se dissoudre dans
» quelques décades! »

Merlin de Douai va jusqu'à dire : *Si le déchirement que la Convention souffre depuis huit jours se prolonge huit jours encore, la France est perdue.*

Trois jours sont à peine écoulés, que le nuage sombre, que nous venons de voir s'épaissir et s'abattre sur la capitale, ne peut plus retenir l'éclair qu'il recèle. L'orage populaire grondait déjà le 11 germinal; le 12, il est dans toute sa fureur.

A deux heures de l'après-midi, les portes de la salle où siége la Convention sont forcées par une foule de femmes et d'enfans qui crient : Du PAIN! DU PAIN! Au milieu d'eux sont quelques hommes sur le chapeau desquels on a écrit à la craie : *la constitution de 1793 et du pain.* En vain la Convention a suspendu ses délibérations. Des orateurs qui prétendent parler au nom du peuple s'établissent à la barre.

« Depuis le 9 thermidor, disent-ils, nos be-
» soins vont croissans. Qu'a-t-on fait de nos mois-
» sons ? Où sont-elles ? Pourquoi Paris reste-t-il
» sans municipalité ? Pourquoi les sociétés popu-
» laires sont-elles fermées ? Pourquoi les dévots
» et la jeunesse du Palais Égalité peuvent-ils seuls
» se réunir ? Quand le peuple est opprimé, l'in-
» surrection est pour lui le plus saint des devoirs.
» Nous sommes debout pour soutenir la Répu-
» blique et la liberté. Nous demandons du pain,
» la constitution de 1793 et la mise en liberté
» des patriotes. »

Cependant un grand nombre de représentans, oppressés sous la foule, se sont écoulés pour aller respirer hors de la salle. Il n'est demeuré en place qu'une trentaine de membres, qui se font remarquer par la complaisance avec laquelle ils prêtent l'oreille aux vociférations de la multitude.

Le désordre a déjà duré plus de quatre heures; mais dans l'intervalle, les comités du gouvernement ont fait leur devoir. Par leur ordre, la générale bat dans tout Paris. La garde nationale se rassemble. Raffet, Doucet, Lecourt-Villiers et Chanez se distinguent parmi les chefs qui la commandent. Ils courent se mettre à la tête des premiers bataillons qui ont pris les armes dans le voisinage des Tuileries. Les membres du comité militaire, entre autres Delmas, Gossuin, Penières et Auguis, se décorent de la ceinture nationale; placent sur leurs chapeaux les trois plumes tricolores des représentans en mission; se font amener des chevaux de selle, et vont parcourant les divers quartiers de Paris, s'arrêtant dans les carrefours pour parler au peuple, dissipant les rassemblemens hostiles et ralliant des défenseurs à la Convention..... Il faudrait abréger ces détails : ce qui se passe sur la place publique n'entre guère dans le plan de cet ouvrage; mais, je dois l'avouer, ces temps sont ceux dont l'image est la plus vive encore dans mes souvenirs. Je m'y retrouve, usant mes premières plumes à transcrire sur la table du comité militaire tous les ordres qui se succèdent *pour la force armée.*

A six heures du soir, le bruit circule dans l'intérieur de la salle que les rues voisines se remplissent de gardes nationaux, et déjà les terrasses du jardin retentissent des cris de cette jeunesse irritée que la classe ouvrière redoute sous le nom de *Muscadins.* Bientôt l'encombrement de la salle diminue. Les banquettes commencent à reparaître. L'on entend enfin la sonnette du président qui domine toutes ces voix enrouées et épuisées dont la sourde rumeur s'éloigne, et les trente mille citoyens, que les drapeaux de la garde nationale amènent dans les cours du Carrousel, voient briller à travers les fenêtres du palais l'éclat des lampes qu'on allume pour une séance de nuit.

Le premier acte de l'assemblée rendue à elle-même est de déclarer qu'il y a eu attentat contre sa liberté : elle s'occupe ensuite de punir.

« Savez-vous, dit André-Dumont, quel est le » but du mouvement d'aujourd'hui? C'est de » sauver les trois accusés que vous avez à juger. » Eh bien, c'est de ces trois hommes que nous » devons d'abord nous occuper. Je ne vous propose » pas de *fermer les débats*; je ne vous propose pas » d'envoyer les accusés à la mort sans les avoir » jugés; mais je vous propose de les chasser du » territoire français! »

La Convention décrète aussitôt que *Collot-d'Herbois*, *Barrère* et *Billaud de Varennes* partiront dans la nuit pour Rochefort, d'où ils seront déportés à la Guyane. Je ne sais quel accusateur, qui se lève, fait ajouter à ces trois noms celui de *Vadier*.

Cependant la soirée continuait à être agitée dans la ville. On apprend que le représentant du peuple Auguis est retenu prisonnier par un attroupement dans le quartier du Panthéon, et que, de ce même côté, un autre représentant,

Penières, assailli et démonté, a failli être tué. Dès lors, sur la proposition de Barras, Paris est déclaré en état de siége. Mais il faut donner un général à la nombreuse armée de citoyens qui se met sous les armes, et le plus illustre, s'il est sous la main, ne sera pas déplacé à leur tête. Le plus illustre dans ce moment, c'est Pichegru; il est à Paris. Passant du commandement de l'armée de Hollande à celui de l'armée du Rhin, il est venu recevoir les dernières instructions du comité de Salut Public, avant de se rendre à son nouveau poste; on ne craint pas de l'initier au secret des révolutions populaires, et pour la première fois, depuis Lafayette, l'épée de la police est confiée à un *général de bataille*. Toutefois on stipule que Pichegru n'est investi du pouvoir militaire que pour le temps du danger. Barras et Merlin de Thionville lui sont donnés comme *adjoints*.

Enfin l'attention de l'assemblée revient sur les représentans dont la complicité s'est trahie par l'accueil qu'ils ont fait aux révoltés. Aussitôt une liste de proscription est ouverte, et ceux qui ont eu le plus de peur, ne sont pas les derniers à nommer ceux qui ont eu le plus d'audace? Duhem, Choudieu, Châles, Léonard-Bourdon, Huguet, Amar, Foussedoire et Ruamps sont condamnés à subir une détention au château de Ham [1]. Ainsi, la journée qui a commencé comme le 31 mai, finit comme le 9 thermidor.

Le lendemain, les attroupemens populaires recommencent. Les députés décrétés d'arrestation ont circulé dans les faubourgs et dans les sections les plus irritées. On est parvenu à persuader à la multitude que la Convention veut quitter Paris. Dans les voitures des députés qu'on conduit à Rochefort, on lui fait voir des députés qui fuient, et la masse ameutée s'irrite au point d'arrêter le départ de ces voitures à la barrière. Raffet accourt; il reçoit à bout portant un coup de pistolet qui cependant ne le tue pas. Pichegru lui-même se montre; le bataillon de la section des Champs-Élysées prête main forte; le tumulte est à son comble. Deux coups de canon se font entendre. A ce bruit, la Convention déclare qu'elle restera en permanence, jusqu'à ce que ses décrets soient exécutés.

La nuit arrive et ramène le calme. Toutes les dispositions interrompues peuvent s'achever; les voitures partent pour leur destination de Ham et

---

[1] Dans les séances suivantes, on a ajouté à cette liste : Moïse Bayle, Thuriot, Cambon, Granet, Levasseur de la Sarthe, Crassous, Maignet, Lecointre de Versailles et Hentz.

de Rochefort, et vers quatre heures du matin, Pichegru se présente à la barre de la Convention : « Citoyens représentans, dit-il, vos décrets sont » exécutés; » et Thibaudeau, qui occupe le fauteuil, lui donne l'accolade fraternelle, en lui répondant avec le même laconisme : « Le vainqueur » des tyrans ne pouvait manquer de triom- » pher des factieux. »

Cette longue séance finit alors.

Les hommes qui pensent à recueillir le fruit de ces deux journées, ne sont pas ceux qui s'y sont mis le plus en avant. Tandis que les Thermidoriens luttaient corps à corps, les députés échappés au 31 mai voyaient leur influence s'augmenter par les déchiremens du parti jacobin. Plus calmes, ils se comptent sur leurs banquettes; la rentrée des soixante-treize, et l'expulsion de la veille, qui enlève au côté opposé vingt et un de ses membres, commencent à faire pencher en leur faveur la balance du scrutin. Ce n'est pas assez; ils voudraient dominer au comité de Salut Public. Mais, par un instinct secret de conservation, la majorité de l'assemblée a persisté jusqu'à présent à ne donner l'entrée du Cabinet qu'à des hommes sûrs, appartenant, à travers des nuances diverses, à l'opinion républicaine. Pour triompher de cette prudence il ne faut qu'une occasion. La multiplicité des affaires semble l'offrir. On trouve que les douze membres du comité sont insuffisans; on obtient d'en porter le nombre à seize, et pour le renouvellement du 15 germinal, non-seulement on remplace les trois sortans, mais en même temps on procède à la nomination des quatre d'augmentation. Ainsi, sept nouveaux membres sur seize vont être introduits au Comité. Tout le système du gouvernement peut changer par l'effet de ce scrutin... il n'en est rien : cette combinaison n'a pas encore produit le résultat qu'on attendait. La majorité des choix s'est faite dans l'ancien système. Cependant la porte d'entrée du comité étant plus large, Aubry et Tallien sont parvenus à s'y glisser [1]. Depuis quelque temps ce dernier est devenu l'objet d'une sourde méfiance.

---

[1] *Composition du comité de Salut Public, après les journées des 12 et 13 germinal.*

Anciens membres.

Marec.	Lacombe Saint-Michel.
Breard.	Reubell.
Chazal.	Sieyès.
Merlin de Douai.	Laporte.
Fourcroy.	

Élection du 15 germinal.

Cambacérès.	Roux de la Marne.
Creuzé-la-Touche.	Aubry.
Gillet.	Tallien.
Le Sage d'Eure-et-Loir.	

Des bruits d'intelligence avec la cour de Vérone circulent contre lui ; ce qui le repoussait en apparence, lui a peut-être été utile au fond de l'urne[1].

---

[1] Le 24 ventôse dernier (14 mars), le paquebot *la Princesse royale* a été pris dans la traversée de Hambourg à Londres, et l'on y a intercepté des dépêches de *Monsieur*, depuis Louis XVIII, datées de Vérone le 3 janvier dernier, et adressées à M. le comte d'Harcourt, à Londres. Dans une de ses dépêches se trouve le passage suivant :

« Je ne puis pas douter que Tallien ne penche vers la
» royauté. Mais j'ai peine à croire que ce soit la royauté
» véritable ; et quelques modifications qu'il y apporte, il
» n'est pas douteux que tous les constitutionnels de 1791
» s'y accrocheront. »

CHAPITRE VIII.

PAIX DE BALE AVEC LA PRUSSE

(16 germinal. 5 avril.)

Tandis que la République subissait cette forte crise au sein même de la capitale, son plénipotentiaire à Bâle conduisait à terme la négociation renouée avec M. de Hardemberg. Les dernières instructions du Comité étaient conciliantes; nous les avons vues partir la veille même des troubles; le courrier est arrivé à Bâle dans la nuit du 14 au 15 germinal. On s'est occupé aussitôt de revoir les articles et de les mettre en ordre.

La rédaction du préambule est d'abord convenue en ces termes :

« La République française et sa Majesté le roi
» de Prusse[1], également animés du désir de mettre
» fin à la guerre qui les divise par une paix solide

---

[1] Dans la minute prussienne, c'est le roi de Prusse qui est nommé le premier. On a repris les habitudes du protocole.

» entre les deux nations, ont nommé pour leurs
» plénipotentiaires, savoir :

» La République française; le citoyen Fran-
» çois Barthélemy, son ambassadeur en Suisse;

» Et le roi de Prusse; son ministre d'état, de
» guerre et du cabinet, Charles Auguste, baron
» de Hardemberg, chevalier de l'ordre de l'Aigle
» rouge, de l'Aigle blanc et de Saint-Stanislas;

» Lesquels, après avoir échangé leurs pleins-
» pouvoirs, ont arrêté les articles suivans : »

Les articles destinés à consacrer le fait matériel du rétablissement de l'état de paix sont convenus depuis long-temps : les secrétaires de légation, le citoyen Marandet et M. Harnier n'ont plus qu'à les transcrire; les voici [1] :

« *Article patent.* — Il y aura paix, amitié et
» bonne intelligence entre la République fran-
» çaise et S. M. le roi de Prusse, tant considéré
» comme tel, qu'en sa qualité d'électeur de Bran-
» debourg et de co-état de l'empire germanique.

» *Article patent.* — En conséquence, toutes
» les hostilités entre les deux puissances contrac-
» tantes cesseront à compter de la ratification du
» présent traité, et aucune d'elles ne pourra, à

---

[1] Nous donnons ici les articles dans l'ordre de la discussion ; on les retrouvera aux pièces historiques dans l'ordre numérique du traité.

» compter de la même époque, fournir contre
» l'autre, en quelque qualité et à quelque titre
» que ce soit, aucun secours ni contingent, soit
» en hommes, en chevaux, vivres, argent, mu-
» nitions de guerre ou autrement.

» *Article patent*. — L'une des puissances con-
» tractantes ne pourra accorder passage sur son
» territoire à des troupes ennemies de l'autre.

» *Article patent*. — Les troupes de la Répu-
» blique évacueront dans les quinze jours qui
» suivront la ratification du présent traité, les
» parties des états prussiens qu'elles pourraient
» occuper sur la rive droite du Rhin. Les contri-
» butions, livraisons, fournitures et prestations
» de guerre, cesseront entièrement à compter
» de quinze jours après la signature de ce traité.
» Tous les arrérages dus à cette époque, de même
» que les billets et promesses données ou faites
» à cet égard seront de nul effet. Ce qui aura été
» pris ou perçu après l'époque susdite sera d'a-
» bord rendu gratuitement ou payé en argent
» comptant. »

Ici le plénipotentiaire prussien ayant témoigné
le désir que le petit comté de Sayn-Alten-Kir-
chen, qui doit appartenir au roi de Prusse après
la mort du margrave d'Anspach, soit traité à
l'avance comme province prussienne, on en fait
l'objet d'un article exprès; mais comme le sy-

stème de M. de Hardemberg est de ne pas laisser connaître prématurément les avantages que la Prusse est dans le cas de se réserver pour elle-même, cet article restera secret : il est ainsi conçu :

« *Article secret.* — Le comté de Sayn-Alten-
» Kirchen sur le Westerwald, y compris le petit
» district de Bendorff, au-dessous de Coblentz
» étant dans la possession de S. M. le roi de
» Prusse, jouira des mêmes sûretés et avantages
» que ses autres états situés sur la rive droite du
» Rhin.

» *Article patent.* — Il sera accordé respecti-
» vement aux individus des deux nations la main-
» levée des effets, revenus et biens de quelque
» genre qu'ils soient, détenus, saisis ou confisqués
» à cause de la guerre qui a eu lieu entre la Prusse
» et la France, de même qu'une prompte justice
» à l'égard des créances quelconques que ces in-
» dividus pourraient avoir dans les états des deux
» puissances contractantes.

» *Article patent.* — Tous les prisonniers faits
» respectivement depuis le commencement de la
» guerre, sans égard à la différence du nombre
» et du grade, y compris les matelots et marins
» prussiens pris sur des vaisseaux soit prussiens
» soit d'autres nations, ainsi qu'en général tous
» ceux détenus de part et d'autre pour cause de

» la guerre, seront rendus dans l'espace de deux
» mois au plus tard, après l'échange des ratifi-
» cations du présent traité, sans répétition quel-
» conque, en payant toutefois les dettes particuliè-
» res qu'ils pourraient avoir contractées pendant
» leur captivité. L'on en usera de même à l'égard
» des malades et blessés, d'abord après leur gué-
» rison. Il sera incessamment nommé des com-
» missaires de part et d'autre pour procéder à
» l'exécution du présent article. »

« *Article patent.* Les prisonniers des corps
» saxons, mayençais, palatins et hessois, tant de
» Hesse-Cassel que de Hesse-Darmstadt, qui ont
» servi avec l'armée du roi, seront également
» compris dans l'échange mentionné. »

On aborde enfin les conditions qui constituent véritablement le traité. L'article de la rive gauche du Rhin était, comme on sait, d'une grande difficulté; pour tout concilier, on le divise en deux parties: L'une qui sera insérée au traité patent; l'autre, qu'on réserve pour le traité secret.

« *Article patent.* Les troupes de la république
» française continueront d'occuper la partie des
» états du roi de Prusse située sur la rive gauche
» du Rhin. Tout arrangement définitif à l'égard
» de ces provinces sera renvoyé jusqu'à la pacifi-
» cation générale entre la France et l'Empire ger-
» manique. »

Voici maintenant les deux articles secrets qui sont le complément de cette stipulation.

« *Article secret.* Si à la pacification générale
» entre la France et l'empire germanique, la rive
» gauche du Rhin reste à la France, S. M. le roi
» de Prusse s'entendra avec la république fran-
» çaise sur le mode de la cession des états prussiens
» situés sur la rive gauche de ce fleuve, contre
» telle indemnisation territoriale dont on con-
» viendra. Dans ce cas, le roi acceptera la garan-
» tie que la République lui offre de cette indem-
» nisation. »

« *Article secret.* La République française dé-
» sirant contribuer en tout ce qui dépend d'elle
» à l'affermissement et au bien-être de la Prusse
» avec laquelle elle reconnaît avoir une grande
» identité d'intérêts, consent, pour le cas où la
» France étendrait, à la paix future avec l'em-
» pire germanique, ses limites jusqu'au Rhin et
» resterait ainsi en possession des états du duc de
» Deux-Ponts, à se charger de la garantie de la
» somme de 1,500,000 rixdallers, prêtés par le
» roi de Prusse à ce prince, après que les titres de
» cette créance auront été produits et sa légitimité
» reconnue. »

Après avoir satisfait avec ces réserves aux prétentions de la République sur la limte du Rhin,
il reste à satisfaire au système favori de la Prusse

sur la neutralité du Nord. Cependant M. de Hardemberg, comme on l'a déjà vu, ne voudrait pas exposer trop vite au grand jour la nouvelle politique de son Cabinet. Conformément à ses désirs, on n'insère au traité patent que ce qui est nécessaire pour couvrir et autoriser l'arrangement dont on préfère déposer les termes dans le traité secret. Rapprochons ici ces deux parties de rédaction qu'on vient de séparer avec un art tout-à-fait prussien; c'est le commerce qui fournit la transition :

« *Article patent.* — En attendant qu'il ait été
» fait un traité de commerce entre les deux puis-
» sances contractantes, toutes les communica-
» tions et relations commerciales seront réta-
» blies entre la France et les états prussiens sur le
» pied où elles étaient avant la guerre actuelle. »

« *Article patent.* — Les dispositions de l'article
» précédent ne pouvant avoir leur plein effet
» qu'autant que la liberté du commerce sera
» rétablie pour tout le nord de l'Allemagne, les
» deux puissances contractantes *prendront des*
» *mesures pour en éloigner le théâtre de la*
» *guerre.* »

« *Article secret.* — *Afin d'éloigner le théâtre*
» *de la guerre* des frontières des états de S. M.
» le roi de Prusse, de conserver le repos du nord
» de l'Allemagne et de rétablir la liberté entière

» du commerce entre cette partie de la France
» et de l'Empire, comme avant la guerre, la
» République française consent à ne pas pousser
» les opérations de la guerre, ni faire entrer ses
» troupes soit par terre soit par mer dans les
» pays et états situés au delà de la ligne de dé-
» marcation suivante. »

Cette ligne couvre la Westphalie, le haut Palatinat, le pays de Darmstadt et la Franconie. Elle s'étend depuis le Rhin, qu'elle quitte à Duisbourg, jusqu'à la Bohème et la Silésie[1]. Après la nomenclature géographique, l'article reprend en ces termes :

« La république regardera comme pays et

---

[1] Nous plaçons ici en note le détail géographique de l'article.

« Cette ligne comprendra l'Ost-Frise, et descendra le
» long de l'Ems et de l'Aa, ou Alpha, jusqu'à Munster,
» prenant ensuite sa direction sur Coesfeld, Borken,
» Bockholt, jusqu'à la frontière du duché de Clèves, près
» de Isselbourg, suivant cette frontière à Magenporst
» sur la nouvelle Issel, et remontant le Rhin jusqu'à Duis-
» bourg ; de là, longeant la frontière du comté de La-
» marck sur Werden, Gemarke et le long de la Wipper
» à Hombourg, Altenkirchen, Limbourg sur la Lahn, le
» long de cette rivière et de celle qui vient d'Idstein sur
» cette ville, Epstein et Hochst sur le Mein ; de là sur
» Ravenheim, le long du Landgraben, sur Dornheim,
» puis en suivant le ruisseau qui traverse cet endroit

» états neutres tous ceux qui sont situés derrière
» cette ligne, à condition que S. M. le roi de
» Prusse s'engage à leur faire observer une stricte
» neutralité, dont le premier point serait de rap-
» peler leur contingent et de ne contracter aucun
» nouvel engagement qui pût les autoriser à four-
» nir des troupes aux puissances en guerre avec
» la France. Le roi se charge de la garantie qu'au-
» cunes troupes ennemies de la France ne pas-
» sent cette ligne ou ne sortent des pays qui y
» sont compris, et à cet effet, les deux parties
» contractantes entretiendront sur les points es-
» sentiels, après s'être concertées entre elles, des
» corps d'observation suffisans pour faire respec-
» ter cette neutralité. »

Il restait aux parties contractantes à régler la part que leurs alliés respectifs auraient au traité;

» jusqu'à la frontière du Palatinat; de là, celle du pays
» de Darmstadt et du cercle de Franconie que la ligne
» enclavera en entier, à Ebersbach sur le Necker, conti-
» nuant le cours de ce fleuve jusqu'à Wimpfen, ville libre
» de l'Empire, et prenant de là sur Lowenstein, Mur-
» hard, Hohenstadt, Nordlingen, ville libre de l'Empire,
» et Holtzkirch sur la Wernitz, renfermant le comté de
» Pappenheim, et tout le cercle de Franconie et de la
» haute Saxe, le long de la Bavière, du haut Palatinat
» et de la Bohème, jusqu'aux frontière de la Silésie. »

la République n'a parlé que de la Hollande, et le roi de Prusse ne stipule que pour ses co-états d'Allemagne. L'article de la Hollande est assez délicat; le roi de Prusse a des relations de famille très-étroites avec la maison d'Orange : il a témoigné pendant tout le cours de la négociation le vif intérêt qu'il prend à ce que cette maison soit indemnisée de ses pertes..... La République a paru n'être pas éloignée de le satisfaire à cet égard [1], et, pour ménager ces dispositions conciliantes, M. de Hardemberg est autorisé à admettre l'article suivant qui restera secret.

« *Article secret.* — S. M. le roi de Prusse ne
» formera aucune entreprise hostile sur les Pro-
» vinces-Unies et sur tous les autres pays occupés
» par les troupes françaises. »

Quant à la médiation de la Prusse en faveur de ses amis, le plénipotentiaire français y consentait en ces termes :

« *Article patent.* — La République accueillera
» les bons offices de S. M. le roi de Prusse en fa-
» veur des états de l'empire germanique qui dési-

---

[1] Le comité de Salut Public avait le projet d'établir le stathouder en Hanovre ; mais il ne pouvait guère toucher cette corde à Bâle, où le plénipotentiaire prussien était un Hanovrien plus attaché encore à son pays natal qu'à son pays adoptif.

» reront entrer directement en négociation avec
» elle......»

Mais M. de Hardemberg, ne se contentant pas de ce qui précède, n'a pas cessé d'insister pour qu'on ajoutât ce qui suit :

« ..... Et qui pour cet effet ont déjà réclamé, ou
» réclameront encore l'intervention du roi. La Ré-
» blique française, pour donner à S. M. le roi
» de Prusse une preuve de son désir de concourir
» au rétablissement des anciens liens d'amitié qui
» ont subsisté entre les deux nations, consent à
» ne pas traiter comme pays ennemis, pendant
» l'espace de trois mois après la ratification du
» présent traité, ceux des princes et états dudit
» empire qui sont situés sur la rive droite du Rhin
» en faveur desquels le roi s'intéressera. »

Le comité de Salut Public n'avait pas donné son assentiment à cette addition; il avait au contraire formellement exprimé la crainte qu'on ne pût se servir d'un pareil texte pour paralyser nos opérations militaires toutes les fois qu'on le voudrait. Mais M. de Hardemberg insiste; il assure que cette crainte est mal fondée; que la rédaction proposée n'interdit pas d'occuper militairement les pays auxquels la Prusse s'intéressera; il déclare au surplus qu'il ne peut en consentir la suppression sans avoir auparavant pris les ordres de sa cour... Ce que le citoyen Barthélemy doit redouter le plus, c'est un délai de ce genre. Il vient de recevoir un premier avis des troubles de Paris. On a tout lieu de craindre que ces mouvemens populaires, exagérés par l'éloignement et par l'intrigue, ne refroidissent à Berlin le désir qu'on a d'en finir.... L'addition contestée jusqu'alors passe donc contre les instructions du Comité. C'est la seule disposition du traité qui soit dans ce cas. Le plénipotentiaire français obtient du moins l'explication suivante, qui restera secrète :

« *Article secret.* Les dispositions de l'article
» onze du traité patent ne pourront s'étendre aux
» états de la maison d'Autriche. »

Le traité se termine de la manière suivante :

« Le présent traité n'aura son effet qu'après
» avoir été ratifié par les parties contractantes,
» et les ratifications seront échangées en cette
» ville de Bâle dans le terme d'un mois, ou plus
» tôt, s'il est possible, à compter de ce jour. »

» En foi de quoi, nous, soussignés ministres
» plénipotentiaires de la République française et
» de S. M. le roi de Prusse, en vertu de nos
» pleins-pouvoirs, avons signé le présent traité
» de paix et d'amitié, et y avons fait apposer nos
» sceaux respectifs.

Signé, François Barthelemy, et Charles-Auguste, baron de Hardemberg. »

DE L'AN TROIS.

Telle est la paix de la République avec la Prusse; elle a été signée à Bâle le 16 germinal an 3 (5 avril 1795).

Le Comité, qui reçoit le traité dans la nuit du 20 au 21, soumet aussitôt à une délibération expresse la nécessité où le plénipotentiaire s'est trouvé d'admettre, contre ses instructions, la rédaction prussienne de l'article de la médiation. Ce n'est au surplus qu'une affaire de forme. Les nouveaux membres du Comité se garderont bien de se montrer sévères; ils sont trop satisfaits d'avoir à offrir à la nation un traité de cette importance comme prémices de leurs opérations futures; on s'empresse donc d'adopter le traité et d'en proposer les articles patens à la ratification de la Convention. C'est le représentant Reubell qui a suivi plus particulièrement la correspondance de Bâle; c'est lui que le Comité charge d'être son interprète auprès de l'assemblée.

On était loin de s'attendre à cet heureux dénoûment; on était disposé plutôt à prévoir le contraire. Deux jours auparavant, Pelet de la Lozère, dans un long discours sur nos relations extérieures, avait mis sa politique en défaut en se livrant à des conjectures très-défavorables sur les vrais sentimens de la Prusse; il avait accusé cette puissance de ne s'être rapprochée un moment de la République que pour se faire valoir aux yeux de la coalition, et de n'avoir paru rechercher la médiation de l'Empire que pour empêcher que cette médiation ne fût déférée plus utilement à la Suède ou au Danemark... L'événement n'a donc pas tardé à dissiper ces injustes pressentimens. « Votre comité de Salut Public, dit Reubell avec » sa voix alsacienne fortement accentuée, a suivi » vos instructions pour des paix partielles ; il offre » à votre ratification celle qu'il vient de conclure » avec la Prusse. »

A peine ces premiers mots ont-ils été prononcés, que les plus vives acclamations interrompent l'orateur, et ce n'est qu'après avoir laissé la joie publique s'épuiser en redoublemens, que Reubell parvient à reprendre la parole ; il croit devoir faire comprendre ce que le traité patent ne dit pas. Voici ses propres termes :

« Quoique vous ne vous soyez pas encore pro-
» noncés sur les limites du territoire, votre Comité
» a cru devoir traiter dans le sens qui lui a paru
» avoir obtenu, jusqu'à présent, l'assentiment
» de la nation ; mais l'objet principal auquel il
» s'est rattaché, a été de rétablir des relations
» commerciales qui nous sont devenues si néces-
» saires, et de les étendre en éloignant, autant
» qu'il dépendait de lui, le théâtre de la guerre
» du nord de l'Allemagne. La proposition en a
» été faite par le roi de Prusse lui-même!... » Cet

aperçu sera développé le lendemain par des articles de journaux, qui, en mettant au premier rang des avantages obtenus l'arrivage des blés du nord par la voie d'Embden, ne montrent que trop combien la famine a d'influence sur notre politique.

La Convention ratifie le traité, après une seconde lecture entendue le 24 germinal. — Le roi de Prusse le ratifie le 25 du même mois (15 avril), et le déclare en ces termes à toute l'Allemagne :

« Le roi de Prusse se voit maintenant dans la
» satisfaction d'annoncer à ses co-états de l'Em-
» pire, que la guerre vient d'atteindre son terme
» pour les états prussiens. Cette paix promet à la
» Prusse le repos et un bien-être stable. *Elle offre*
» *en même temps à tous les états de l'Empire*
» *un chemin frayé pour obtenir le même avan-*
» *tage*, et assure déjà à une grande partie de
» l'Allemagne protection et sûreté contre les ra-
» vages et les calamités de la guerre. »

De son côté, le gouvernement français a donné un avertissement qui s'adresse à plus d'un auditeur, en faisant dire par Reubell, dans le discours sur la paix de la Prusse, *que cette paix n'est pas la seule qui soit en ce moment la matière des méditations du comité de Salut Public.*

FIN DE LA DEUXIÈME PARTIE.

MANUSCRIT
DE L'AN TROIS.

TROISIÈME PARTIE.

SUITE DES TRAITES. — LA HOLLANDE. — L'ESPAGNE.

Été de l'an III (1795).

MANUSCRIT DE L'AN TROIS.

TROISIÈME PARTIE.

CHAPITRE I.

CORRESPONDANCE DE FIGUIÈRES ENTRE M. D'OCARITZ ET LE CITOYEN BOURGOING.

Si la paix, qui vient de rompre à Bâle un des plus forts anneaux de la coalition, *fraie le chemin pour les princes de l'Empire,* comme le dit le roi de Prusse, elle le fraie surtout pour le cabinet de Madrid…. Mais il faut continuer à s'armer de patience avec les négociateurs espagnols. Ces efforts, si souvent répétés pour s'entendre sur la frontière des Pyrénées, nous rappellent malgré nous les grands coups des Paladins qui, dans l'ardeur de se pourfendre, ne parvenaient pas même à se faire une égratignure. On a beau allonger ici les bras pour se donner la main, on peut à peine se toucher du bout du doigt; toutefois, quoique à travers tant d'hésitation, d'inexpérience et de maladresse, le dénoûment puisse encore être éloigné, il est devenu moins incertain.

Nous avons laissé le citoyen Bourgoing attendant à Figuières une meilleure réponse de son ancien ami Ocaritz. Cette réponse arrive au camp français le 23 germinal; mais elle ne satisfait guère l'impatience avec laquelle elle était désirée. En voici les termes dans toute leur pesanteur : « Si vous pouviez obtenir du Comité la permis-
» sion de résider à Figuières, dit Ocaritz à Bour-
» going, je vous communiquerais quelques bonnes
» idées relatives au traité qui pourrait convenir
» en ce moment aux deux nations; et si vous
» pouviez obtenir non-seulement cette permis-
» sion, mais aussi une autorisation pour traiter,
» et qu'en vertu de cette autorisation vous pussiez
» me faire passer, en réponse à cette lettre, une
» ouverture sur le mode de traiter d'après lequel
» vous concevez que les états respectifs pourraient
» se rapprocher, nous aurions fait un pas bien
» essentiel. »

Il est dur, deux mois après les propositions vives et loyales du brave général Urrutia, de se trouver ramené si péniblement aux premiers élémens d'une négociation. Aussi les Représentans, auxquels Bourgoing a dû montrer la lettre de Madrid, supportent-ils avec humeur cette marche rétrograde! Ils exigent que Bourgoing réponde en termes tellement catégoriques, que le correspondant des Espagnols soit forcé de renoncer à la réserve dans laquelle il affecte trop de se renfermer.

« Parlons franchement, mon cher Ocaritz, lui
» réplique Bourgoing : n'écoutons que la con-
» fiance que nous nous inspirons. Convenons que
» nos lettres, nous étant transmises par des trom-
» pettes envoyés par les généraux, ne peuvent
» être ignorées de nos deux gouvernemens; ils
» sont des deux côtés convaincus de l'utilité de la
» paix; qu'y a-t-il donc à faire, si ce n'est de nous
» rapprocher et de conférer le plus tôt possible? »
— « Et vous-même! que n'allez-vous à Madrid? » pourrait-on dire à Bourgoing. La pensée ne s'en présente au comité de Salut Public qu'à la lecture de ces dernières communications. L'envoi d'un agent secret lui paraît tellement indiqué, que déjà il s'en occupe. Mais ce n'est pas Bourgoing qui est désigné pour se rendre à Madrid. Reubell a fait préférer l'adjudant général Roquesante, dont la mission pourra se couvrir plus facilement du prétexte d'un échange de prisonniers. Au surplus, le départ de Roquesante n'est pas encore définitivement arrêté; et bientôt les courriers,

qui deviennent plus fréquens et plus rapides sur la route d'Espagne, apportent matière à d'autres combinaisons.

En moins de neuf jours, une troisième lettre de M. Ocaritz parvient à nos négociateurs. Cette fois, on est plus communicatif; on exprime le désir de voir cesser les hostilités; mais on semble faire d'un armistice la condition préliminaire de tout arrangement possible.

La vieille opinion des Représentans qui dirigent tout à Figuières, a été constamment que l'Espagne ne cherche qu'à temporiser; ils en restent convaincus par cette demande d'une suspension d'armes. La réponse qu'ils dictent aussitôt à Bourgoing est négative, et montre une opposition absolue contre toute espèce de préliminaire de cette nature; elle est partie le 4 floréal ou 23 avril. Quatre jours sont à peine écoulés, qu'une quatrième lettre d'Ocaritz arrive; mais voici ce qu'on y trouve :

« M. d'Ocaritz est près d'obtenir de son gou-
» vernement la permission de se rendre au lieu
» des conférences, si le citoyen Bourgoing peut lui
» présenter des probabilités de succès pour la né-
» gociation. La tendre sollicitude de la cour d'Es-
» pagne est en ce moment concentrée sur les en-
» fans de Louis XVI. Le gouvernement français

» ne saurait témoigner d'une manière plus sen-
» sible les égards qu'il aurait pour l'Espagne qu'en
» confiant à S. M. C. ces enfans innocens qui ne
» servent à rien en France. S. M. C. recevrait une
» grande consolation de cette condescendance,
» et dès lors elle concourrait de la meilleure vo-
» lonté à un rapprochement avec la France. »

On aurait dû mieux connaître à Madrid l'irritabilité que cette demande préliminaire allait mettre en jeu pour la seconde fois. L'effet de la poudre n'est pas plus prompt. Ce ne sont plus des temporisations que les Représentans, délégués près l'armée des Pyrénées, reprochent à l'Espagne. « Elle est prise sur le fait, disent-ils; elle
» ne peut pas nier que son projet ne soit la res-
» tauration de sa branche aînée. Nous l'avons
» vue proclamer à main armée Louis XVII dans
» nos villages un moment envahis par elle; plus
» tard, quand la force des armes n'a plus secondé
» ses projets, nous l'avons vue redemander
» Louis XVII à Simonin, pour en faire un roi
» d'Aquitaine; aujourd'hui elle garde un silence
» prudent sur ce qu'elle en veut faire, mais elle
» le redemande encore! c'est toujours la même
» arrière-pensée. Pour sortir de cette intrigue,
» il faut rompre toute correspondance! »

En vain le sage Bourgoing essaie d'obtenir un peu plus de patience et de modération; en vain il

représente qu'il conviendrait du moins d'en référer au comité de Salut Public. « Les instruc-
» tions du Comité ne sont-elles pas formelles? lui
» répond-on. Elles défendent d'écouter l'Espa-
» gne, si l'Espagne veut revenir sur cet article; et
» dernièrement encore, le Comité, fatigué du si-
» lence qu'on gardait à Madrid, ne parlait-il pas
» de rappeler les négociateurs qu'il avait à Fi-
» guières? L'incident actuel est d'une nature bien
» autrement grave que le silence du Cabinet espa-
» gnol. » — Les Représentans ne croient donc pas avoir besoin de consulter à Paris. Par leur ordre, Bourgoing informe Ocariz « qu'il ne peut
» plus lui écrire, et que ses affaires particulières
» étant terminées, il se retire chez lui, à Nevers. »

On l'a déjà deviné. Rien ne pouvait contrarier davantage le Comité que cette nouvelle incartade. Cependant l'éloge de Bourgoing est le seul reproche qu'on adresse à ceux qui n'ont pas écouté ses avis. Non-seulement justice est rendue à cet honnête homme; mais confiance toute entière lui est acquise, et désormais les apparences montrent en lui l'homme du Comité et le plénipotentiaire destiné à signer la paix de l'Espagne.

On ne parle déjà plus de la mission de Roquesante; Reubell, qui l'avait proposé, vient d'être envoyé secrètement en Hollande avec Sieyès. La correspondance d'Espagne est dans les attribu-

tions de Merlin de Douai; et celui-ci, en déplaçant la résidence de Bourgoing, trouve un prétexte de revenir sur la maladresse de Figuières. En conséquence, le 15 floréal, on donne ordre à Bourgoing de se rendre à Bayonne; il y sera sur la route directe de Paris à Madrid, et sa position deviendra plus indépendante. A son arrivée, il écrira à M. d'Ocaritz « que le Comité l'a chargé
» à Bayonne d'une mission pareille à celle qu'il
» remplissait à Figuières; il lui témoignera le re-
» gret personnel qu'il éprouve de ce que l'ouver-
» ture de la négociation ait été dérangée par une
» proposition intempestive. Il laissera ensuite en-
» trevoir que cette proposition, quoique n'étant
» pas de nature à être adoptée, du moins quant
» à présent, ne devait pas cependant empêcher
» l'ouverture des conférences qui seules peuvent
» ramener la paix entre les deux nations!... » Je cesse de transcrire. Je n'aurais pas même dû entrer dans de si grands détails. Cette mission n'aura pas lieu. Bourgoing n'écrira plus à Ocaritz. Bourgoing n'ira plus à Bayonne. Cinq jours sont à peine écoulés qu'un courrier, arrivant de Bâle, apporte une nouvelle qui change entièrement la direction de cette affaire.

CHAPITRE II.

UN NÉGOCIATEUR ESPAGNOL ARRIVE A BALE.

(Floréal.)

Se rappelle-t-on M. d'Yriarte? M. d'Yriarte est le second correspondant auquel le citoyen Bourgoing a écrit en pluviôse, lorsque le comité de Salut Public, essayant de se servir d'une plume confidentielle, a voulu engager une négociation directe avec Madrid. Jusqu'ici nous n'avons pu parler que de la correspondance ouverte en même temps avec M. d'Ocaritz, et celle-ci ne nous a que trop longuement occupés. Le moment est venu de nous mettre au courant avec M. d'Yriarte. Pourquoi n'a-t-on reçu aucune réponse de sa part? Quel a été le sort de la lettre partie à son adresse? Il y a ici un nouveau fil qu'il faut tâcher de saisir.

M. d'Yriarte n'était plus depuis long-temps à Madrid, quand les premières lettres de Bourgoing y sont arrivées. Il remplissait une mission en Pologne; mais il revenait, et déjà on le croyait à Vienne. La lettre à son adresse avait été décachetée par M. le duc de la Alcudia lui-même, qui sans doute avait également ouvert celle d'Ocaritz, quoique ce dernier ne fût pas absent. Le ministre avait donc eu à choisir entre les deux correspondans de Bourgoing. L'un était sous sa main, l'autre encore bien loin. Cet éloignement de M. d'Yriarte ne lui avait cependant pas été défavorable. Il est vrai que la démarche pacifique à laquelle on était résolu, devait subir un long retard en allant rejoindre l'interprète qui obtenait la préférence. Mais peut-être cet inconvénient avait-il paru compensé par un double avantage, celui d'échapper à la surveillance du ministre d'Angleterre en Espagne, et surtout à l'intermédiaire des Représentans près l'armée des Pyrénées, dont les boutades sont redoutées à Madrid.

Ainsi, M. d'Ocaritz n'a été mis en avant par son ministre que *pour peloter en attendant partie*; et la correspondance assez peu courante qu'il a fallu lire à Figuières, n'avait d'autre objet que de gagner le temps nécessaire pour que M. d'Yriarte fût en état de commencer son rôle. On s'était flatté, à Madrid, que le courrier dépêché à sa rencontre le trouverait en Italie. Mais, en faisant la part des retards inévitables, on n'avait pas fait celle des méprises : M. d'Yriarte était déjà de retour sur Venise, quand des informations inexactes ont poussé le courrier jusqu'à Vienne, et ce n'est qu'après avoir touché cette capitale que les dépêches de M. le duc de la Alcudia sont revenues à leur adresse.

Les instructions du Cabinet espagnol mettaient M. d'Yriarte en mesure de traiter avec le premier agent, accrédité par la République, qu'il aurait dans son voisinage. Il pouvait ainsi s'aboucher à l'instant même avec le citoyen Lallemand, qui représentait la République à Venise, ou, s'il le préférait, avec le citoyen Villars, qui résidait à Gênes, avec Desportes, qui résidait à Genève : il a mieux aimé se rendre à Bâle. Le citoyen Barthélemy est pour lui une ancienne connaissance dont le souvenir date de dix-sept ans. La paix de la Prusse vient de placer cet ami tout-à-fait en évidence dans la diplomatie européenne. D'ailleurs, le rendez-vous de Bâle exerce en ce moment une puissante attraction; indépendamment de M. de Hardemberg, de hauts personnages s'y trouvent; le salon de M. de San-Fermo y offre le secours de la neutralité de Venise. Toutes les couleurs peuvent s'y rencontrer. M. de Lesbach, quoique envoyé de l'Autriche, ne craint pas d'y paraître.... M. d'Yriarte a donc cédé à l'entraînement qui concentre *tous les hommes à traités* sur Bâle. Peut-être même son Cabinet lui en a-t-il donné la première idée.

Maintenant que les antécédens de la mission de M. d'Yriarte sont à peu près expliqués, entrons en matière; voici les détails que le courrier de Bâle apporte sur l'arrivée du diplomate espagnol.

Le 15 floréal au matin (4 mai), M. de Hardemberg a prévenu le citoyen Barthélemy que M. d'Yriarte était à Bâle, et qu'il assisterait le soir à l'assemblée de M. de San-Fermo. Barthélemy n'a pas manqué de s'y rendre, uniquement préoccupé du plaisir de se retrouver avec un vieil ami. La reconnaissance des deux diplomates a fait scène, et, ce premier moment passé, M. d'Yriarte a pris à part le citoyen Barthélemy.

« Vous jugez bien, lui a-t-il dit, que ma venue » ici est motivée. Ce qui m'y amène peut avoir » une grande importance pour nos deux nations. » Si vous avez des instructions pour traiter, je me » montrerai promptement en état de pousser la » négociation. » — Barthélemy ayant répondu d'une manière satisfaisante sur les dispositions pacifiques du Comité, mais n'ayant pas encore reçu d'instructions, M. d'Yriarte l'a engagé à en demander. A ce sujet, Barthélemy aurait voulu risquer quelques questions. « Ne cherchez pas à » me faire parler, a répondu M. d'Yriarte; mais

» si chez vous on a le désir sincère de se rapprocher
» et de finir cette malheureuse guerre, j'espère
» que le moment où nous pourrons tout dire,
» n'est pas éloigné. »

Cette première conversation aurait été remarquée si elle avait été plus longue. Le citoyen Barthélemy pense qu'elle promet des suites favorables, et s'empresse de solliciter les ordres du Comité.

L'arrivée de M. d'Yriarte est regardée à Bâle comme un fait assez important pour que des courriers exprès en portent la nouvelle à Londres et à Vienne. Son départ de Venise a déjà donné l'éveil à la curiosité du ministère anglais qui l'a fait suivre. Dès ce premier avis, les deux cours prennent l'alarme. A Londres, on se décide à changer la légation anglaise de Madrid, où l'on envoie en toute hâte un autre ambassadeur. A Vienne, on appelle à une sorte d'interrogatoire le chargé d'affaires d'Espagne; on l'accable de questions de tout genre inspirées par l'inquiétude et la défiance, et l'on dépêche pour Madrid M. de Lamarck, afin de détourner le cabinet espagnol de la nouvelle direction dans laquelle il veut se jeter. A Bâle, M. d'Yriarte se voit surveillé et espionné, au point que ses visites chez le citoyen Barthélemy deviennent embarrassantes ; et, pour diminuer les allées et venues à l'hôtel de France, le secrétaire de légation, Marandet, se fait l'intermédiaire inaperçu par lequel les deux négociateurs commencent leur communication.

A Paris, la nouvelle de l'arrivée de M. d'Yriarte ne fait pas moins de sensation.

Le courrier qui portait à Bourgoing l'ordre de se rendre à Bayonne venait de partir pour Nevers. On se hâte d'en expédier un second pour tout contremander, et c'est maintenant à Barthélemy que le Comité envoie les pouvoirs et les instructions qui ont été préparés pour Bourgoing. Cependant on y ajoute un article. Le Comité, qui voit du côté de Bâle plus de *diplomatie* qu'ailleurs, croit devoir se mettre tout-à-fait en garde contre les lenteurs du métier. En conséquence, il charge son ministre de déclarer, comme prélude amical, au négociateur espagnol, qu'on ne lui donne qu'un mois pour conclure, et que si d'ici là le traité n'est pas signé, les fortifications de Rose, de Figuières, du Passage et de Saint-Sébastien, que nous tenons en notre puissance, seront démantelées et rasées.

CHAPITRE III.

UN SECOND NÉGOCIATEUR ESPAGNOL SURVIENT

27 floréal (4 mai.)

A peine un négociateur espagnol s'est-il montré à Bâle, qu'un autre se fait annoncer du côté des Pyrénées; et le comité de Salut Public, qui naguère se plaignait de n'avoir personne à qui parler, va ne plus savoir auquel répondre.

D'après les termes de la rupture de la correspondance de Figuières, on ne devait pas s'attendre à voir reparaître M. d'Ocaritz. Le contraire arrive. Le cabinet de Madrid, s'impatientant sans doute de ne recevoir aucune nouvelle ni de M. d'Yriarte ni du courrier qui le suit, et craignant enfin de perdre trop de temps à ce détour, en est revenu à l'idée de se servir de la voie la plus directe.

La lettre qu'un trompette espagnol vient de remettre à Figuières, de la part de M. d'Ocaritz, contient les questions suivantes, qui sont toujours adressées au citoyen Bourgoing.

Avez-vous des pouvoirs?

Le traité à conclure pourrait-il être conçu dans les mêmes termes que celui de la Prusse?

Quels seraient les cas où l'on s'obligerait à se garantir les possessions respectives?

Quelles seraient les limites?

Quel serait le sort de Louis XVII?

Quels seraient les pensions assignées aux princes émigrés?

Que deviendrait la religion en France?

Quels avantages accorderait-on aux cours d'Italie, qui accéderaient aux plans de l'Espagne?

Même question pour le Portugal.

Quels avantages accorderait-on à l'Espagne, en considération de ses grandes pertes?

Quand et comment la France entendrait-elle retirer ses armées des provinces espagnoles qu'elles occupent, et à quelle époque?

Enfin une neutralité pure et simple suffirait-elle?

Cette ouverture présente d'autant plus d'intérêt, qu'elle donne, pour la première fois, un aperçu du cercle dans lequel le cabinet de Madrid entend placer la négociation. La discussion s'engage aussitôt sur chacun des articles que l'Espagne met en avant. On convient, dans le Comité, de laisser de côté les questions qui blessent trop nos idées révolutionnaires, c'est-à-dire tout ce qui se rapporte au sort des enfans du dernier roi, à celui des princes émigrés et à la religion catholique. — « Ces questions, dit un membre, sont » attentatoires à la souveraineté nationale. » — « L'Espagne, dit un autre opinant, n'a pas plus » le droit de nous faire de telles demandes, que » nous n'avons celui d'exiger le bannissement des » inquisiteurs, ou de réclamer des indemnités » pour les familles de Montezuma, d'Atabalipa, » et de toute l'ancienne aristocratie du Mexique » et du Pérou »

Les questions trop délicates étant écartées, on se borne à traiter celles qui n'ont pour objet que le rétablissement des rapports politiques entre les deux pays. Nous reprenons les demandes pour placer à côté les réponses.

D. Quelle indemnité accordera-t-on à l'Espagne?

R. Aucune. Il ne peut en être dû à l'agresseur; on la protégera contre ses ennemis naturels.

D. Quels avantages fera-t-on aux cours d'Italie?

R. Tous ceux qui pourront fortifier ces cours contre l'Autriche, l'Angleterre et la Russie. Le Comité regarde toutes les puissances de la Méditerranée comme des alliées naturelles (Rome exceptée).

D. Dans quel cas la France et l'Espagne se garantiront-elles leurs possessions respectives?

R. Dans le cas d'une guerre défensive.

D. Quelles seront les limites entre les deux pays?

R. Ceci doit être réglé d'après des principes de compensation et non d'indemnité. Ainsi, de la part de la République, restitution des conquêtes : et de la part de l'Espagne, cession de la Louisiane ou de la partie espagnole de Saint-Domingue. (On pourra bien demander quelque chose de plus, comme la vallée d'Aran, Saint-Sébastien, etc., etc.; mais on laissera au négociateur la facilité de renoncer aux prétentions secondaires qui retarderaient trop ou compromettraient la conclusion du traité.)

D. Une neutralité pure et simple suffira-t-elle?

R. Le désir qu'on a de se placer promptement dans l'état de paix fait ajourner toutes les questions secondaires qui seront la conséquence de la conclusion de la paix. On propose donc de ne pas s'occuper pour le moment de ce qui se rattacherait à un projet d'alliance.

Dernière Demande. Quand retirera-t-on les armées?

Réponse. Article secondaire, qu'on arrangera à l'amiable. Il en est de même de l'échange des prisonniers, qui se traitera comme on voudra.

Le mode n'y fait rien, pourvu que la paix soit conclue.

Ces bases une fois arrêtées, il ne s'agit plus que d'expédier la dépêche ; mais à quelle adresse ? Sera-ce à Bourgoing, pour qu'il rentre en communication avec Ocaritz ? Sera-ce à Barthélemy, pour qu'il s'en serve comme d'un supplément d'instruction avec M. d'Yriarte ? Le Comité se voit ici entre deux inconvéniens également graves : l'un, de négliger les ouvertures qui arrivent par M. d'Ocaritz, pour se mettre exclusivement dans les mains de M. d'Yriarte ; l'autre, de laisser se disséminer entre plusieurs négociateurs une négociation qui, de sa nature, doit être concentrée. Dans cette incertitude embarrassante, on aurait besoin de quelques renseignemens sur les dispositions et le crédit des deux personnages entre lesquels il faut opter. M. d'Yriarte a-t-il des pouvoirs bien en règle ? Il est si éloigné que la moindre irrégularité pourrait entraîner des retards infinis. A-t-il toutes ses instructions ? On ne saurait avoir cette inquiétude à l'égard de M. d'Ocaritz, qui, du premier mot, vient d'aborder les difficultés essentielles. D'ailleurs, M. d'Ocaritz a l'avantage d'être sous la main du ministre espagnol, et les communications de Paris avec Madrid par la frontière des Pyrénées semblent devoir être bien plus promptes et bien plus faciles que par Bâle. Ces considérations donnaient du poids aux avis qui, dans le Comité, se décidaient pour fixer définitivement la négociation au pied des Pyrénées..... Sur ces entrefaites, on reçoit de Bâle les éclaircissemens que voici :

M. d'Yriarte n'a pas textuellement ce qu'on appelle des pleins-pouvoirs ; il était en effet impossible que, courant le monde lorsque les premiers ordres de son gouvernement lui ont été remis à Venise, il se fût trouvé tout à coup muni de cette pièce dont on ne régularise ordinairement la forme qu'au moment d'en faire usage. Mais il a des pouvoirs réels dans le mémoire d'instructions qu'il a reçu de sa cour. « Le matériel
» de la pièce m'a convaincu de son officialité, dit
» le citoyen Barthélemy. Le ministre l'a signée
» de sa main, et j'y ai lu moi-même entre autres passages, celui-ci : *Dès que vous vous*
» *trouverez à portée de quelque agent français*
» *suffisamment autorisé, travaillez aussitôt à*
» *régler les bases de la paix, et sur le compte*
» *que vous en rendrez, des pleins-pouvoirs vous*
» *seront adressés*... Au surplus, ajoute le citoyen
» Barthélemy, personne ne jouit à Madrid de plus
» de crédit que M. d'Yriarte. »

Ce témoignage est fait pour détruire tout sujet d'inquiétude. Cependant, il n'est pas tellement désintéressé dans la position particulière de celui qui le donne, qu'il doive convaincre également les seize membres du Comité. Il en est qui voient de l'inconvénient à concentrer toutes nos négociations dans les mains du même négociateur ; il en est d'autres qui n'entendent pas sans quelque humeur parler de l'importance qu'on commence à prêter à Barthélemy. Enfin le plus grand nombre ne se sent nullement en disposition de fournir de nouvelles occasions de grandir, à cette réputation dont la tige est pour ainsi dire étrangère à la souche républicaine.

Toutefois, ces différentes manières d'envisager la question de Bâle, finissent par céder au désir qui domine tout, celui de terminer promptement avec l'Espagne, besoin assez impérieux pour qu'on y sacrifie les répugnances comme les préférences personnelles, ainsi qu'on vient de le faire, en écartant les conditions secondaires qui pouvaient embarrasser le traité.

Or, à Bâle, deux négociateurs sont déjà en présence ; le même salon les a déjà réunis. Les conférences peuvent donc être considérées dès ce moment comme ouvertes : dans cet état de choses, pour vouloir gagner du temps, ne risquerait-on pas d'en perdre en déplaçant la négociation du lieu où elle s'est établie d'elle-même ?

Cette considération était décisive ; elle a fixé

la balance. C'est au citoyen Barthélemy que le Comité fait adresser les questions de M. d'Ocaritz, et les réponses qu'il faut rendre à l'Espagne. Quand ce supplément d'instructions est arrivé à Bâle, les deux négociateurs marchaient côte à côte dans l'allure la plus confiante. Voyons le chemin qu'ils ont parcouru.

A la réception des premières instructions du Comité, le citoyen Barthélemy s'était empressé d'annoncer à M. d'Yriarte qu'il avait l'autorisation de le voir; aussitôt celui-ci était accouru. La conversation ayant commencé par un exposé de nos droits à des indemnités, et par conséquent à des cessions territoriales, M. d'Yriarte, qui n'était pas préparé à ce début, s'était récrié d'abord, et avait fini par demander, du ton le plus touchant, s'il était bien possible que ce fût la France qui voulût soumettre l'Espagne à de pareils sacrifices. Le citoyen Barthélemy, pour le convaincre qu'il n'y avait pas à disputer sur les termes auxquels on se réduisait, *avait mis les cartes sur table*, et présenté le projet de traité qui lui était envoyé comme instruction. — En échange de ce procédé, M. d'Yriarte avait tiré de sa poche le précis des articles qu'il était chargé d'obtenir ; ces articles étaient l'intégrité du territoire espagnol ; la conclusion d'un traité de commerce; l'association de Naples, de Parme, de Turin et du Portugal à la paix ;

enfin, la liberté des prisonniers du Temple, et la permission, pour eux, de se retirer en Espagne avec une pension convenable.

On s'était fait ces mutuelles confidences, quand les questions de M. d'Ocaritz et les réponses du Comité sont arrivées à Bâle. «M. d'Yriarte ne peut dissimuler le déplaisir personnel que lui cause la double marche dans laquelle son cabinet s'est engagé; il cherche vainement à se rendre compte de cette complication....» Au surplus, la conformité des deux ouvertures achève de prouver que M. d'Yriarte n'est pas en arrière, et la négociation se trouve avoir fait à Bâle à peu près le même chemin qu'à Paris. Maintenant on est forcé de la suspendre d'un côté comme de l'autre, puisqu'il faut attendre ce qu'on répondra de Madrid aux prétentions du Comité. Le premier courrier espagnol, expédié de Bâle, l'a été par la Suisse et le Piémont pour s'embarquer à Gênes : il n'est pas près d'arriver, et encore moins de revenir, s'il doit repasser par la même route; mais on peut rapprocher la distance de Bâle à Madrid, en ouvrant aux courriers de M. d'Yriarte un passage à travers le territoire français. La demande qu'il en fait est aussitôt accordée, et le second courrier qu'il expédie par la voie directe de Bâle aux Pyrénées, va sans doute regagner toute l'avance que le premier a dû perdre.

Cette négociation a été si difficile à mettre en train, qu'on ne peut se défendre d'un secret plaisir à la voir enfin marcher; pour mieux la suivre, nous n'avons pas craint de laisser en arrière quelques affaires contemporaines sur lesquelles il nous faudra revenir... Mais nous avons beau vouloir ne pas nous détourner de l'Espagne, une commotion violente qui ébranle encore une fois la Convention nationale nous force de nous interrompre.

CHAPITRE IV.

JOURNÉES DE PRAIRIAL.

Le premier prairial, le tocsin sonne dans les faubourgs, et la générale bat dans tous les quartiers de Paris.

La Convention s'est réunie à la hâte ; les ministres étrangers se sont empressés de se rendre auprès d'elle. La tribune diplomatique est occupée par les envoyés des États-Unis, de Genève, de Toscane, de Suède et de Venise.

Dans ce premier moment, on se demande de quoi il s'agit :

« C'est la répétition de la manœuvre de l'é-
» tranger, dit Bourdon de l'Oise. Au 12 germinal,
» nous étions sur le point de signer la paix avec la
» Prusse ; aujourd'hui nous nous trouvons dans les
» mêmes circonstances politiques. Nous sommes
» à la veille d'avoir la paix avec la majorité des
» puissances coalisées ; c'est ce qu'on veut empê-
» cher. On emploie tous les moyens pour dégoûter
» les négociateurs, et persuader que nous sommes
» près d'un bouleversement général ! »

Rovère avait dit la veille : « Il existe un point
» de contact entre nos ennemis de Londres et
» ceux de Paris. Les Anglais projettent une des-
» cente sur nos côtes de la Vendée, et les mal-
» veillans projettent ici la dissolution de la Con-
» vention nationale. »

En effet, les dernières lettres de Suisse annoncent qu'on y est depuis quelques jours dans l'attente d'un événement à Paris. Notre légation de Bâle a remarqué avec inquiétude que M. Wickam, ministre anglais près la Confédération Helvétique, et M. de Lerbach, diplomate autrichien, arrivé depuis peu, ont ensemble de fréquentes conférences; que leurs émissaires secrets vont et viennent de Bâle à l'armée du prince de Condé, et que les troupes autrichiennes, qui bordent le Haut-Rhin, paraissent se disposer à passer le fleuve; on dit même que le général Clairfayt n'attend plus qu'un courrier. Tout récemment, à la diète de Ratisbonne, on a fait un crime à la Prusse d'avoir conclu son traité, *au moment où tout est préparé pour renverser le gouvernement actuel de la République, et opérer en France une contre-révolution.*

Quelle que soit la cause réelle du mouvement qui se déclare, la disette des subsistances en est encore une fois la cause apparente. Depuis quelques mois, Paris reste affamé comme à dessein. Mais dans les révoltes qui se succèdent, c'est toujours le parti jacobin qui se met en évidence. Dans le trouble, il surgit comme le liége sur l'eau. Cependant les meneurs de ce parti ne sont guère occupés des intérêts de l'étranger; ils le sont trop des leurs. Placés dans une position presque désespérée, toute émeute leur est bonne. C'est une occasion qui bondit devant eux; ils ne pensent qu'à en profiter. Ce qu'ils veulent, c'est une revanche de la partie perdue au 12 germinal. Aujourd'hui on a plus d'expérience; on sait avec quelle facilité les portes de la Convention peuvent être forcées; on regrette le temps qu'on a usé dans la dernière émeute à crier au lieu d'agir. On a entrevu tout ce qu'on peut obtenir d'un moment de surprise, et l'on tient prêts les décrets qui doivent faire passer le gouvernement dans des mains plus amies.

Tel est le plan dont l'exécution se développe ouvertement.

La Convention essaie de conjurer l'orage en envoyant douze de ses membres haranguer le peuple des sections; elle fait une proclamation aux bons citoyens; elle rend Paris responsable de tout attentat qui serait commis sur elle; elle met d'avance *hors la loi* les chefs d'attroupement; enfin elle confie la direction de la force armée au représentant Delmas, et le charge de pourvoir à la sûreté de la représentation nationale.

A peine a-t-on pris ces délibérations que les cris des tribunes publiques, et le tumulte qui croît au dehors, forcent de suspendre la séance. Le président Vernier est un vieillard dont les forces s'épuisent à rappeler l'ordre ; il cède le fauteuil à Boissy-d'Anglas, et ce changement imprévu dérange peut-être bien des combinaisons !

Boissy-d'Anglas, s'il ne peut maîtriser la tempête, saura du moins lutter contre elle. Plusieurs fois la foule a essayé de pénétrer dans la salle ; elle a été repoussée. Mais, à midi, des flots plus impétueux se précipitent. Le tocsin sonne au pavillon du milieu, soit comme signal de détresse de la part de la Convention, soit comme annonce de victoire de la part des assaillans. Les escaliers, les salles de réception, les couloirs sont envahis. Les dernières portes de l'enceinte sont enfoncées. Un des hommes les plus estimables de l'assemblée, Féraud, tombe sous les pas de la multitude qui se presse ; il se relève ; son nom mal prononcé le fait prendre pour Fréron qui est en horreur aux faubourgs. On l'abat impitoyablement au pied de la tribune. Dubois-Crancé est blessé en voulant le défendre, et bientôt après, la tête du malheureux Féraud est élevée sur la pointe d'une pique jusqu'à la hauteur du président qui, d'une main, l'écarte avec douleur, et de l'autre agite l'imperturbable sonnette que personne n'entend plus!

Il nous faudrait recommencer ici la description des scènes de tumulte et de vociférations que nous avons déjà racontées au 12 germinal. Cet épouvantable désordre se prolonge tant que le président a la force de se refuser à tout ce qui pourrait avoir l'air d'une délibération, et c'est jusqu'au soir ; mais alors le vieux Vernier vient reprendre sa place au fauteuil, et les factieux, tant de fois interrompus, pensent qu'ils peuvent achever. Des voix complaisantes parviennent à se faire entendre. On obtient du peuple qu'il évacue les gradins inférieurs qui sont autour de la tribune. Une partie des membres de l'assemblée se laisse entraîner à descendre dans cet espace. Tous les gradins supérieurs sont occupés par la foule, et je ne sais quelle apparence de délibération se produit...... L'illusion agit. Dans cette fausse Convention, plus d'une voix innocente se mêle à celles qui ne le sont pas.... Mais j'abrège cette nouvelle scène, plus déplorable que le désordre même auquel elle a succédé. Le président a laissé voter des décrets par acclamation ; et bientôt, sur les motions de Duquesnoy, de Romme, de Duroy, de Rulh, de Bourbotte et de Soubrany, le peuple croit avoir obtenu du pain, et les conspirateurs s'être emparés du pouvoir.

Cependant, le temps s'écoule plus vite qu'on ne pense. Les heures du soir ont fait place aux heures de la nuit, et le besoin du repos a déjà éclairci les rangs de cette multitude si long-temps hurlante et furibonde [1]. Ceux qu'elle s'imagine avoir vaincus n'attendaient que ce premier moment de lassitude et de retraite pour ressaisir l'avantage. Les emplacemens séparés dans lesquels les comités sont restés hors d'atteinte, leur ont permis de tout préparer pour cette revanche. C'est dans la partie opposée du palais que le comité de Salut Public délibère [2]. Le comité de Sûreté Générale se tient derrière les ateliers de

---

[1] A mesure que l'on avançait dans la nuit, la plupart des insurgés, qui étaient dans la cour et dans le jardin, se retiraient peu à peu, par la raison que les Parisiens, suivant l'expression du cardinal de Retz, *ne savent pas se désheurer*. (Thibaudeau, *Mémoires de la Convention*, tome I, page 165.)

[2] La salle des séances de la Convention occupait, entre le pavillon du nord et le pavillon du milieu, tout l'emplacement dans lequel on a rétabli depuis la chapelle et la salle de spectacle. Le comité de Salut Public avait son cabinet de l'autre côté, entre le pavillon du milieu et celui du midi, dans les appartemens du premier étage, sur le jardin, où sont aujourd'hui les appartemens particuliers du roi.

l'imprimeur Baudouin, dans l'hôtel de Brionne, au nord du Carrousel, ayant ses communications, par la rue de l'Échelle, avec le Palais-Égalité. Le Comité Militaire, d'où Delmas dirige la force armée, est encore plus éloigné : il se réunit à l'hôtel de Noailles, rue Saint-Honoré, vis-à-vis l'emplacement des Jacobins ; mais il communique avec les Tuileries par la cour du Manége. De ces différens points on n'a cessé d'agir. Des courriers ont été chercher les détachemens de troupes de ligne qui protégent l'arrivage des subsistances autour de Paris. En attendant, on s'est assuré le secours des bataillons les mieux disposés de la garde nationale : les commandans Raffet, Lecourt-Villiers, Chanez et Doucet les amènent avec le même zèle qu'au 12 germinal. La tête des colonnes a pris position aux principales entrées du Carrousel et des Tuileries ; les représentans Legendre, Mathieu, Kervelegan, Delecloy et Auguis se disposent à les introduire, et Boissy d'Anglas va remplacer encore une fois Vernier au fauteuil de la présidence.

A minuit, les chefs que l'insurrection veut investir de la dictature se levaient pour aller prendre possession de l'autorité, lorsqu'ils se trouvent tout à coup en face de l'échafaud... Les portes se sont ouvertes, et par chacune, un des bataillons commandés par Raffet, s'est précipité. Un autre détachement, Auguis à la tête, pénètre par la barre. Ceux des insurgés, en armes, qui n'ont pas quitté la salle, veulent en vain revenir sur ce premier moment de surprise : dans la résistance qu'ils essayent, le représentant Kervelegan est blessé ; mais enfin force reste à la loi. Tout ce qui n'est pas de la Convention se sent enveloppé, pressé, poussé vers la porte du grand vestibule, qu'on a laissée libre à dessein pour la sortie.

La Convention reprend alors sa séance, assez long-temps suspendue. Son premier soin est de déclarer non avenu ce qui s'est passé pendant que les faubourgs ont occupé la salle. Un secrétaire brûle aussitôt les minutes des décrets délibérés par les factieux. Quant aux représentans compromis par ces décrets, la Convention fait sur-le-champ saisir les principaux sur les banquettes. Bourbotte, Duroy, Soubrany, Romme, Duquesnoy, sont successivement entraînés à la barre, et de là conduits au comité de Sûreté Générale. Goujon, quoique absent, est porté sur la même liste d'accusation. Albitte et Prieur de la Marne, qui s'y trouvent également inscrits, ont disparu.

Cette nuit même, avant de se séparer, le comité de Salut Public expédie un courrier pour Bâle, afin de ne pas laisser la plus légère ombre d'incertitude autour des plénipotentiaires de la République.

Le triomphe cependant était loin d'être aussi complet qu'on se l'imaginait.

Dans la matinée du 2, les faubourgs, instruits de l'échec que leur arrière-garde a essuyé dans la nuit, forment encore des rassemblemens; de nouvelles dispositions sont nécessaires pour les désarmer et les dissoudre.

Le représentant Aubry, qui a remplacé Carnot à la section de la guerre, dans le comité de Salut Public, et le représentant Gillet, qui a l'habitude des missions militaires, sont adjoints à Delmas pour le commandement de la force armée [1].

On commence par mettre hors de Paris les représentans qui ont été arrêtés dans la nuit et dont on craint que le peuple ne réclame la délivrance. Goujon, dont on a découvert la retraite, est du nombre. On les envoie provisoirement au château de *Taureau*, près de Dinant, dans le Finistère.

Le général Menou est nommé commandant de la dix-septième division militaire (Paris); le général Baraguay-d'Hilliers sera son chef d'état-major. Le général de cavalerie Dubois, le vieux

---

[1] Quelques écrivains ont nommé le représentant *Barras* dans les événemens de ces journées; c'est par erreur. Barras était alors en mission pour protéger l'arrivage des subsistances. Il n'est rentré à la Convention que le 6 prairial.

général Berruyer, et tous les officiers-généraux qui se présentent reçoivent du service. Mais on n'a pas encore de troupes de ligne. Cependant un détachement du 21ᵉ. de chasseurs vient d'arriver. C'est la première cavalerie dont on puisse disposer. Le capitaine qui la commande a fait bivouaquer sa troupe sous les grands arbres des Tuileries : il est jeune, actif et plein de zèle; son accent du Midi le recommande déjà à Delmas, qui est de Toulouse; sa figure est radieuse et confiante; à peine a-t-il mis pied à terre sur ce nouveau théâtre, qu'il semble déjà sorti de la foule des hommes ordinaires : il se nomme Murat !

En attendant que les troupes arrivent, on rappelle autour de la Convention les bataillons des sections fidèles, et l'on envoie une colonne, dont la gendarmerie fait la principale force, pour dissiper des attroupemens qui se grossissent autour de la maison commune (l'Hôtel-de Ville). Dans l'après-midi, cette colonne revient en désordre; elle a rencontré les Faubourgs marchant, comme la veille, sur les Tuileries. Les gendarmes ont passé du côté de ce qu'ils appellent le peuple. Bientôt après la foule des Faubourgs débouche par toutes les rues qui aboutissent sur la place du Carrousel. Elle amène ses canons. Du côté de la Convention, on se met en défense; deux lignes de canons se regardent, les mèches sont allumées, et, d'un moment à l'autre, la moindre étincelle peut faire éclater la plus épouvantable explosion.

Delmas et ses deux collègues ont établi leur quartier-général dans les bureaux de la section de la guerre, au rez-de-chaussée de la cour des Tuileries [1]. Ils délibéraient sur les derniers ordres à donner, quand de leurs fenêtres ils voient les troupes de la Convention abandonnées par leurs propres canonniers. « Nous ne voulons pas » tirer sur nos frères, disent ceux-ci, traînant » avec eux leurs canons; » et la ligne d'artillerie, qui est braquée sur les Tuileries, se trouve aussitôt doublée!

La position devenait difficile. Si l'on veut éviter une sanglante catastrophe, il n'y a d'autre parti à prendre que de temporiser. Dans moins de vingt-quatre heures, les troupes de ligne seront à Paris; la Convention pourra prendre alors le ton qui lui conviendra. Mais d'ici là, il serait par trop téméraire de pousser les choses plus loin. Des citoyens concilians déposent donc leurs armes en faisceaux et vont parlementer avec les

---

[1] Aujourd'hui l'appartement de M. le Dauphin. Il ne faut pas confondre, comme quelques écrivains l'ont fait, la section de la guerre du comité de Salut Public, dont il s'agit ici, avec le comité de la guerre de la Convention; ce dernier siégeait à l'hôtel de Noailles.

Faubourgs. La Convention elle-même nomme plusieurs de ses membres, entre autres Charles Delacroix et Gossuin, pour aller haranguer la ligne opposée. « Que voulez-vous, dit-on au peu-
» ple, et qu'allez-vous faire? nous sommes vos
» amis, vos frères, et vous venez comme des en-
» nemis! Oubliez-vous les droits que la Conven-
» tion a sur les patriotes? Faut-il donc se tuer
» pour s'entendre? On ne demande pas mieux
» que de vous recevoir par députations, et déjà,
» vous le voyez, nous venons *fraterniser!* » — Ce langage a bientôt produit son effet. A force de se répéter qu'on est d'accord, on finit par le croire. La fatale mèche s'éteint sur les canons; et la place du Carrousel n'est plus qu'une enceinte bruyante où de tous côtés on s'embrasse!... L'orateur des Faubourgs s'est installé à la barre de la Convention; il a bien fallu l'écouter. Ce sont toujours les mêmes phrases et les mêmes demandes : *Du pain, la liberté des patriotes et la constitution de* 1793. Mais, d'une part, on fait semblant de croire que les demandes sont adoucies; et de l'autre, on a parlé, on s'est fait craindre, on se sent soulagé. Sur ces entrefaites, la nuit arrive; l'insurrection à peu près calmée se dissout par bandes, et l'on ne pense plus qu'à rentrer chacun chez soi. A onze heures du soir, il ne reste plus personne sur la place.

Parmi des courtisans, cette seconde journée serait appelée à bon droit *la journée des dupes*. Mais sur la place publique, entre le sénat et le peuple, de pareilles transactions sont trop près de la perfidie ou du massacre pour exciter un sourire. Le lendemain, on se réveille, un peu honteux du rôle qu'on a joué la veille.

Le peuple, se laissant aller au ressentiment, continue de former des groupes menaçans. Dans l'après-midi, une troupe d'insurgés a l'audace d'enlever l'assassin de Féraud, au moment où le bourreau le conduisait au supplice. Partout on reprend les armes. Mais les délais, dont la Convention a dû subir la loi, ont atteint leur terme. Trois mille hommes de cavalerie et des bataillons de la ligne sont enfin arrivés. On ne veut plus donner aux Faubourgs le temps d'envahir une troisième fois les Tuileries. La nuit du 3 au 4 se passe en préparatifs, pour en finir complétement avec cette insurrection obstinée.

Le 4 au matin, l'armée de la Convention, forte de 20,000 hommes environ, tant gardes nationales que troupes de ligne, marche à son tour sur les Faubourgs. Ce qu'on se propose, c'est de les désarmer, et tout l'appareil militaire qu'on développe a surtout pour objet d'y réussir sans effusion de sang. Cependant une colonne de jeunes gens s'est imprudemment engagée dans la grande rue du faubourg Saint-Antoine; elle y a été un moment compromise, et cet échec retarde la prompte soumission qu'on avait espérée. Le général Menou, qui commande en chef, et les quatre représentans qui sont auprès de lui, ne veulent donner rien au hasard. Après avoir fait cerner le faubourg Saint-Antoine, ils le somment de se soumettre, de rendre ses canons et de déposer ses piques. S'il hésite, ils le menacent de le bombarder et de l'affamer. Le bruit des mortiers qui s'avancent donne un accent redoutable à cette sommation.

Tandis qu'on parlemente sur la place de la Bastille, une députation des Faubourgs essaie encore de se présenter à la Convention. Mais, cette fois, l'entrée de la barre lui est refusée. On exige avant tout une soumission complète.

Enfin, dans la soirée, un bruit de tambours et de trompettes se fait gaiement entendre aux environs des Tuileries. C'est une espèce de marche triomphale à la tête de laquelle est le représentant Auguis; il amène les canons des faubourgs. Ses collègues l'ont envoyé en avant pour annoncer à la Convention que ses décrets sont exécutés et lui offrir ces gages de la victoire.

Ainsi, la populace de Paris vient de déposer les armes qui l'ont rendue maîtresse au 6 octobre, au 10 août, au 31 mai, et qui, la veille encore, lui auraient tout soumis si quelque homme de tête l'avait voulu. Les conséquences de ce désarmement sont importantes. C'est une révolution qui arrache la puissance des armes aux prolétaires, en la faisant passer des quartiers populeux dans les quartiers plus riches.

Nous n'avons pas parlé des morts! on doit craindre que ces quatre journées n'aient coûté bien du sang! Qu'on se rassure; tout s'est passé en cris, en tumulte, en bourrades; quelques coups de fusils et de pistolets ont été tirés à l'aventure. Les contusions sont nombreuses; on fait mention de quelques blessures; mais le malheureux Féraud est le seul qui ait perdu la vie, du côté de la Convention. Du côté des vaincus, on ne pourra compter les morts qu'autour de l'échafaud !

La liste des prisonniers que la Convention veut faire sur elle-même se compose des noms suivans :

Suite de la proscription de prairial.

Peyssard,	Thirion,
Lecarpentier,	Rhul,
Pinet aîné,	Forestier,
Borie,	Albitte.
Fayau,	

Ces troubles présentent un incident tout particulier : à travers les scènes bruyantes que nous venons de décrire, la Convention a ratifié deux traités avec des puissances étrangères.

CHAPITRE V.

TRAITÉ DE PAIX ET D'ALLIANCE AVEC LA HOLLANDE.

Depuis quelque temps, on s'étonnait de ne pas voir paraître un traité qui réglât les rapports de la République avec la Hollande. « Quelles difficul-
» tés sérieuses, disait-on, peut-il y avoir dans une
» négociation où d'un côté se trouve l'armée con-
» quérante, et de l'autre la nation conquise? »
C'est que les états généraux disputaient obstinément sur la rançon. Pour vaincre cette résistance, le comité de Salut Public a pris le parti nouveau et décisif d'envoyer deux de ses membres à La Haye. Sieyès et Reubell y sont arrivés dans les derniers jours de floréal.

Aussitôt, une députation des états généraux s'est présentée pour complimenter les négociateurs proconsuls. « Tout ici appartient à la
» France » ont-ils dit en réponse aux complimens, « et vous ne voulez rien céder! N'étiez-
» vous pas cependant les alliés des Cabinets qui
» se proposaient de démembrer la république?...

» Comparez le traité que nous vous demandons
» avec celui dont nous menaçaient les arrange-
» mens de Pilnitz et les proclamations du duc
» de Brunswick. Pourquoi nous contester le prix
» de notre victoire? L'avons-nous gagnée par sur-
» prise ou par trahison? Sommes-nous entrés en
» Hollande, comme les Anglais à Toulon? c'est
» bien le moins que vous payiez les frais de la
» campagne! »

En trois ou quatre conférences, tout a été terminé; le traité a été signé le 27 floréal, et Merlin de Douai est venu l'annoncer à l'assemblée,
dans un des intervalles lucides dont elle a pu jouir
entre la nuit du 1er. prairial et la crise du lendemain. A cette nouvelle, l'émotion de la discorde
civile s'est calmée un moment pour faire place à
des acclamations unanimes.

« J'arrive de Hollande, a dit Sieyès deux jours
» après; le comité de Salut Public et votre juste
» impatience m'appellent à la tribune; je m'y
» présente avec le traité que nous avons conclu.
» Je n'ai qu'un mot à dire sur la négociation :
» les préventions étaient grandes;... *on les souf-*
» *flait de toute part*; mais, dès qu'on a pu se
» comprendre, on est bientôt tombé d'accord. Le
» traité dont je vais vous faire lecture offre à la
» République tous les avantages qu'elle avait droit
» d'exiger, sans nuire à l'existence et à la dignité

» d'une puissance devenue notre fidèle alliée. »

Après ce préambule, on prête une oreille de plus en plus attentive. Les principales conditions sont les suivantes :

1°. La Hollande paiera à la République cent millions de florins.

2°. La République gardera la Flandre hollandaise, Maëstricht et Venloo (ce qui comprend le territoire hollandais qui est en deçà de la principale bouche du Rhin).

3°. L'Escaut sera libre.

4°. Le port de Flessingue devient commun aux deux nations ; un règlement, annexé au traité, détermine l'usage de cette communauté.

A ce prix, la République restitue le territoire qu'elle occupe ; elle abandonne tous les biens immeubles qu'elle a saisis sur la maison d'Orange ; elle abandonne même ceux des meubles et effets mobiliers de cette maison dont elle ne jugera pas à propos de disposer ; elle reconnaît la république des Provinces-Unies comme puissance libre *et indépendante*, et lui garantit sa liberté, son indépendance et l'abolition du stathoudérat.

Quant à l'alliance, elle sera offensive et défensive envers et contre tous, et nominativement contre l'Angleterre. Dès ce moment, le contingent des Provinces-Unies sera de douze vaisseaux de ligne et de dix-huit frégates, et pour l'armée de terre, de la moitié de celle qui est sur pied, si la France juge à propos d'en disposer.

Après les deux lectures d'usage, la Convention ratifie le traité sous la date du 8 prairial [1]. Au bout de quelques jours, les citoyens hollandais, Blaw et Meyer, se présentent en qualité de ministres plénipotentiaires des Provinces-Unies auprès de la République. La Convention leur donne une audience solennelle. Ils apportent le drapeau de leur nation comme un gage de la fraternité qui liera désormais les deux peuples, et ce drapeau est aussitôt cloué aux voûtes de la salle, à côté du pavillon de la République. L'amitié des deux peuples étant ainsi consacrée, on ne veut pas qu'il reste le moindre vestige de haines antérieures. Louis XIV a fait écrire sur la porte Saint-Denis :

Emendatâ malè memori Batavorum gente.

Cette inscription sera effacée.

---

[1] Voir le texte du traité dans les Pièces historiques.

CHAPITRE VI.

CONVENTIONS ADDITIONNELLES AU TRAITÉ DE LA PRUSSE.

Le second traité qui a vu le jour à travers les orages de prairial est une convention avec la Prusse. Cette nouvelle transaction diplomatique est moins importante par ce qu'elle contient que par le développement qu'elle donne à nos relations avec les états de l'empire germanique.

L'électeur de Saxe, les landgraves de Hesse-Cassel et de Hesse-Darmstadt ont été des premiers à se placer derrière la ligne protectrice que leur offrait la Prusse. La régence du Hanovre elle-même est entrée dans de semblables arrangemens avec la cour de Berlin, et le ministère anglais, se séparant de bonne grâce de la neutralité hanovrienne, transfère à la hâte l'entrepôt de ses hostilités dans la petite île de Cux-Haven, qui touche à cette partie du continent allemand.

L'Autriche ne pouvait pas croire d'abord à la défection de la Prusse. Ses ministres ont voulu en démentir un moment la nouvelle ; mais il a fallu céder à l'évidence, et le cabinet de Vienne a dès lors commencé à entrevoir les affaires de France sous un autre aspect. Il a même senti quelque velléité de traiter. Désirant au moins entamer la négociation de l'Empire, il a envoyé M. de Lerbach à Berlin, et de Berlin M. de Lerbach est venu à Bâle. On assure qu'à cette époque la paix de l'Empire et peut-être aussi la paix continentale eussent été possibles; mais que cette disposition de l'Autriche s'est évanouie, quand ses premières informations lui ont donné la certitude que la République tenait plus que jamais à la cession de la rive gauche..... La Prusse, en voulant nous le faire entendre, a préparé une ouverture assez délicate. « Votre système du Rhin, » disait M. de Hardemberg, sera cause que la » guerre ne finira pas encore cette année. — C'est » un malheur, a répondu le plénipotentiaire de » la République; mais enfin, puisque vous autres » Prussiens vous prévoyez vous-mêmes la prolon- » gation de la guerre, comment ne sentez-vous » pas que c'est une raison de plus pour vous serrer » davantage sur nous? *Une alliance* entre les » deux nations ne serait-elle pas le moyen le » plus prompt et le plus décisif pour la Prusse » de terminer la guerre d'Allemagne et de » s'attribuer dans l'Empire une influence im- » mense? »

Le cabinet de Berlin est encore trop étonné du premier pas qu'il a fait, pour se laisser engager si promptement dans un second. M. de Hardemberg a donc décliné l'*alliance*. « Nous ferons tous » les arrangemens que vous voudrez, a-t-il dit; » mais la Prusse ne pourrait pas décemment en- » trer dans des stipulations offensives contre des » puissances avec lesquelles elle faisait *malheu-* » *reusement* cause commune tout à l'heure. »

La Prusse a pourtant des griefs sérieux contre l'Autriche, et ne les dissimule pas. D'abord ce sont les affaires de Pologne : les deux Cabinets ont de la peine à concilier leur avidité dans le partage; ensuite, c'est la Bavière. L'Autriche vient de révéler les desseins qu'elle conserve sur ce pays, en plaçant tout récemment une archiduchesse dans le lit du vieil Électeur qui n'a pas d'enfans.... Enfin, c'est le violent ressentiment qui éclate à Vienne, depuis le traité de Bâle; on n'épargne aucun reproche au roi de Prusse; on l'accuse d'avoir fait son traité aux dépens de ses voisins, de favoriser par ses instigations les traités partiels, et de préparer ainsi le relâchement du lien fédéral et la dissolution de l'empire germanique. Sur ce dernier article, l'Autriche a parlé haut à la diète de Ratisbonne. Elle a menacé de retirer ses armées sur les états héréditaires, et d'y concentrer sa défense, si le système des pacifications partielles venait à prévaloir en Allemagne.

A son tour, le cabinet de Berlin a cru devoir faire son apologie, et, suivant les règles d'usage en pareille controverse, il a justifié *sa paix* en relevant tous les maux de la guerre. Ses publicistes dressent à la hâte l'état de tous les hommes et de tout l'argent que les dernières campagnes ont coûté. Ils révèlent que l'Allemagne a déjà perdu cent soixante-douze mille hommes et dépensé trois cent quarante-six millions de florins. Dans ces récriminations, les sacrifices de la Prusse sont peut-être trop naïvement déplorés comme n'ayant pas reçu la moindre compensation *pécuniaire* au dernier traité; mais c'est le style ordinaire de ce cabinet; plus franc que bien d'autres, il admet les calculs d'argent dans le langage de sa politique.

Toutefois, quelque animée que soit cette guerre de plume et de cabinet, la Prusse, ne se sentant pas encore poussée à bout, croit pouvoir éviter un éclat. Ce qui lui suffit pour le moment, c'est que sa supériorité dans le nord de l'Allemagne s'affermisse par le patronage dont elle a formé le plan, et qu'en dépit de l'Autriche, sa popularité allemande s'en accroisse. La meilleure réponse à opposer aux invectives, ce serait de mettre au grand jour le bon usage que la Prusse a fait des relations dans lesquelles elle est entrée avec la République. En conséquence, M. de Hardemberg s'est borné à négocier auprès du citoyen Barthélemy, pour que l'article séparé, qui assure la tranquillité du nord de l'Allemagne, fût converti en traité supplémentaire et patent. Ce n'est pas seulement la justification de la Prusse qui réclame cette publicité; une autre considération l'exige aussi fortement.

L'Autriche feint d'ignorer l'existence d'une ligne de neutralité et s'apprête à faire prendre à ses troupes des cantonnemens qui ont cessé d'appartenir aux armées belligérantes. Il devient donc urgent d'ôter aux généraux autrichiens tout prétexte d'ignorance à cet égard, et l'article peut d'autant moins rester secret que son exécution même dépend de sa publicité!

La convention qui vient d'être signée à Bâle le 28 floréal, a pour objet de satisfaire entièrement la Prusse. Treilhard, au nom du comité de Salut Public, l'a soumise à l'assemblée, la veille du désarmement des Faubourgs (le 3 prairial) et le décret de ratification a été rendu le même jour que celui du traité avec la Hollande[1].

On voit combien les travaux de la légation de

---

[1] Voir le texte aux Pièces historiques.

Bâle prennent de développement; les Prussiens auraient désiré que le citoyen Barthélemy leur fût donné comme ambassadeur de la République à Berlin; mais le comité de Salut Public s'y est refusé dans des termes qui sont d'ailleurs obligeans pour le plénipotentiaire. Le crédit que ce citoyen, éminemment conciliateur, acquiert chaque jour, peut avoir excité quelque ombrage dans un gouvernement républicain, défiant de sa nature, et dont les meneurs ne connaissent pas Barthélemy, même de vue; mais ce *diplomate*, comme ils l'appellent, est devenu nécessaire, et les succès qu'il a obtenus servent du moins à le maintenir *au parloir de Bâle!*

Il y est en ce moment dans de grandes conférences avec l'envoyé d'Espagne, M. d'Yriarte.

CHAPITRE VII.

L'ESPAGNE ET LES ENFANS DU ROI LOUIS XVI.

(Prairial.)

M. d'Yriarte et le citoyen Barthélemy ont déjà passé en revue tous les articles des deux projets contradictoires. La plupart ne paraissent pas impossibles à concilier ; mais il en est un qui peut être l'écueil de toute la négociation.

La mort de Louis XVI a donné le signal des hostilités entre les deux nations ; la délivrance de son fils ne doit-elle pas être le gage de leur réconciliation ? Le ministre espagnol n'admet aucun doute à cet égard. Cependant le comité de Salut Public veut qu'on évite de s'expliquer. Mais comment écarter comme accessoire une question qui pour l'Espagne semble être la principale ?

Le plénipotentiaire français essaie de faire entendre à son adversaire que la République ne peut pas remettre à l'étranger le fils de ses anciens rois ; que ce serait risquer de donner un point sacré de ralliement aux ennemis de la République; que ce résultat serait même inévitable; qu'il entraînerait l'Espagne malgré elle, et qu'ainsi la paix faite en ces termes ne ferait que rallumer la guerre!

M. d'Yriarte ne veut rien écouter : ce sont des intérêts de famille et des motifs d'honneur qui obligent la cour de Madrid à demander la remise des enfans de Louis XVI. « Non-seulement l'Es-
» pagne, mais encore le roi de Sardaigne, ajou-
» te-t-il, ne pourrait jamais consentir à un arran-
» gement avec la France, avant d'avoir obtenu
» à cet égard une satisfaction fondée sur les
» sentimens les plus forts de la nature. »

Le plénipotentiaire de la République se voit donc vivement pressé. Il est vrai que ses instructions l'autorisent à promettre, s'il le faut absolument, que la remise du jeune prince et de sa sœur aura lieu à la paix générale. Mais cette concession peut être interprétée d'une manière si délicate à Paris, qu'avant de l'accorder, le citoyen Barthélemy croit devoir en référer au Comité, sous prétexte de savoir quel serait dans ce cas l'apanage ou la pension dont la République prendrait l'engagement; sa lettre est du 7 prairial. La réserve qui l'a dictée était d'une grande prévoyance! En effet, le Comité craint déjà de s'être trop avancé dans ses instructions, et il revient sur la latitude qu'il avait donnée à son plénipo-

tentiaire. « Relativement à de pareils intérêts,
» écrit-on à Barthélemy le 12 prairial, il est
» extraordinairement difficile de réunir les opi-
» nions, même parmi les républicains les plus
» unanimes sur tout le reste.... Il faut donc en
» parler le moins possible, si l'on veut avancer la
» négociation.... »

Le comité cherche en vain à esquiver la difficulté; cette affaire n'est plus de celles dont on peut éviter de parler. M. d'Yriarte la remet tous les jours sur le tapis, et c'est chaque fois dans les termes les plus pressans.

« Le désir de voir les prisonniers du Temple
» libres à Madrid, je ne crains pas de l'avouer,
» dit-il, nous porte plus qu'aucune autre consi-
» dération à rechercher la paix. C'est de notre
» part un devoir, une religion, un culte, un fa-
» natisme si vous le voulez!... Nous placerait-on
» entre les enfans de Louis XVI et l'offre de quel-
» ques départemens voisins de notre frontière,
» nous demanderions les enfans de Louis XVI!
» Ainsi, attendez-vous à nous entendre parler tou-
» jours des prisonniers du Temple, et, pour cela,
» nous n'en sommes pas moins de bonne foi dans le
» désir d'avancer la négociation. Mes instructions
» parlent d'apanages, de pensions; mais ce n'est
» pas là la véritable question. Nous recevrons les
» prisonniers sans conditions, si l'on veut. Au

» surplus, nous ne pouvons pas croire que le peu-
» ple français livre ces enfans *nus* à l'Espagne;
» il connaît trop bien l'honneur. Enfin, ce n'est
» pas dans les détails de la paix générale, c'est
» immédiatement après l'échange des ratifica-
» tions de notre paix particulière que nous vous
» les redemandons. »

Ici, M. d'Yriarte se faisait des argumens de ce qui avait été dit quelque temps auparavant à la tribune même de la Convention; il citait avec soin toutes les opinions des membres qui avaient voté, soit par un motif, soit par un autre, pour qu'on renvoyât ces enfans du territoire français, pour qu'on les renvoyât à l'instant même. « Au
» surplus, continuait-il, je ne sais pas ce que mon
» ministre m'écrira sur ce que je vais vous dire.
» Mais il me semble que, pour rassurer la France,
» on pourrait insérer au traité une convention
» publique ou secrète, conçue dans les termes les
» plus forts, par laquelle l'Espagne s'engagerait
» à ne pas laisser les enfans de Louis XVI sortir
» de son territoire, et à ne jamais permettre
» qu'ils pussent devenir un centre inquiétant
» pour le gouvernement français. »

La négociation ayant pris cette tournure vive et précise, il était difficile que le Comité différât plus long-temps de s'arrêter à un parti. Mais un événement aussi grave qu'imprévu survient comme à point nommé, et le tire d'embarras.

Dans la séance du 21 prairial, Sevestre monte à la tribune de la Convention nationale. Il annonce avec le plus grand sang-froid, au nom du comité de Sûreté Générale, dont il est membre, que depuis quelque temps le fils du dernier roi était incommodé d'une enflure au genou droit et au poignet gauche; que le 15 floréal, les douleurs ayant augmenté, et la fièvre étant survenue, le malade avait perdu l'appétit, que depuis ce moment, son état s'était aggravé de plus en plus, que sur ces entrefaites, le célèbre Dussaux, médecin du Temple, étant mort, Pelletan, non moins célèbre, l'avait remplacé, et qu'on lui avait donné pour adjoint le docteur Dumangin, premier médecin de l'hospice de la Santé; que par les bulletins de la veille, datés du 20, onze heures du matin, les médecins annonçaient des symptômes inquiétans pour la vie du malade, et que le même jour, à deux heures un quart, on avait reçu la nouvelle de sa mort [1].

Le 21, avant midi, les docteurs Pelletan, Du-

---

[1] Louis-Charles de France, en naissant duc de Normandie, puis Dauphin; captif dans la tour du Temple après les événemens du 10 août 1792; roi, sous le titre de Louis XVII, le 21 janvier 1793; mort à la tour du Temple, le 8 juin 1795.

mangin, Jeanroy et Lassus se réunissent dans la tour du Temple pour procéder à l'ouverture du corps : leur examen a pour résultat que *la mort doit être attribuée à l'effet d'un vice scrofuleux existant dès long-temps*, et ils consignent cette opinion dans un procès-verbal qu'ils remettent à l'autorité [1].

Le lendemain 22, le commissaire de police de la section du Temple, et deux commissaires civils, faisant les fonctions d'officiers municipaux, président à l'enlèvement du corps, et le font transporter au cimetière Sainte-Marguerite, faubourg Saint-Antoine, où il est inhumé !...

Dans ce premier moment, toutes les convenances semblaient exiger que le gouvernement français fît partir pour Bâle une communication expresse, officielle et complète, qui pût être transmise à la cour d'Espagne. Mais on craindrait d'avoir l'air d'attacher de l'importance à cette mort ; on veut être fier ; l'exagération républicaine va trahir, par son impertinence même, l'effort qu'elle se fait dans cette triste circonstance. On n'a jamais parlé dans la correspondance de Bâle, de la maladie du jeune prince. Le fatal dénoûment n'est pas

---

[1] Ce procès-verbal est aux Pièces historiques, ainsi que le rapport de Sevestre à la Convention.

même le sujet d'une dépêche! Le jour qu'on en donnait connaissance au public, le 21 prairial, le Comité expédiait un courrier à l'ambassadeur de la République à Bâle, pour lui envoyer les ratifications de la dernière convention avec la Prusse. On se contente d'ajouter quelques lignes au bas de la dépêche. Les termes en seront curieux sans doute pour l'histoire. Il faut donc rapporter mot à mot cet étrange post-scriptum ; il est ainsi conçu :

« On a annoncé ce matin à la Convention natio-
» nale la nouvelle de la mort du fils de Capet, qui
» a été entendue avec indifférence, et de la capitu-
» lation de Luxembourg, qui a été reçue avec
» les plus vifs transports! »

Au surplus, cet incident par lequel la politique du Comité se croit mise à l'aise, menace de faire naître de nouvelles difficultés.

La tour du Temple ne renferme plus que l'intéressante fille de Louis XVI. Cette princesse est la petite-fille de Marie-Thérèse : comment le seul ministre étranger qui représente en ce moment à Paris un prince de la maison d'Autriche, ne risquerait-il pas une démarche en faveur de l'auguste prisonnière ? Le 6 messidor, M. le comte Carletti, tout en déclarant qu'il agit de lui-même et sans pouvoir de sa Cour, demande confidentiellement, dans une note qu'il adresse au Comité, « Si le gouvernement républicain ne serait pas

» bien aise que la Toscane lui demandât la liberté
» de la fille de Louis XVI, et le débarrassât de ce
» dépôt difficile. »

Trois jours se passent, et M. Carletti ne reçoit pas de réponse. Il craint que la déclaration insérée dans sa note et portant qu'il agissait en son privé nom et sans pouvoirs n'ait dépouillé cette démarche du caractère ministériel. Il s'empresse de remettre une seconde note pour dire : « que
» s'il n'agit pas en vertu d'ordres exprès, il agit
» néanmoins comme ministre de son Altesse
» Royale le Grand-Duc de Toscane, comme re-
» présentant à Paris un souverain proche parent
» de la jeune princesse. »

Le Comité se voit donc forcé de répondre; mais il a des projets qui ne s'accordent guère avec ceux de l'envoyé toscan, et il se borne à lui faire savoir « que la République s'étant fait la loi de ne s'im-
» miscer en rien dans les affaires intérieures des
» *neutres*, elle compte à cet égard sur la récipro-
» cité des puissances. »

Les projets du Comité ne sont pas de nature à rester secrets; mais c'est à la Convention elle-même qu'il juge convenable de les faire connaître, et Treilhard monte à la tribune.

« Le moment est venu, dit-il, de fixer vos re-
» gards sur la fille du dernier roi des Français
» et sur les autres membres de cette famille!

» La sûreté de l'état a prescrit leur réclusion,
» et vous n'avez pas dû permettre aux gouverne-
» mens étrangers d'intervenir dans cette mesure
» qui tenait au régime intérieur de la République;
» mais aujourd'hui vous êtes trop forts pour que
» cette rigueur soit encore indispensable; et nous
» venons vous proposer de faire servir un acte
» d'humanité à la réparation d'une grande viola-
» tion du droit des gens.... La plus noire trahi-
» son a livré à l'Autriche des représentans [1] et des
» ministres de la République [2]. Cette même
» puissance a fait enlever sur territoire neutre des
» ambassadeurs de la République [3]. Nous offrons
» de remettre la fille de Louis XVI en échange des
» captifs de l'Autriche. C'est au prince qui règne à
» Vienne, à décider s'il lui convient de sacrifier
» les liens du sang et les sentimens de famille au
» désir de prolonger une vengeance odieuse et
» inutile! »

La Convention approuve cette proposition.

C'est donc à l'Autriche qu'on va remettre ce qui reste en France de la famille de l'infortuné Louis XVI. Mais comment concilier cette déter-

---

[1] Les représentans Camus, Quinette, Bancal, Lamarque et Drouet.
[2] Le ministre de la guerre Beurnonville.
[3] Les ambassadeurs Sémonville et Maret.

mination avec les prétentions que l'Espagne a déjà mises en avant? Les instructions de M. d'Yriarte reposent, pour condition principale, sur la remise des prisonniers du Temple. Cet expectative étant détruite, ne doit-on pas s'attendre à voir le négociateur espagnol déclarer qu'il se trouve dans la nécessité de demander à sa cour un supplément d'instructions? C'est ce qui arrive en effet; mais ces réserves dilatoires déplaisent à Paris. On s'étonne, on s'impatiente d'avoir encore à recommencer; le mécontentement retombe sur l'ambassadeur. La correspondance du Comité a repris la teinte de ses anciennes méfiances; le crédit réel de M. d'Yriarte à Madrid est même devenu l'objet d'un doute amer. Dans ce mouvement d'humeur, on n'est que trop disposé à accueillir ce qui pourrait changer de main la négociation et la déplacer. L'occasion s'en présente.

CHAPITRE VIII.

TROISIÈME NÉGOCIATEUR ESPAGNOL. — DOUBLE NÉGOCIATION.

Nous avons vu presque en même temps M. d'Ocaritz correspondre par Figuières avec le citoyen Bourgoing, et M. d'Yriarte s'établir à Bâle, auprès du citoyen Barthélemy. Un troisième négociateur se montre du côté des Pyrénées.

Le 21 prairial, le marquis d'Iranda est arrivé à Ernany, bourg espagnol que l'armée française occupe. Il est muni de passe-ports, et recommandé par le ministre, duc de la Alcudia, au général en chef des troupes républicaines. Son voyage a pour prétexte de se conformer au décret de la Convention qui rappelle les propriétaires absens. Il n'en a pas moins paru suspect; il y a plus de quarante années que M. d'Iranda a quitté le Guipuscoa; les biens qu'il y possède sont de peu de valeur, en comparaison de l'immense fortune dont il jouit à Madrid. Comment donc croire que le désir de rentrer dans un mince revenu ait pu déterminer un vieillard septuagénaire à faire ce trajet de cent cinquante lieues pour revenir dans un pays d'où le tumulte des armes doit au contraire l'éloigner plus que jamais? Aussi, les représentans Chaudron-Rousseau et Meilhan, qui se trouvent en mission de ce côté, ont-ils jugé nécessaire que M. d'Iranda vînt à Bayonne pour que sa conduite et ses relations pussent être mieux surveillées; mais le voyageur espagnol s'est fait connaître au représentant Meilhan. Ce représentant est un habitant de la frontière des Pyrénées. Une partie de sa famille est en Espagne. D'anciennes relations l'ont recommandé à Madrid. Un Espagnol peut s'adresser à lui avec plus de confiance qu'à tout autre. M. d'Iranda n'a donc pas manqué de le prévenir par un tiers, *qu'il vient pour la paix*, et que c'est avec lui Meilhan, avec lui seul qu'il veut traiter.

Aussitôt le représentant est accouru. Il a rencontré M. d'Iranda en visite, au quartier-général d'Urtubie, chez le commandant en chef, Moncey.

Après les premiers mots d'usage où le désir de la paix s'est exprimé réciproquement d'une manière assez vive, M. d'Iranda a engagé le représentant *à se procurer des pleins-pouvoirs, se faisant fort d'en obtenir de semblables de son côté*, et dès cette conversation, il n'a pas fait difficulté d'entrer en matière. On a parlé des prisonniers du Temple, des émigrés, des prêtres; l'Espagne a beau changer d'interprète, son langage est toujours le même, et M. d'Iranda a déclaré, comme M. d'Yriarte, que *le roi d'Espagne ne voulait pas abandonner les malheureux.* Il a eu soin de glisser dans le reste du discours que le Cabinet de Madrid ne consentirait à aucun démembrement de territoire ; il a répété à plusieurs reprises qu'à cela près, il ne serait pas difficultueux, et que, si la Convention veut traiter avec sincérité, la paix peut être conclue en vingt-quatre heures. Il a fini par exiger le secret, témoignant la crainte d'être croisé à Madrid par les intrigues de l'Autriche et de l'Angleterre. On s'est quitté en convenant qu'il fallait attendre la réponse du comité de Salut Public, et que, dans l'intervalle, le séjour de M. d'Iranda continuerait d'avoir pour prétexte les motifs d'affaires particulières qui avaient déjà couvert son arrivée.

C'est le 30 prairial que le comité de Salut Public reçoit la dépêche par laquelle Meilhan lui rend compte de cette nouvelle ouverture de l'Espagne. On se voit avec un secret plaisir maître de reporter la négociation dans la ligne directe de Paris à Madrid, comme on l'a toujours désiré, et l'on reprend les dispositions déjà plusieurs fois commencées pour établir un plénipotentiaire au pied des Pyrénées. Maintenant ce n'est plus Roquesante, ce n'est même plus Bourgoing qu'il s'agit d'envoyer à Bayonne. Dans ce mobile Comité, la politique seule reste *fixe*; mais la confiance personnelle n'a guère plus d'un trimestre de durée, comme le pouvoir des membres qui l'accordent. C'est aujourd'hui l'ex-ministre *Servan* qu'on désigne pour plénipotentiaire.

La fluctuation qui résulte de ces nouveaux arrangemens a laissé inactive la première quinzaine de messidor. Sur ces entrefaites, la correspondance de Madrid a commencé à percer jusqu'à Bâle. M. d'Yriarte n'a pas encore réponse au premier courrier qu'il a expédié par la Suisse, Gênes et la mer. Mais le second qui, parti dix jours après, a suivi la route directe, par la France, vient de revenir. On approuve à Madrid tout ce que M. d'Yriarte a dit et fait depuis son arrivée à Bâle. On lui transmet un supplément d'instructions; enfin on lui parle de la mission d'Iranda, en lui donnant quelques explications à cet égard.

Lorsque le courrier de Bâle est entré à Madrid, on y désespérait de savoir ce que M. d'Yriarte était devenu. Ne sachant que penser de tant de retards, on considérait cette tentative comme manquée, et pour ne pas perdre le temps davantage, après avoir essayé de nouveau la voie de la correspondance par M. d'Ocaritz, on venait de se décider à faire partir M. d'Iranda pour

Bayonne. On n'est pas à la vérité sans quelques regrets à Madrid d'avoir par trop de précipitation élevé ce double et triple conflit dans la négociation : mais enfin, le mal étant fait, on ne veut pas risquer de l'augmenter en se pressant trop de le réparer. On laisse les deux plénipotentiaires tendre une main amicale des deux points opposés. Le comité de Salut Public choisira. Il résulte de ce nouvel état de choses que M. d'Yriarte, avant de s'ouvrir sur le supplément d'instructions qu'il a reçu, se considère comme obligé d'attendre ce qu'on aura décidé à Paris, entre Bâle et Bayonne. Le citoyen Barthélemy lui-même, qui rend compte des motifs de cette suspension, se trouve dans une position qui n'est ni désintéressée ni exempte de difficultés. Aussi se renferme-t-il dans une grande réserve; mais cependant il croit devoir rapporter en toutes lettres le passage suivant qu'il extrait de la dernière dépêche de Madrid : « Si le Comité préfère » Bâle, écrit M. de la Alcudia à M. d'Yriarte, » *ce qui est probable*, vous ne manquerez pas » de nous en faire part à Madrid par un courrier » extraordinaire, afin qu'on puisse ordonner à » *M. d'Iranda* de s'arrêter dans ses démarches. » — C'est, ajoute le citoyen Barthélemy, M. d'Y- » riarte qui, dans l'intérêt de sa propre délica- » tesse et de la mienne, a voulu que je lusse

» sur l'original le passage que je viens de tran-
» scrire. »

Voilà donc encore une fois le comité de Salut Public dans la nécessité de faire un choix entre les négociateurs que l'Espagne lui présente. Mais comment deviner celui des deux avec lequel on pourra conclure le plus vite? Avec d'Iranda? il a reçu tout récemment ses pleins-pouvoirs; mais il n'y a encore rien de commencé! Avec d'Yriarte? les conférences sont entamées; plusieurs points litigieux sont déjà conciliés. Mais il n'a pas ses pleins-pouvoirs, et ses courriers mettent dix jours de plus pour aller à Madrid.

Tout balancé, le Comité se décide pour un parti mitoyen. On est bien aise de ne pas rompre avec Barthélemy; mais on tient toujours à se ménager une négociation ouverte du côté des Pyrénées. Le Comité ne donne donc pas de préférence à un négociateur sur l'autre. Il poursuivra la négociation à Bâle et à Bayonne.

CHAPITRE IX.

PAIX DE L'ESPAGNE.

(4 thermidor an III. Fin de juillet 1795.)

Le comité de Salut Public a dit au négociateur qu'il envoie aux Pyrénées : « Vous êtes sur le » chemin direct de Paris à Madrid, vous devez » avoir au moins l'avantage de la célérité. » En même temps, il a écrit à Bâle « qu'il espère bien » que ceux qui ont commencé le traité, ne per- » dront pas l'avance qu'ils ont prise et le fini- » ront! » Ainsi le concours est ouvert.

Les diplomates de Bâle n'attendaient que le signal ; ils sont prêts ; les six semaines qui viennent de s'écouler ont servi à préparer le matériel du traité, de façon qu'il n'y a plus qu'à le passer au creuset définitif de la rédaction. Le 23 messidor, on était encore à expédier à Paris les instructions de Servan pour Bayonne, que déjà, à Bâle, on mettait la dernière main à la tâche. Le retard des pleins-pouvoirs de M. d'Yriarte pouvait seul éloigner la conclusion. Mais le 1er. thermidor, un courrier de Madrid les apporte enfin. Après que les plénipotentiaires ont procédé à l'échange de leur titre respectif, le citoyen Barthélemy présente un projet de rédaction dans lequel il a essayé de fondre les deux traités contradictoires.

Les articles qui ont pour objet le rétablissement de la paix et de l'amitié; la cession des hostilités aussitôt après l'échange des ratifications; l'interdiction de tout passage à une troupe ennemie de l'autre puissance; la restitution des prisonniers; la réduction des garnisons de la frontière au nombre qui existait avant la guerre; la main-levée des séquestres; le rétablissement des relations commerciales; enfin tous les articles qui sont pour ainsi dire de protocole ne doivent pas nous arrêter plus qu'ils n'arrêtent maintenant les plénipotentiaires; ne nous occupons que des points qui font difficulté, et sachons en quels termes on se trouve à cet égard.

§ Ier. *La remise de Madame, fille de Louis XVI.*

Le citoyen Barthélemy déclare que le comité de Salut Public vient d'ouvrir une négociation pour l'échange de cette princesse contre les représentans et les ambassadeurs français que l'Autriche retient en captivité dans ses forteresses.

M. d'Yriarte n'en persiste pas moins à maintenir l'article au traité, en subordonnant toutefois cette stipulation au succès du cartel d'échange proposé à l'Autriche. On convient d'insérer cet arrangement dans la partie secrète du traité.

A la suite de cet article, le contre-projet de l'Espagne en contient quatre autres que le citoyen Barthélemy n'a cessé de déclarer inadmissibles, comme un empiètement sur le régime intérieur de la République.

L'un doit assurer une pension aux princes français; le second porte que la religion catholique sera rétablie *dominante* en France. Le troisième accorde aux prêtres émigrés la permission de revenir à leurs autels. Le quatrième est en faveur des émigrés; la rédaction espagnole les rappelle et les réintègre dans leurs biens.

Sur l'assurance réitérée que ces articles feraient échouer le traité à Paris, M. d'Yriarte se décide enfin à les retirer.

§ II. *Restitution du territoire conquis.*

Le plénipotentiaire français ne parle plus de retenir la vallée d'Aran, ni le Guipuscoa. Mais il a pour instructions d'insérer au traité un article qui assure protection et sûreté aux habitans espagnols dont les biens et la liberté peuvent être compromis par l'attachement qu'ils ont montré à la cause française. M. d'Yriarte se refuse *net* à toute stipulation et réserve de ce genre. « Ce serait, dit-il » à son tour, une intervention de la France dans » le régime intérieur de l'Espagne. »

Cette question incidente du Guipuscoa et de ses habitans, si elle eût été agitée au pied des Pyrénées et sous les yeux des représentans qui ont eux-mêmes excité le zèle de la province à se déclarer pour la République, aurait eu des délicatesses dans lesquelles tout le reste de la négociation se serait peut-être embarrassé. Mais, à Bâle, il n'en est pas de même. L'affaire n'a presque pas de gravité dans les mains d'un homme aussi étranger que l'est Barthélemy aux complicités révolutionnaires. M. d'Yriarte a bien su le désarmer en ajoutant *qu'au surplus, le ministère espagnol était trop sage pour se souvenir du passé.*

Les Guipuscoans et les émigrés seront donc confondus dans un même sacrifice.

§ III. *La vieille affaire des limites des Pyrénées.*

Les anciennes limites présentaient plusieurs points en litige : le moyen d'arriver à un juste arbitrage était de prendre pour base invariable la loi des *versans*. Mais ce principe rigoureusement appliqué peut faire perdre la Cerdagne française à la République. Après divers essais de rédaction, le plénipotentiaire du Comité se décide à consentir celle du projet, avec l'arrière-pensée que le même principe peut nous donner pour compensation la vallée d'Aran.

§ IV. *Les stipulations en faveur des alliés.*

L'Espagne se propose de jouer dans le Midi le rôle que la Prusse s'est ménagé dans le Nord. Mais cette ambition ne repose que sur de faibles liens de famille, tandis que l'autre a pour base la communauté des intérêts. Aussi le comité de Salut Public ne prend-il guère au sérieux la vanité de l'Espagne. Il n'admet pas cependant les termes dans lesquels elle voudrait se produire. La République française vient de stipuler que le présent traité de paix sera commun à la république des Provinces-Unies. Le plénipotentiaire espagnol en conclut que la même rédaction doit être employée pour introduire au traité les princes d'Italie, alliés au roi d'Espagne; mais la parité n'est pas admise. L'article des alliés du roi d'Espagne sera calqué sur celui qui se trouve au traité de la Prusse. En conséquence, on convient seulement que la République accepte la médiation de l'Espagne, en faveur du Portugal, du roi de Naples et de l'infant de Parme...

On accueille en outre, et par un article exprès, les bons offices de l'Espagne en faveur de toute autre puissance belligérante; extension vague qui ne fait que substituer de la politesse à un engagement positif.

Cependant une nouvelle difficulté s'élève. Le plénipotentiaire espagnol déclare que sa Cour attache une grande importance à ce que l'intervention, en faveur du Saint-Père, soit formellement consignée au traité. Mais comment concilier les égards dus au vif intérêt exprimé par l'Espagne et les aversions qui dominent encore le comité de Salut Public à l'égard du pape? Et même, comment concilier cette médiation de l'Espagne avec la prétention que conserve la Cour pontificale de ne pas se considérer comme étant en guerre avec la France?

Le plénipotentiaire français montre ici une grande complaisance: d'abord, à la médiation de l'Espagne pour le Portugal, Naples et Parme, on ajoute, *et autres états de l'Italie*; ensuite, par un article secret, on explique « que ces mots *et
» autres états de l'Italie* ne peuvent être ap-
» pliqués qu'au pape, s'il a besoin d'entrer en
» négociation avec la République.

On parvient donc à se mettre ainsi d'accord sur tous les points qui ont été débattus. Mais il en reste un qui est encore indécis, et qui n'est pas le moins difficile. C'est celui des concessions que la France réclame pour indemnités de la guerre.

Dès les premiers pourparlers, le Comité a demandé, comme on se le rappelle sans doute, que l'Espagne fournit à la France un certain nombre d'étalons andalous et de béliers mérinos. On n'a pas omis cet article, et même l'Espagne s'y prête de bonne grâce. Elle semble considérer cette concession plutôt comme un léger gage de l'amitié rétablie, que comme une *avanie*. C'est M. d'Yriarte lui-même qui fixe les nombres. La France aura la permission d'extraire pendant cinq ans, jusqu'à la concurrence de cinquante étalons et cent cinquante jumens andalous, mille brebis et cent béliers mérinos par chaque année. On n'y met qu'une restriction; c'est que l'article restera secret. Ainsi les premiers besoins de l'agriculture sont admis successivement à prélever une prime dans les traités du comité de Salut Public. Plus tard, les beaux-arts auront leur tour, avec les mêmes droits[1].

---

[1] Les circonstances ne permirent pas d'user de cet avantage les trois ou quatre premières années. Ce ne fut que vers la dernière des cinq années accordées, qu'on commença une extraction qui fut confiée aux soins de M. Gilbert, membre de la commission et du conseil d'agriculture; d'autres furent faites ensuite par des particuliers.

Mais la France a encore d'autres prétentions; elle a demandé la cession de la Louisiane et de *Santo-Domingo*. Voilà les points douloureux, et il faut se décider à les aborder.

On plaça la majeure partie de l'importation Gilbert à Perpignan, où elle servit pour un établissement national; elle a si bien réussi, que le troupeau de cette bergerie est un des plus beaux de France. (Gilbert est mort dans le voyage qu'il a fait en Espagne.)

Il est bien certain qu'en France les mérinos se sont perfectionnés : dans les premières années, on les vendait environ cinquante francs la pièce. En 1797, on commença à les vendre à l'encan à Rambouillet, et voici les prix moyens des mâles et femelles depuis cette année.

1797 (an V).	Béliers,	72 fr.	Brebis, 107 fr.
1798 (an VI).	—	64	— 80
1799 (an VII).	—	60	— 78
1800 (an VIII).	—	80	— 60
1801 (an IX).	—	333	— 209
1802 (an X).	—	412	— 236
1803 (an XI).	—	243	— 348
1804 (an XII).	—	369	— 259
1805 (an XIII).	—	479	— 413
1806 (an XIV).	—	394	— 272
1807.	—	444	— 305
1808.	—	605	— 286

Enfin, les ventes se sont successivement élevées, au point qu'en 1818 il y eut des béliers vendus jusqu'à deux mille trois cent quatre-vingt-dix francs; et des brebis, jusqu'à quinze cent quarante-deux francs.

M. d'Yriarte répète à plusieurs reprises que, si l'on veut consentir à la suppression de ces articles, il signera aussitôt la paix! Mais le plénipotentiaire français, si conciliant dans les détails accessoires, s'arme de rigueur dans le moment décisif. Il insiste; il n'accorde pas même la remise d'une des deux cessions; il veut et Santo-Domingo et la Louisiane; et M. d'Yriarte, qui semble poussé à bout, refuse tout..... Ceci se passait le 2 thermidor.

On laisse le plénipotentiaire espagnol se renfermer chez lui toute la journée du lendemain; il a reçu de nouvelles dépêches de sa Cour; il paraît peiné.... Le 4, Barthélemy va le trouver, et le presse de se rendre. Mais ce n'est que le soir, après un nouveau combat qui a duré une partie de la journée qu'il parvient à gagner son adversaire. M. d'Yriarte déclare brusquement qu'il consent à céder un des deux pays qu'on lui demande; il veut conserver la Louisiane, et, s'il abandonne la partie espagnole de Saint-Domingue, ce n'est qu'à condition que le traité sera signé à l'instant..... Son désir est accueilli, et la paix de l'Espagne est signée [1].

Le traité arrive à Paris en même temps que la nouvelle d'une victoire remportée par le général

---

[1] Voir le texte aux Pièces historiques.

Hoche à Quiberon, sur un débarquement anglais qui menaçait de rallumer le feu de la guerre civile en Bretagne.

La joie qu'on ressent de ce double succès est d'autant plus vive que les embarras se multipliaient à un point très-inquiétant... Mais il est des gens que les faveurs de la fortune ne font que rendre plus exigeans, et le traité de Bâle trouve des censeurs.

Dans le comité de Salut Public, l'article du pape a paru ridicule ; on remarque en général des omissions et des incorrections qui dénotent la précipitation avec laquelle il a fallu conclure. Mais la majorité n'en approuve pas moins le traité. On sait gré au citoyen Barthélemy d'avoir obtenu Santo-Domingo, au moment où Servan, son concurrent, emportait à Bayonne l'autorisation secrète de renoncer à toute clause de cette nature, si l'Espagne s'y refusait trop obstinément [1].

Dans la Convention le traité est également en

---

[1] Le Comité qui a délibéré sur le traité de l'Espagne, était composé de Cambacérès, Aubry, Tallien (absent), Vernier, Treilhard, Defermon, Rabaut-Pommier, Doulcet de Pontécoulant, Marec, Blad, Gamon, Henri Larivière, Louvet, Boissy-d'Anglas, Jean Debry, et Lesage, d'Eure-et-Loir.

butte à diverses objections. A peine Treilhard a-t-il fait lecture des articles, que Tallien, qui arrive de Quiberon, qui a le cœur encore ému de la bataille, et la tête un peu étourdie peut-être par l'ovation anniversaire de son 9 thermidor, se lève et demande qu'on ajoute au traité que *le roi d'Espagne sera tenu de rendre les vaisseaux qu'il a enlevés à Toulon de complicité avec l'Angleterre...* On veut l'interrompre; mais Goupilleau s'y oppose : « Quand dans une » Convention nationale, dit-il, on fait lecture » d'un projet de traité, c'est pour entendre tous » ceux qui ont quelque observation importante à » présenter. » — Delacroix blâme à son tour l'article *du versant des eaux.* Il craint qu'il n'en résulte la perte de quelque territoire, et, par conséquent, que ce ne soit un attentat à l'indivisibilité de la République. — Boissy-d'Anglas met fin à ces attaques en rappelant qu'un traité ne ressemble pas à un projet de décret ordinaire, dont on puisse conserver le fond, en rejetant tel ou tel article, ou en y ajoutant telle ou telle disposition il faut l'adopter ou le rejeter tel qu'il est. « Votre comité de Salut Public a fait pour le » mieux, répond-il aux censeurs; si vous ne trou- » vez pas qu'il ait réussi, ne ratifiez pas. Le Co- » mité ouvrira de nouvelles négociations. » La majorité de la Convention se range de l'avis du

Comité. La raison d'état l'emporte sur toutes les objections, et le traité est ratifié avec des acclamations unanimes.

A Madrid, le ministre et le plénipotentiaire qui ont conduit la négociation sont comblés d'honneurs. Don Manuel de Godoï, duc de la Alcudia, devient *le prince de la Paix*, et M. d'Yriarte est nommé pour représenter le roi d'Espagne auprès de la République française.

A Paris, on est moins disposé à s'occuper de récompenses. On ne songe qu'à mettre à profit cette grande transaction. Le comité de Salut Public a déjà fait deux parts des armées qui combattaient l'Espagne. Celle des Pyrénées-Occidentales est rappelée sur *Nantes* pour aider les vainqueurs de Quiberon à comprimer des haines d'opinion qui rendent toutes les pacifications illusoires. Quant à l'armée des Pyrénées-Orientales, elle a ordre de se diriger, à travers le Languedoc et la Provence, sur Nice; les généraux Augereau, Victor et Sauret conduisent ces vieilles bandes. Avec un tel renfort, on se promet de prendre l'Autriche de revers. La guerre des Alpes va finir, et celle d'Italie se prépare.... Le capitaine qui doit conduire cette expédition décisive, n'est pas encore connu!

FIN DE LA TROISIÈME PARTIE.

MANUSCRIT DE L'AN TROIS.

QUATRIÈME PARTIE.

DERNIÈRES NÉGOCIATIONS DU COMITÉ DE SALUT PUBLIC.

MANUSCRIT DE L'AN TROIS.

QUATRIÈME PARTIE.

CHAPITRE I.

SUITES DE LA PAIX DE L'ESPAGNE. — PAROLES D'ALLIANCE.

La paix de l'Espagne est un grand événement ; essayons de lire d'abord sur quelques physionomies l'effet qu'elle produit en Europe.

A Bâle, M. de Hardemberg a répondu par un accueil plein de franchise à la communication du ministre de France. Il n'en a pas été de même de M. Degelman, envoyé de l'empereur : c'était M. d'Yriarte qui s'était chargé de la confidence ; elle a été écoutée avec un grand flegme, et sans qu'on l'interrompît ou qu'on répliquât par un seul mot.

En Suisse et sur les bords du Rhin, tous ceux qui font profession d'attachement à la cause des royalistes français, exhalent un grand mécontentement contre la cour de Madrid.

En Italie, où les Bourbons d'Espagne règnent sur plusieurs trônes, le parti que cette branche de la famille vient de prendre, excite également une vive émotion; mais ce dont on s'occupe avant tout, c'est l'accroissement que les armées françaises d'Italie vont tirer des Pyrénées.

A Gênes, le ministre anglais *Drake* et le général autrichien *Dewins*, dans le premier mouvement de leur humeur, déclarent au gouvernement génois que tout vaisseau neutre chargé pour l'Espagne, sera saisi et jugé de bonne prise.

Lord Bute, ambassadeur de Londres à Madrid, demande d'un ton sec à M. de la Alcudia, si l'Espagne a cédé aussi à la France la partie de Saint-Domingue *qui est occupée par les Anglais*. Le ministre espagnol se contente de répondre à cette ironie par des reproches sur la conduite de l'Angleterre envers l'Espagne, jusque dans cette autre partie du monde.

Heureusement la cour de Madrid a pris si bien ses mesures, que son escadre de la Méditerranée s'est détachée à temps de l'escadre anglaise. L'amiral anglais, qui est à Minorque, lui adressait en vain appel sur appel; on a éludé d'y satisfaire, et la flotte espagnole est restée en sûreté dans ses ports.

En général, tous les hommes éclairés de l'Espagne voient un dénoûment heureux dans la conclusion de la paix; on était dégoûté, épuisé; on ne savait plus comment payer l'armée; il était dû deux mois de solde, même aux gardes du corps; les soldats commençaient à se débander et menaçaient de ravager le pays. On ne pouvait plus penser à défendre la Catalogne, et du côté de la Biscaye tout était perdu. Le 18 messidor (6 juillet), Moncey était à Vittoria, à Mont-Dragon; il avait pénétré jusqu'aux défilés de Pancorbo. La paix l'a arrêté marchant sur Burgos et Madrid.

Aussi les ratifications du roi d'Espagne ne se font-elles pas attendre. On les reçoit à Paris le 29 thermidor (16 août); le cabinet de Madrid, dans l'impatience de voir arriver les nôtres, a envoyé des relais de chevaux, cinquante lieues en deçà des Pyrénées, afin de rendre plus rapide le courrier qui sera porteur de cette dépêche.

Les censeurs de Paris continuent leurs objections et les développent : On trouve qu'on s'est trop pressé; qu'on n'a pas tiré parti de nos avantages; que les derniers surtout nous permettaient d'être plus exigeans; qu'on n'aurait pas dû abandonner les habitans du Guipuscoa; qu'on pouvait mieux ménager nos intérêts commerciaux; qu'on a manqué à un devoir rigoureux en ne stipulant pas d'une manière plus ferme des indemnités au profit des Français qui avaient été expulsés d'Espagne; enfin, que méconnaissant nos succès, les dangers de nos amis, les espérances de nos armées, et les droits de nos commerçans, on a trop sacrifié à *un appétit de paix déréglé!*...

Viennent ensuite les observations de détail : l'article 6, dit-on, contient une omission importante, en ne fixant pas le terme des hostilités hors d'Europe. Ordinairement on accorde un mois pour les mers d'Europe situées entre les mers du Nord et les îles Canaries; deux mois depuis les Canaries jusqu'à l'Équateur, et cinq mois pour les autres parties du monde. On craint que cette omission ne donne lieu à beaucoup de difficultés.

L'article relatif à l'artillerie que nous devons laisser dans les places espagnoles, en nous retirant, est attaqué comme présentant une rédaction vicieuse; nous n'avons voulu nous engager qu'à remettre ces places avec l'artillerie espagnole qui les garnissait quand nous y sommes entrés; on semble craindre d'être astreint à y laisser aussi l'artillerie et les munitions que nous y aurions apportées.

On trouve même à redire à la cession obtenue

de Santo-Domingo; nous avons déjà plus de terres à cultiver dans les Antilles que de bras à y employer. Voilà, dit-on, un nouvel accroissement de territoire dont nous n'avions aucun besoin.... Il va falloir le conquérir, le peupler, et il nous restera ensuite à savoir comment nous pourrons la mettre en valeur et le conserver !

Cependant les deux gouvernemens ne tardent pas à répondre par leur bon accord à toutes ces argumentations.

Nous n'avons pas à redouter qu'on interprète la lettre des articles contre l'esprit qui les a dictés, et quant à l'artillerie des places, M. d'Yriarte offre de signer toutes les explications qui seront désirées. La remise de la partie espagnole de Saint-Domingue peut présenter des difficultés; il va lui-même au-devant de tout ce qui doit en éviter jusqu'à l'apparence. Il propose d'envoyer un agent qui sera le précurseur des nôtres, et aura la mission expresse de préparer les esprits. On convient que le gouvernement espagnol conservera encore quelque temps dans cette colonie ses garnisons, ses vaisseaux et l'exercice de la police, et qu'il prêtera ainsi l'appui de ses forces et de ses habitudes à l'agent français qui va se rendre à Santo-Domingo. Cet agent passera par Madrid et fera la traversée sur un vaisseau espagnol.

Les deux cabinets achèvent de réduire les censeurs au silence en développant une politique d'un ordre plus relevé que celle qu'on leur oppose; il y a toujours dans un traité de paix quelque chose de plus à considérer que les conditions qu'on y met, ne serait-ce que la paix en elle-même, tous les maux qu'elle fait cesser et toutes les bonnes relations qui en découlent! ici, les principaux avantages de la République sont dans cette partie sous-entendue que nos hommes d'état ont su comprendre.

D'abord, c'est la reconnaissance de la République par une branche de la maison de Bourbon; ce qui, pour calmer les dissensions intérieures et soumettre la Vendée, doit être plus efficace encore que les forces militaires que le traité permet de rappeler des Pyrénées; ensuite, c'est une large brèche ouverte dans le bastion de la coalition. La guerre, qu'on a prétendu si long-temps être la guerre des peuples contre les rois, n'était réellement que la guerre des rois contre la révolution française; mais par les traités de la Toscane, de la Prusse et de l'Espagne, elle vient de perdre ce caractère; il n'en reste plus qu'une guerre ordinaire de l'Angleterre et de l'Autriche contre la France.

Un troisième avantage est particulier à la circonstance. Il ne faut pas oublier que la France est toujours sous le fléau de la famine, et que de toutes les responsabilités du comité de Salut Public, c'est celle qui parle le plus haut, le plus souvent, et qui menace le plus sa popularité. Aussi compte-t-il avec une grande satisfaction tous les navires et tous les ports que la paix de l'Espagne rend à nos approvisionnemens dans la Méditerranée.

Enfin, et c'est le dernier point de vue sur lequel le traité de Bâle est si méritoire aux yeux de nos hommes d'état, la paix de l'Espagne nous ouvre un vaste champ pour les alliances.

Déjà des deux côtés, on s'accorde à ne la considérer que comme le préliminaire d'un traité plus intime. M. d'Yriarte, en signant, a fait entendre assez clairement qu'il était autorisé à resserrer la paix par des liens défensifs et même offensifs. A son tour, le Comité, en accusant réception du traité, a pressé son plénipotentiaire d'entamer la négociation d'une alliance; le cabinet de Madrid, lui-même, dans sa notification à la Prusse, n'a pas dissimulé les conséquences qu'il se promettait de son changement de politique: garantie des possessions réciproque; égalité dans les prestations de secours de terre et de mer; mêmes amis, mêmes ennemis, telles sont les bases qui paraissent se poser toutes seules entre la République française et l'Espagne.

Cette grande affaire se poursuit à Bâle; elle est à peine commencée que le nouveau prince de la

Paix va au-devant des résultats; par son ordre, M. d'Yriarte déclare les vœux de son cabinet : « La France et l'Espagne ont le même intérêt, » dit-il, à délivrer la Méditerranée de la prépon- » dérance de l'Angleterre. La France et l'Espagne » ont le même intérêt à délivrer la péninsule » italique de la prépondérance autrichienne. Il » faut donc mettre nos flottes ensemble contre » l'Angleterre; il faut que, sous notre double in- » fluence, les princes d'Italie se forment en con- » fédération contre l'Autriche ! »

On pense bien que le comité de Salut Public applaudit vivement à ce brillant projet; il n'en veut pas faire mystère; c'est encore un avantage que de lui donner de la publicité, et Boissy-d'Anglas en parle en ces termes à la tribune de la Convention nationale : « L'Espagne, sacrifiant ses res- » sentimens de famille, n'hésite pas à déclarer » que nos intérêts communs contre l'Angleterre » nous commandent de nous rapprocher ; elle ne » déguise plus ses desseins sous ces voiles inuti- » les que tout le monde perce, et dont une diplo- » matie vulgaire veut se couvrir en vain ; elle » offre aussi sa médiation pour les princes d'I- » talie. »

Barthélemy est chargé de presser M. d'Yriarte d'achever cette ouverture. Déjà on en attend la suite avec l'impatience d'un allié.

Cependant on désirerait obtenir aussi un traité de commerce ; le pacte de famille est *un précédent* dont on croit pouvoir s'autoriser pour amalgamer dans le même acte les stipulations de l'alliance et celles du commerce. On ne voit d'abord dans la réunion de ces deux contrats que l'avantage de les emporter promptement et d'un seul coup l'un par l'autre ; mais on ne tarde pas à s'apercevoir qu'on a embarrassé la négociation principale qui était simple par un accessoire qui est très-compliqué... Les gens du métier s'en sont mêlés ; une fois introduits, les gens du métier vont s'en rendre les maîtres et tout embrouiller !

Pour atteindre enfin le terme de ce rapprochement avec l'Espagne, si désiré des deux côtés, et pourtant si souvent interrompu, nous avons été forcés de laisser en arrière des relations secondaires avec diverses puissances. Venise, Gênes, la Suède, le Danemarck, les Etats-Unis d'Amérique et la Porte Ottomane nous offrent des omissions à réparer. Les succès qui ont désarmé des ennemis, n'auront pas manqué de rapprocher les neutres, et l'état douteux dans lequel les gouvernemens les plus timides sont restés pendant le fort de la lutte, aura probablement perdu de sa contrainte, s'il n'est redevenu tout-à-fait amical. Hâtons-nous de recueillir les détails qui peuvent nous avoir échappé. Le moment approche où les représentans conventionnels se proposent de se retirer derrière un nouveau gouvernement; nous voudrions ne rien négliger de ce qui est de nature à donner une idée plus complète de l'état dans lequel ils vont laisser les affaires à leurs successeurs.

CHAPITRE II.

LES NEUTRES.

La République française n'est plus réduite à tenir quelques plénipotentiaires sur la frontière. Ses légations se répandent au dehors. Des résidens, des chargés d'affaires, des ministres plénipotentiaires, des ambassadeurs même occupent déjà tous les postes accessibles.

Indépendamment de la grande légation de Bâle, où se trouvent Barthélemy et les secrétaires Bacher et Marandet, la République a deux résidens en Suisse, qui sont Félix Desportes, à Genève, et Heflinger dans le Valais.

En Italie, la République entretient à Venise Lallemand comme envoyé, et à Gênes Villars comme consul.

Miot et le secrétaire de la légation Willot-Fréville composent la mission de Florence.

Dans le Nord, Lagau tient le consulat de Hambourg, Grouvelle est depuis long-temps ambassadeur à Copenhague, et Rivalz, ministre plénipotentiaire à Stockholm.

Descorches-Sainte-Croix a résidé à Constantinople comme chargé d'affaires de la République. Verninac, qui vient de le remplacer, déploie en Orient le caractère d'ambassadeur.

Adet traverse l'Atlantique pour aller relever Fauchet dans le poste de ministre aux États-Unis, et Noël part accrédité près de la nouvelle République de Hollande.

En échange de ces relations, un corps diplomatique se reforme à Paris. Des envoyés des États-Unis, de Genève, de Venise et de Hambourg n'ont pas cessé d'y résider. Nous avons vu arriver le ministre de Toscane et celui de Hollande. La Convention a reçu depuis un ambassadeur de Suède.

« La Suède et le Danemarck ne se sont jamais
» départis d'une sage et respectable neutralité à
» l'égard de la République[1]. » Aussi la politique républicaine a-t-elle été constamment affectueuse et même confiante à l'égard de ces deux Cabinets. L'ambassadeur de Suède ne pouvait manquer d'être bien accueilli, et le baron de Staël-Holstein, chargé de cette mission, se recommandait

---

[1] Boissy-d'Anglas, rapport du 6 fructidor

en outre par des titres qui lui étaient personnels. Paris revoyait en lui l'ancien ambassadeur de Suède auprès de Louis XVI, le gendre de M. Necker, et le mari de madame de Staël.

A propos de la réception du baron de Staël, Merlin de Douai est venu proposer un nouveau cérémonial. « Vous n'avez encore reçu que des
» chargés d'affaires, des résidens, et des ministres
» plénipotentiaires; et pour eux il n'a pas été ques-
» tion d'étiquette. La fraternité seule a fait les
» frais de la politesse, et en a improvisé le proto-
» cole. Aujourd'hui vous allez recevoir un ambas-
» sadeur, et ce qui a été fait précédemment n'est
» plus suffisant. Je sais bien qu'au premier coup
» d'œil, ces distinctions paraissent minutieuses;
» mais quand on pense qu'elles expriment le de-
» gré de confiance, d'attachement et de respect
» que les nations se témoignent, il semble indis-
» pensable de s'y conformer. »

L'assemblée a fait droit à ses observations.

L'ambassadeur introduit a été conduit à un fauteuil qui l'attendait en face du président, et s'est vu admis à parler assis : « Les Suédois, a-t-il
» dit, sont les Français du Nord. » Voltaire l'avait dit avant lui, mais ce compliment n'en a pas moins eu un succès complet.

Sieyès occupait le fauteuil. L'ambassadeur est venu dans ses bras recevoir l'accolade républicaine.

Les acclamations n'ont cessé que pour entendre un discours préparé par le représentant Grégoire, *sur le droit des gens*. Ce sujet paraissait choisi pour la circonstance; on en avait d'abord ordonné l'impression, mais à cause de la circonstance même, des scrupules se sont éveillés; le fait est remarquable par sa nouveauté. On a craint de donner aux yeux de l'Europe quelque importance à des idées spéculatives qui n'étaient que l'opinion personnelle de l'orateur, et l'autorisation d'imprimer a été rapportée dès le lendemain. À peine le ministre de Suède est-il reconnu, que des négociations s'entament à Paris pour convertir la neutralité de la Suède et du Danemarck en une alliance protectrice du grand système de la *neutralité du pavillon*. La Suède ne se refuse pas à faire les armemens nécessaires; le comité de Salut Public ne se refuse pas à donner un premier subside de dix millions. Des arrangemens du plus grand intérêt se préparent [1].

---

[1] Le traité a été conclu le 28 fructidor (4 septembre 1795); mais le Directoire, succédant au comité de Salut Public, ne l'a pas ratifié. Quoique cette transaction diplomatique ait été considérée dès lors comme non avenue, c'est un document trop important pour que nous ne l'insérions pas ci-après aux Pièces historiques de cette époque.

Deux mois après la réception de M. de Staël et sous la présidence de Reveillère-Lepeaux, on a procédé à la réception d'un autre envoyé : « La » République de Venise, voulant montrer ouverte- » ment son estime et son véritable attachement » pour la République française, a remplacé le » simple *résident* qu'elle avait à Paris par un *no-* » *ble*. » Ce titre, purement diplomatique, aurait été mal sonnant pour les oreilles conventionnel- les si l'usage ne l'avait consacré; il a donc été pris en bonne part, et le *noble* Quirini a été reçu amicalement en la place du *résident* Pisani.

Entre toutes les républiques nos aînées, celle des États-Unis eût été notre sœur de prédilec- tion si elle eût voulu se reconnaître encore pour notre alliée. Mais l'Amérique est bien loin des sentimens qu'elle nous portait du temps de Louis XVI. Nos exagérations démocratiques ont fini par indisposer les hommes raisonnables qui formaient le parti français, et la balance des affections, après avoir si long-temps penché pour nous, se serait relevée peut-être en faveur de l'An- gleterre, si l'intérêt commercial n'avait pas été à Philadelphie, comme à Londres, le régulateur se- cret des affections politiques. Le pavillon neutre est le plus *lucratif*; l'Amérique a donc arboré le pavil- lon neutre, en dépit de nous et de nos ennemis! Toutefois on commence à Paris à n'être plus si mécontent de cette neutralité, depuis qu'on s'aperçoit qu'elle nous rend des services que l'alliance peut-être ne nous aurait pas offerts. Nous devons au pavillon neutre des ressources bien précieuses en subsistances : aux plaintes amères ont succédé des reproches adoucis, et le langage de l'amitié se conserve du moins dans les rapports plus froids qui se sont établis entre les deux nations. Le gouvernement des États-Unis nous a envoyé son drapeau. Depuis long-temps, il est suspendu en signe d'alliance aux voûtes de la salle. On se décide enfin à envoyer en retour le drapeau tricolore aux Américains : « Offrons-le, dit le comité de Salut » Public, comme un gage réciproque de l'estime » et de l'amité du peuple français. » C'était s'acquitter un peu tard ; Merlin de Douai en fait un ingénieux aveu : « La victoire qui nous a distraits » de l'envoi de notre drapeau, dit-il, semble l'a- » voir fait exprès pour l'orner de nouveaux lauriers » et le rendre ainsi tout-à-fait digne d'être échangé » contre celui de nos anciens amis ! »

La République batave, qui succède à la Hollande, est devenue, sous ce nouveau titre, la fille adoptive de la République française ; mais elle ne connaît encore que les douleurs de l'existence. Tandis que la cérémonie de l'ouverture de l'Escaut se fait avec pompe sous ses yeux, elle reporte tristement ses regards sur ses ports naguère si florissans et qui ne renferment déjà plus que des bâtimens vides et bloqués. *Ses libérateurs* l'ont rançonnée; mais la conquête lui coûte encore moins cher que l'avidité de ses ci-devant amis les Anglais. On dirait que la malheureuse Hollande a fait naufrage sur leurs côtes; ils s'en adjugent le sauvetage : vaisseaux, capitaux, débris, tout ce qui dans l'intimité d'une alliance a pu être confié en dépôt, est impitoyablement saisi; et les flottes britanniques, éployant leurs voiles comme les ailes du vautour, s'élancent sur le cap de Bonne-Espérance et sur les autres colonies bataves pour en faire leur proie.

Quant à la Porte ottomane, elle n'a guère compris de la révolution de France que les supplices et les victoires. Les hommes de la République n'ont pas eu de grandes aversions à vaincre de ce côté; car s'il est un coin de l'Europe où l'on ait pu compter sans horreur les têtes que nos malheureuses dissensions ont fait tomber, c'est sans doute à Constantinople. Dès qu'un ministre de la République s'est présenté, les relations, telles du moins qu'il est permis d'en avoir avec les Turcs, se sont rétablies sans difficultés. Le divan s'est empressé de faire à nos nouvelles habitudes toutes les concessions possibles. Notre ministre Descorches-Sainte-Croix a célébré nos victoires par une fête dont l'hymne des Marseillais était l'ouverture. Le signal en a été donné par vingt et un coups de canon, tirés à bord du seul vaisseau français qui fût dans la rade, et la fête s'est terminée par des rondes dansées autour d'un arbre de la Liberté! l'arbre de la Liberté à Constantinople! nulle part le rapprochement des extrêmes ne pouvait produire un contraste plus bizarre! Dernièrement enfin, l'ambassade républicaine a été remise en possession du palais de France *à Pera*, et notre ambassadeur Verninac, qui remplace aujourd'hui Descorches-Sainte-Croix, vient d'obtenir du divan tous les honneurs d'une réception solennelle.

Ainsi, l'aspect du dehors, vu des fenêtres des Tuileries, est déjà bien différent de ce qu'il était au commencement de cette année. Il ne reste plus au comité de Salut Public qu'à achever l'œuvre des pacifications partielles que les traités de la Prusse et de l'Espagne lui ont promises; on se présente de toutes parts pour traiter. En ce moment, des négociations sont ouvertes à Bâle avec l'Allemagne, à la Haye avec le Portugal, à Venise avec Naples, à Sion avec la Sardaigne, de plusieurs côtés avec l'Autriche elle-même..... Parmi ces différentes ouvertures, en est-il qui promettent une heureuse conclusion?

CHAPITRE III.

LES AMIS DE LA PRUSSE. — LA BAVIÈRE. — LE WURTEMBERG. — HESSE-CASSEL. — LA DIÈTE GERMANIQUE.

Toute l'Allemagne a d'abord semblé s'émouvoir pour profiter des bons offices de la Prusse.

M. de Salabert est arrivé à Bâle de la part du duc de Deux-Ponts, héritier présomptif du royaume de Bavière.

Un ministre de Wurtemberg s'y trouve également.

Mais comme les armées autrichiennes ont en ce moment à leur discrétion la Bavière et le Wurtemberg, les plénipotentiaires envoyés à Bâle ne se pressent point de conclure, et semblent seulement placés là pour voir venir les événemens.

La diète germanique a pourtant fait un pas.

Le 3 juillet, 15 messidor, elle a réclamé d'un vote unanime l'intervention de la Prusse, et le cabinet de Berlin, qui n'attendait que ce mot, s'est empressé d'agir. Le 24 juillet, 6 thermidor,

M. de Hardemberg a demandé une trêve, au nom de l'empire germanique, *comme moyen préliminaire de négociation*. Mais si l'on se rappelle l'aversion du comité de Salut Public pour ce mode préparatoire, on devine déjà la réponse qu'il a fait faire par Barthélemy. « Le comité de Salut
» Public, a dit celui-ci, éprouve le désir bien
» sincère de concourir dans toutes les occasions
» au succès des vues de S. M. prussienne; mais il
» ne peut consentir à un armistice. Loin de favo-
» riser la négociation qu'on se propose d'entamer,
» ce serait un moyen certain de la ralentir. »

On en reste là; il est évident que la cour de Vienne contrebalance par la crainte qu'elle inspire, l'attraction que la Prusse exerce depuis quelque temps sur l'opinion.

De tous les princes allemands, le seul qui se décide franchement, c'est le landgrave de Hesse-Cassel. Le 11 fructidor, 28 août, sa paix particulière est signée à Bâle par son plénipotentiaire, M. le baron de Waitz-d'Eschen; il n'en coûte au landgrave que l'engagement de rompre ses relations de subsides avec l'Angleterre, et d'abandonner les petites portions de territoire qu'il a sur la rive gauche du Rhin. Mais l'avantage principal que cette paix présente aux yeux du comité de Salut Public, c'est une nouvelle garantie de sécurité pour la Hollande du côté de l'Allemagne.

La Convention nationale ratifie ce traité le 4 septembre, 18 fructidor suivant [1].

Ainsi, les bons offices de la Prusse n'ont encore produit depuis quatre mois que la paix de Hesse-Cassel.... Voyons si l'intervention de l'Espagne promet une efficacité plus rapide à l'égard du Portugal et des princes d'Italie.

---

[1] Voir le texte du traité ci-après aux Pièces historiques.

CHAPITRE IV.

LE PORTUGAL.

Les pourparlers avec le Portugal sont entamés depuis long-temps, et jusqu'à présent dans des termes tout-à-fait indépendans de l'influence espagnole. Ils datent de l'occupation de la Hollande.

Le 25 janvier de cette année, M. d'Aranjo, qui résidait à la Haye comme ministre du Portugal, a fait une première visite aux représentans du peuple, dans le moment où ils venaient de s'installer au palais du Stathouder. Il leur a presque adressé des félicitations sur l'événement; et ses complimens, disait-il, *pouvaient être regardés comme d'autant plus sincères que sa Cour n'était entrée dans la coalition que malgré elle, et comme entraînée par l'ascendant de l'Angleterre.*

Six semaines après, dans le courant de ventôse, le ministre de Portugal à La Haye se considérait tellement sur un pied amical avec la République, qu'il a cru pouvoir parler à nos représentans de la paix que la France devrait conclure avec l'Espagne. Mais cette indiscrétion n'a eu pour résultat que de faire éclater les méfiances dont le ministre portugais était l'objet. Le comité de Salut Public voyait en lui un agent de l'Angleterre, et, dans ce soupçon, il rapportait la démarche hasardée du *diplomate* au seul désir de surprendre le secret de notre position avec l'Espagne. Or, à cette époque, on était sur le point d'envoyer Bourgoing aux Pyrénées; on s'est donc bien gardé de se laisser pénétrer. La réserve dont on usait avec le ministre portugais n'a pas paru le refroidir; peut-être l'a-t-il attribuée aux formes peu obligeantes qui passaient généralement pour être le caractère distinctif de la diplomatie conventionnelle. Ainsi, conservant toute confiance, il a remis, le 1er. floréal, aux représentans Richard et Cochon, à la Haye, une lettre qu'il adressait au comité de Salut Public. C'était un plaidoyer en forme, destiné à établir que le Portugal n'avait jamais été en état de guerre avec la République, et qu'au contraire cette Cour avait tout fait pour rester neutre; que le contingent portugais fourni aux armées d'Espagne et aux escadres d'Angleterre, n'avait pu altérer cette neutralité, pas plus que la prestation de secours accordée par les états du Nord dans le contingent germanique, n'altère la neutralité dont ils jouissent.

Le comité de Salut Public a délibéré le 10 floréal sur cette ouverture. Toutefois, la question de savoir si l'on est ou si l'on n'est pas en guerre lui a paru une subtilité, et ce n'est pas de cela qu'il s'est occupé; il s'en est tenu au fait; or, on se bat; pour faire cesser le combat, il a demandé les avantages suivans:

1°. Une indemnité en blé;

2°. Une indemnité en chevaux;

3°. La cession du Paraguay et du Fernambouc dans le Brésil.

Cette demande sur le Brésil était un caprice de la force; il aurait fallu du moins lui laisser sa franchise; mais une petite érudition de bureau s'en est mêlée: ce sont les Français qui ont bâti le fort Saint-Louis dans le Fernambouc; c'est un Français, Vincent Pinson, qui a découvert le fleuve des Amazones; et de ces vieux souvenirs mal digérés, on a voulu déduire des droits; enfin, c'est à titre de restitution qu'on a réclamé ces deux provinces du Brésil.

Il en est résulté une discussion où le beau rôle n'a pas été pour la diplomatie conventionnelle. « Vous parlez d'un fort Saint-Louis dans le Fer- » nambouc, a répliqué le Portugais; mais il n'y » a jamais eu de fort Saint-Louis dans cette con- » trée. Le fort Saint-Louis dont vous voulez » parler est situé dans l'île de Maragnon. Quant

» à Vincent Pinson que vous rappelez, c'était un
» Français, j'en conviens ; mais il était au service
» d'Espagne, et c'est au nom des Couronnes de
» Castille et de Léon qu'il a pris possession de
» la rivière des Amazones. Cristophe Colomb était
» Génois ; à ce titre, Gênes aurait donc, selon
» vous, des droits sur Saint-Domingue !

» Au surplus, disait toujours M. d'Aranjo, le
» Portugal n'a fourni que six mille hommes aux
» Espagnols, et quatre vaisseaux aux Anglais. Il
» n'a pas fait plus de mal à la France que la Tos-
» cane et la Prusse ; il ne doit pas être traité plus
» défavorablement que ces puissances. »

Le comité de Salut Public n'ayant tenu aucun compte de ces comparaisons, M. d'Aranjo a cru devoir recourir à une démarche décisive. Son secrétaire d'ambassade, M. *Brito*, est parti pour Paris ; il y est arrivé dans le courant de thermidor. Admis en présence du Comité, il a été salué par cette brusque question : « M. d'Aranjo qui vous en-
» voie a-t-il des pouvoirs ? » Ainsi interpellé, le secrétaire Brito n'a pu que répondre que son ministre n'en avait pas encore. « Si depuis dix mois qu'il
» nous fait ouverture sur ouverture, a-t-on répli-
» qué, sa Cour n'a pas trouvé le temps de le mettre
» en règle, nous en devons conclure qu'on n'est
» pas encore bien décidé chez vous à traiter ; as-
» surez-vous-en. » Et le secrétaire Brito est obligé

de continuer sa route pour savoir ce que définitivement son ministre et lui doivent faire.

On le voit; le temps n'est plus où le gouvernement de la République consentait à se désister de toute exigence même avec les plus faibles, pour présenter à la nation française et à l'Europe un nouveau traité de paix. Le Portugal paie ici le tort de s'être laissé prévenir par l'Espagne; depuis la paix de Bâle, on n'attache plus d'importance à traiter directement avec lui. L'Espagne désire être médiatrice; c'est une satisfaction qu'on n'est pas fâché de lui donner. Le Portugal ne peut plus guère se présenter que derrière elle; au pis-aller, se dit-on dans l'intérieur du Comité, le Portugal ne saurait plus être pour nous ni un ennemi bien dangereux, ni un ami bien utile.

Passons aux puissances d'Italie.

CHAPITRE V.

NAPLES.

A Naples, comme à Lisbonne, « on ne veut
» pas être confondu avec les ennemis de la France.
» On a été jeté, il est vrai, dans la coalition,
» mais par des circonstances impérieuses, et nul-
» lement par des motifs de haine, de rivalité ou
» d'intérêts opposés. Le roi de Naples a toujours
» compté sur la générosité de la République, à
» l'égard des puissances faibles entraînées malgré
» elles!... »

Voilà ce que disait au printemps dernier M. le chevalier de Micheroux, dans les conférences qu'il avait à Venise, avec le citoyen Lallemand. Nous avons déjà parlé de cette négociation, et on n'a peut-être pas oublié que le prix mis à la paix par le comité de Salut Public était, comme pour la Toscane, *un versement de blé*. Il y a eu un moment où le chevalier Micheroux s'est dit autorisé à terminer sur-le-champ, si l'on consentait à se désister de l'article *des blés*. Mais cet article était trop impératif dans les instructions de Lallemand, pour qu'il pût faire autre chose que de s'en référer *à ses commettans*. Ce délai a suffi pour donner le temps de tout rompre!

La politique du cabinet de Naples est variable comme les événemens de la Méditerranée. Que notre escadre sorte ou rentre à Toulon, que les amiraux anglais s'approchent où s'éloignent, chacun de ces mouvemens se réfléchit dans la diplomatie napolitaine. Le vent qui souffle de Vienne, ou celui qui vient de Madrid, produisent aussi des effets alternatifs. Il faut probablement attribuer à l'une de ces causes le revirement qui s'est opéré à Venise. Toutefois, on l'a mis sur le compte de la reine de Naples et d'une indiscrétion échappée à la femme du chevalier Micheroux.

« Le cabinet napolitain est placé sous une dou-
» ble influence, a-t-on dit. Le roi voulait la paix;
» la reine, qui est Autrichienne, voulait la guerre.
» Pour conduire la négociation de Venise à son
» terme, il eût été indispensable que la reine n'en
» fût pas prévenue : elle l'a été. La femme du che-
» valier Micheroux avait cru pouvoir mettre dans
» la confidence le comte d'Entraigues, agent du
» roi Louis XVIII à Venise. Le comte a commu-
» niqué l'avis au résident britannique. Celui-ci
» n'a pas manqué d'en informer lord Hamilton,

» ambassadeur d'Angleterre à Naples, et la reine,
» avertie par lady Hamilton, s'est aussitôt mise à
» la traverse. » Le chevalier Micheroux, assurait-on, est tombé en disgrâce pour cette affaire; quoi qu'il en soit, il n'a pas été rappelé; seulement plusieurs mois se sont écoulés sans qu'il y ait eu un retour de sa part vers le citoyen Lallemand.

Le comité de Salut Public n'avait pas une foi assez robuste dans les paroles des diplomates, pour accorder une grande importance à cette histoire de l'intervention de la reine de Naples. Il n'ignorait pas d'ailleurs que la reine n'avait pas besoin des indiscrétions de madame de Micheroux pour tout savoir, et que le premier ministre, Acton, lui était dévoué. Soupçonnant quelque intrigue à Venise, il aurait voulu déplacer la négociation. Aussi-bien, entrait-il dans son système de tendre à la fois plusieurs fils. A cet effet, il avait autorisé le citoyen Cacault à se rendre à Naples, si on l'invitait à y venir. Cacault était à Florence; mais le difficile était de se faire inviter : voici le moyen qu'il essaya. Le capitaine d'artillerie Pommereuil se trouvait alors retenu et surveillé à Naples [1]. En lui écrivant, on était sûr

---

[1] Le gouvernement napolitain avait fait demander à celui de France un officier habile pour organiser son ar-

que ce ne serait pas lui qui décachèterait le premier la lettre. Cacaut lui écrivit donc par la poste, de manière à mettre le lecteur intermédiaire au courant. L'avis a sans doute passé sous les yeux de M. Acton; mais il n'a produit aucun résultat.

C'est à Venise qu'est le parloir de prédilection du cabinet napolitain, et M. de Micheroux vient tout à coup d'y recouvrer la parole. Il ne craint plus d'encourir la disgrâce de sa reine; quoique malade à Padoue, il a envoyé dans les premiers jours de fructidor (fin d'août) un message au citoyen Lallemand, pour lui témoigner un vif désir de le revoir, et *l'espérance de le retrouver dans les mêmes dispositions.* La paix de l'Espagne est évidemment la cause de ce brusque rapprochement. Des avis qu'on reçoit presque en même temps de Vienne et de Londres achèvent d'en donner la certitude. Le marquis de Gallo, ambassadeur de Naples, a no-
» tifié à la cour de Vienne « que son maître est
» déterminé à profiter du droit qu'il s'est ré-
» servé dans les traités, de quitter la coalition,

---

tillerie. M. de Pommereuil, choisi pour cette mission, s'était rendu à Naples, au commencement de 1790. — En 1814, il était, à Paris, général de division, et directeur général de la librairie.

» quand il le jugera à propos ; que ce moment
» est venu, et *que la cour de Naples aime mieux*
» *prévenir la médiation de l'Espagne que d'en*
» *profiter.* »

L'envoyé de Naples à Londres y a fait une semblable déclaration.

Naples veut donc échapper à la médiation d'Espagne ! Quel intérêt le comité de Salut public aurait-il à prêter les mains à cette malice politique ? Nous avons déjà pu remarquer, à l'occasion du Portugal, qu'un grand changement est survenu dans la manière dont on envisage maintenant à Paris la pacification des puissances secondaires. Naples nous servirait ici de nouvel indice au besoin !....... Toutefois on autorise le citoyen Lallemand à tout écouter, mais à ne répondre *qu'autant qu'on parlera net* : car, dit le Comité, en laissant échapper un mouvement de lassitude, *nous aimons qu'on en vienne au fait.*

CHAPITRE VI.

LA SARDAIGNE ET LES AUTRES PUISSANCES D'ITALIE.

Il n'y a pas que le Portugal et Naples qui prétendent n'être pas sérieusement en guerre avec la République. Depuis que l'Espagne a fait sa paix, l'infant de Parme croit avoir fait la sienne. Quant au pape, nous l'avons déjà vu affecter la même prétention.

Sur la fin de thermidor, une corvette et quatre tartanes françaises qui avaient pris port à Civita-Vecchia, y ont été bien accueillies et protégées.

La position particulière où se trouve le roi de Sardaigne ne lui permet pas d'être aussi hardi que ses voisins. Il craint trop les yeux et les oreilles de l'empereur d'Allemagne. Tant que le Piémont restera occupé par les armées autrichiennes, la cour de Turin n'osera se permettre que des tentatives indirectes et bien secrètes. Elle paraît même avoir renoncé à la voie de Bâle, ainsi qu'à celle de Genève, comme trop éventées. C'est maintenant par le Valais qu'elle cherche à faire savoir qu'elle est toujours dans les mêmes dispositions pour traiter. Le citoyen Heflinger, résident de la République à Sion, a reçu tout récemment à ce sujet des communications qui lui ont été apportées par une femme dont le mari est employé à Turin, près du ministre; mais ce n'est pas seulement la paix que le cabinet de Sardaigne se propose. Il croit que le moment est venu d'exploiter l'ouverture des portes d'Italie, et d'en tirer bon profit. C'est donc un marché qu'il veut faire, selon ses vieilles habitudes; il demande qu'on lui rende Nice et la Savoie, et qu'on lui accorde en outre une indemnité de quelques millions.

Le comité de Salut Public croit avoir répondu d'avance à cette proposition, en faisant filer l'armée des Pyrénées sur les Alpes.

En général, le changement survenu dans la politique de l'Espagne se fait depuis un mois ressentir dans toutes les cours de la Péninsule italique. Mais il ne faut pas s'y tromper; ce n'est pas la puissance des liens de famille qui agit; c'en est une autre qui a bien plus d'empire sur les gouvernemens faibles; c'est la crainte: dans la paix de Bâle, ils ont entrevu l'invasion de l'Italie.

L'Autriche est en ce moment occupée à parer le coup.

CHAPITRE VII.

L'AUTRICHE.

La cour de Vienne a de la peine à contenir l'humeur que toutes ces défections lui font éprouver. Mais elle n'ose s'en prendre *qu'aux petits*. Elle tourmente la Suisse; elle la gêne dans ses approvisionnemens et se venge, par toutes sortes de mauvaises représailles, de l'accueil que les négociateurs ont reçu à Bâle. Il n'est pas jusqu'au salon de M. de San-Fermo qui ne soit en butte à ses ressentimens. Elle exige de Venise le rappel de ce ministre qu'elle accuse de partialité pour la cause révolutionnaire; elle veut mettre le landgrave de Hesse-Cassel au ban de l'Empire pour avoir fait une paix séparée avec la République; elle déclare au roi de Naples « que s'il se déter-
» mine à négocier, comme il l'annonce, cette dé-
» marche sera considérée comme une hostilité par
» les alliés, et qu'en conséquence, on le traitera
» en ennemi. » Dans le Piémont, elle comprime le moindre village sous le poids de ses troupes,

ne dissimule pas ses méfiances, commande seule dans les camps des montagnes et dans les places de la plaine, et ne perd pas de vue la Cour un seul instant. A Florence, elle exige qu'on revienne sur le parti qu'on a pris; mais le Grand-Duc, hésitant d'abord entre les ordres de sa famille et les conseils du sage Manfredini, se décide à rester neutre. Il ne peut cependant soustraire Livourne à une influence ennemie.

La mollesse avec laquelle nos opérations militaires sont dirigées depuis quelques mois, et des intrigues, pratiquées dans nos états-majors, ont permis à l'Autriche, qui en a la confidence, d'élever aussi le ton; elle vient d'ailleurs de resserrer ses grandes alliances et croit pouvoir braver désormais la fragilité des petites. Une convention, conclue le 4 mai avec l'Angleterre, maintient le système de la prolongation de la guerre. La Russie, qui a terminé ce qu'elle voulait faire en Pologne, promet maintenant de ne plus se tenir à l'écart. L'Autriche se voit donc en mesure d'échapper à une paix dont elle ne dicterait pas les conditions; elle ne s'occupe plus que des grands intérêts que sa politique s'efforce de sauver.

Après s'être trop long-temps flattée d'obtenir la Lorraine et l'Alsace, elle a fini par perdre le Brabant, et elle le regarde comme perdu sans retour. La nouvelle influence, qui s'est emparée des états de l'Empire, ne permet plus de penser à prendre des dédommagemens sur la Bavière. Il ne reste plus à la cour de Vienne qu'à reporter toutes ses vues du côté de l'Italie, et c'est à quoi elle est décidée. Entraînée dans cette nouvelle direction, elle aspire à ne garder sur le Rhin qu'une attitude défensive. L'immobilité des armées républicaines lui donne de grandes facilités pour le revirement qu'elle médite, et les renforts qu'elle fait filer tous les jours sur ses armées d'Italie, lui auraient déjà assuré la supériorité dans la rivière de Gênes, si, au même moment, par une combinaison opposée, les demi-brigades des armées d'Espagne n'étaient venues à Nice, doubler la force des lignes françaises.

Placée au centre de ces mouvemens, la république de Gênes est bien à plaindre! Elle voit, du haut de ses murailles, cent mille baïonnettes prêtes à livrer, sur son territoire, les combats *dont l'Italie doit être le prix*. La neutralité dans laquelle son gouvernement voudrait se maintenir ne satisfait personne. Elle a de tristes pressentimens; elle soupçonne la fin prochaine de son existence; *elle tremble d'être sacrifiée au Piémont*. Le doge a envoyé à Bâle le sieur Assereto, secrétaire de la légation génoise à Vienne. Il est chargé de veiller à ce que les intérêts de sa république ne soient pas compromis dans les arrangemens que prendront les grandes puissances ; mais la mission d'Assereto n'est considérée à Paris que comme un moyen peu adroit employé par la politique génoise pour *dépister* où nous en sommes avec le Piémont. Le Comité veut que Gênes renonce aux doubles ménagemens dans lesquels elle concentre toute sa politique. Il demande qu'elle se déclare pour la France ou pour l'Autriche ; il la menace de notre alliance ou de la guerre.

Au même moment, le général autrichien Dewins, qui est à l'autre porte, s'exprime en ces termes : « Peuple génois, vous ne devez qu'à la » bonté de l'empereur de n'être pas traité en pays » conquis : montrez-vous donc reconnaissant de » ce que votre territoire est occupé *par des ar-* » *mées chrétiennes.* »

S'il était possible de désarmer enfin cette puissance altière qui s'obstine à rester le dernier champion de la guerre continentale, le comité de Salut Public pourrait couronner ses travaux par le grand œuvre de la pacification de l'Europe, qui est l'objet de toute son ambition. Il désire ne rien négliger du moins pour y parvenir. Tout ce dont il peut disposer en moyens de négociation et de guerre, va être mis en action pour atteindre un si grand résultat. Ce sera son dernier effort.

Parlons d'abord des négociations ; les opérations militaires viendront ensuite.

Quelque imposant que puisse être au premier coup d'œil l'appareil de cette triple alliance, dans laquelle les cours de Vienne, de Londres et de Saint-Pétersbourg se tiennent embrassées, il ne sera peut-être pas impossible d'en dissoudre le nœud, à l'aide des intérêts contraires qui s'y trouvent comprimés.

L'Angleterre ne voit pas sans regrets la ruine de la Pologne. L'Autriche est inquiète du contre-coup qui menace la Turquie d'Europe. Des émissaires secrets de M. Pitt disent à l'oreille à qui veut les entendre qu'il ne serait pas si difficile de s'arranger qu'on se l'imagine. Un nommé *Milès*, qu'on peut à la vérité regarder plutôt comme un espion que comme un agent secret, vient encore une fois d'être mis en avant à ce sujet, et le citoyen Barthélemy en a rendu compte.

De son côté, l'Autriche, qui est si hautaine à Bâle, ne l'est pas autant dans les détours que sa politique croit devoir prendre pour faire arriver quelques mots de conciliation par la voie du Danemarck et de la Suède. Nous-mêmes, dans cet échange indirect de bonnes paroles, nous n'avons pas été les derniers : notamment à l'époque de la reddition de Luxembourg. Le 16 prairial, 5 juin, quand le vieux général Bender, si célèbre par sa botte, s'est présenté pour signer la capitulation, le représentant Merlin de Thionville, en mission près de l'armée du siége, lui a donné un dîner pendant lequel on lui a fait entendre qu'on devrait bien s'arranger, qu'on le pourrait, fût-ce aux dépens de quelque tiers! Bender, en sablant le vin de Champagne du Représentant, avait pris feu à cette proposition, et s'était promis de la transmettre à son gouvernement. Mais le vieux général est mort quelque temps après : ces pourparlers n'ont pas eu de suites immédiates.

La remise de la princesse, fille de Louis XVI, a fourni l'occasion de revenir sur ce sujet. Le général en chef Pichegru avait d'abord été chargé de faire passer aux Autrichiens les premières propositions du comité de Salut Public. De fréquentes allées et venues s'en étaient suivies entre les deux camps. Des communications de cette nature n'étaient pas sans inconvéniens; peut-être le Comité s'en est-il aperçu trop tard? Quoi qu'il en soit, la négociation vient d'être retirée des mains du général pour être transportée à Bâle. Une commission s'est établie dans cette ville; elle a pour instructions d'arrêter un cartel d'échange entre les prisonniers de guerre français et autrichiens; c'est le citoyen Bacher, premier secrétaire interprète de la légation de Barthélemy, qui, sous les yeux de l'ambassadeur, est à la tête de cette affaire. La condition première du cartel doit être l'échange de la princesse contre les représentans, ministres et ambassadeurs républicains que l'Autriche tient dans ses prisons. Les autres princes de la famille de Bourbon qui sont encore en France, seront également compris au traité [1].

Cependant ces transactions sont liées trop indirectement à l'œuvre de la paix pour suffire à l'impatience du Comité. On se décide à entrer dans le droit chemin, celui de Vienne à Paris.

Boissy-d'Anglas, qui se trouve diriger en ce moment la section des relations extérieures, s'est souvenu d'un spéculateur avec lequel il a eu des relations dans le travail des subsistances. Le citoyen Poteratz, livré aujourd'hui au commerce extérieur des blés, a été employé autrefois sous le ministère de Dumouriez, à des missions secrètes dans le Nord, et n'a pas cessé de cultiver ses liaisons politiques en Allemagne, à travers les

---

[1] Voici en quels termes des lettres de l'armée de Condé parlent de ce projet : « Il est question de l'échange de » Madame, contre ces coquins de députés; il est bien » à désirer que cet échange ne s'effectue pas... Je verrais » avec plaisir Madame sortir de France ; mais je ne la » verrais pas avec plaisir dans les mains autrichiennes. ». (*Correspondance* de Lemaître.)

voyages qu'il y faisait pour ses affaires particulières. Il a souvent parlé à Boissy-d'Anglas de M. de Thugut, premier ministre de l'Autriche; il prétend le connaître personnellement, et s'est mis en avant pour aller traiter secrètement avec lui. Boissy-d'Anglas a déterminé ses collègues à envoyer Poteratz auprès de M. de Thugut.

Cependant, avec un ennemi comme l'Autriche, la victoire est le meilleur moyen pour faire mûrir promptement un traité. On ne s'est donc pas occupé, avec moins d'ardeur, de toutes les dispositions qui doivent rendre décisive la fin de cette campagne déjà très-avancée. On veut du moins faire tomber Mayence et menacer d'une double invasion l'Allemagne et l'Italie. Le récit trop long-temps interrompu de nos opérations militaires va se continuer.

CHAPITRE VIII.

DISPOSITIONS MILITAIRES POUR LA FIN DE LA CAMPAGNE.

Il y a six mois, lorsque Carnot est sorti du Comité (le 15 ventôse), tout était disposé pour que nos armées de Sambre-et-Meuse et de Rhin-et-Moselle effectuassent le passage du Rhin. Après Carnot, Merlin de Douai avait fait signer, vers la fin de floréal, un arrêté qui ordonnait expressément le passage. Les représentans entrés un mois plus tard au Comité (Boissy d'Anglas, Louvet, Lesage d'Eure-et-Loire et Jean Debry), étonnés de ce que rien n'avançait, avaient demandé qu'on prît un second arrêté pour presser l'exécution du premier. Malgré ces ordres réitérés, on n'allait pas plus vite, et le mois suivant, il n'y avait encore aucun bateau de prêt. De délais en délais, l'été s'était écoulé sans résultats. Le représentant Aubry, qui dirigeait le cabinet topographique, avait ainsi annulé, par une opposition sourde, tous les projets de la majorité. Cependant son tour de sortie est arrivé le 15 thermidor. Doulcet de Pontécoulant, qui l'a remplacé, n'est pas *de la fuction des anciennes limites*; il désire au contraire que l'Allemagne soit forcée de nous céder la ligne du Rhin, et tout son zèle s'est mis à réparer le temps perdu [1].

Sur ces entrefaites, il n'était bruit que des projets de M. le prince de Condé, qui, déterminé par des intelligences jusqu'alors inconnues, et soutenu par le général Wurmser, Alsacien de naissance, devait passer hardiment par la Suisse pour entrer en Franche-Comté, pénétrer en Bourgogne et marcher sur Paris. Au premier avis, le comité de Salut Public avait eu la pensée de prévenir la violation de la neutralité helvétique par une violation plus prompte. L'invasion subite du Brisgaw et du Frickthal par le pont de Rhinfeldt avait été convenue. Pichegru devait franchir avec rapidité le territoire intermédiaire du canton de Bâle, et l'on se promettait d'apaiser la diète helvétique, en lui offrant le Frickthal, possession autrichienne qui est à sa convenance. Les dispositions avaient été prises dans le plus grand

---

[1] Aubry se repentait d'avoir voté la mort du roi, quoique avec restriction, et il était entré dans le projet de rétablir la maison de Bourbon, quelque périlleuse que dût être pour lui l'entreprise. (M. Salgues, *Histoire de Napoléon*, tome I, page 136.)

secret; mais à peine les ordres du Comité avaient-ils pu parvenir au quartier-général de Pichegru, que l'ennemi en avait connaissance; l'état de Bâle était averti ; des secours étaient réclamés des cantons voisins; la Suisse entrait en alarmes, et notre ambassadeur Barthélemy écrivait lettre sur lettre à Paris pour qu'on lui permît de la rassurer.

Le projet étant éventé, il a fallu l'abandonner et reprendre celui de Carnot. Grâce à l'activité de Doulcet-Pontécoulant, le temps avait cette fois été bien employé, et les bateaux du Rhin étaient prêts; le mois de fructidor (août) ne faisait que de commencer; on avait encore l'automne tout entier devant soi.... L'ordre de passer le Rhin a donc été encore une fois donné, mais d'une façon tellement impérative qu'il devenait difficile de ne pas s'y conformer. On ne tarde pas à apprendre qu'il est enfin exécuté.

Le 20 fructidor (6 septembre) Jourdan, dont la probité se distingue toujours par l'obéissance, ne se voyant plus retenu, a franchi le Rhin entre Duisbourg et Dusseldorf. Le représentant Gillet est auprès de lui [1]. En même temps, Pichegru, sans plus d'hésitation, a effectué son pas-

---

[1] Ce représentant est mort quelque temps après, au camp de Sambre-et-Meuse, des suites de ses fatigues.

sage à Oppenheim, non loin de Manheim. Les représentans Merlin de Thionville et Rivaud sont de ce côté, et par leur ordre le ballon aérostatique s'élève des lignes de Mayence, plane dans les airs, et cherche à découvrir quel effet nos deux grandes diversions produisent dans la place et dans ses environs.

La campagne d'Allemagne est donc ouverte. Quoique Reubell et d'autres Représentans, qui ont des relations suivies avec l'Alsace, commencent à avoir des inquiétudes sur Pichegru, on ne doute pas généralement que les progrès de nos armes ne soient rapides, et Letourneur de la Manche, du haut de la tribune, montre à ses collègues, dans le passage du Rhin, *un nouveau passage que nos armées se sont fait pour atteindre la victoire et la paix!*

Du côté de l'Italie, on n'a pas moins d'espérances; mais le moment présent est encore difficile. Il était temps que les troupes des Pyrénées arrivassent. Kellermann, depuis deux mois, avait perdu l'offensive. Dewins l'avait successivement poussé sur Savone, sur Vado, sur Finale. *Alexandre Berthier*, qui est le chef d'état-major de Kellermann, écrit qu'on a été à la veille de se replier sur le Var.

Le Comité a pris la résolution de changer complétement tout le système de guerre suivi

jusqu'à présent sur cette frontière. Kellermann ira remplacer le général Moulin à Chambéry, et restera chargé de la défensive sur les Hautes-Alpes. L'armée qui se réorganise dans le pays de Nice, se reportera sur les montagnes; on la confie au général Scherer, qui vient de terminer la guerre aux Pyrénées-Orientales. L'importance des opérations que Scherer doit entreprendre est vivement sentie, et pour l'aider par des instructions, le Comité veut s'entourer lui-même de toutes les lumières de l'expérience; il appelle auprès de lui les Représentans qui ont rempli des missions à cette armée. Tous s'accordent à indiquer un jeune général de brigade, en ce moment à Paris, « comme l'homme qui connaît le mieux
» les localités, et qui s'est fait les idées les plus
» nettes sur cette guerre. »

« Il a commencé, disent-ils, à se distinguer
» au siége de Toulon, où il n'était encore que
» capitaine d'artillerie; c'est à lui qu'on doit l'idée
» des batteries dont l'heureux emplacement a
» tout fait évacuer en vingt-quatre heures! Depuis, il a organisé avec le même succès les batteries de la côte du Var, et plus récemment,
» il a commandé l'artillerie dans les montagnes
» sur lesquelles il s'agit de se replacer aujourd'hui.
» Il faut l'appeler pour le consulter. On doit
» le connaître dans les bureaux de la section de

» la guerre, où il est depuis deux mois en ré-
» clamation. »

On l'y connaît en effet. Aubry l'a rayé de l'état de l'artillerie. Non-seulement le général, trop jeune, a eu le tort, aux yeux de son juge, d'avoir été protégé les années précédentes par des hommes tels que Gasparin, Salicetti, Ricord, Robespierre jeune, Carteaux, Dumerbion, etc., mais son rapide avancement se trouve entaché d'une grande irrégularité : chef de bataillon, il a été promu général de brigade sans avoir passé par le grade intermédiaire de chef de brigade (colonel.) Vainement il est accouru à Paris; il y est arrivé vers la fin de prairial, et depuis ce temps il réclame. Tout ce qu'Aubry consentait à faire pour lui, c'était de le replacer à son rang, mais *dans l'infanterie ;* encore exigeait-il qu'il allât servir dans la Vendée [1]. Le général s'est refusé à cette transaction, et, rougissant d'être méconnu à ce point, il a formé

---

[1] Aubry, proscrit au 31 mai, était un de ces Représentans qui, en rentrant dans la Convention, promirent d'oublier le mal que leur avait fait la terreur, et qui prouvèrent ensuite qu'ils n'en avaient pas perdu le souvenir. Agent de la réaction dans les comités du gouvernement, il s'était chargé d'épurer l'armée des hommes ignorans et exagérés que la terreur y avait introduits. Il destituait des généraux républicains ; il nommait à leur place des

le projet de porter son talent d'artilleur à Constantinople.

Cependant Aubry n'est plus au Comité. Doulcet de Pontécoulant et Letourneur de la Manche, qui reçoivent ces explications, sont des hommes bienveillans; à leurs yeux, *les jeunes services veillissent promptement sur le champ de bataille.* D'ailleurs, dans une mission récente sur la flotte de la Méditerranée, Letourneur [1] a entendu parler du commandant de l'artillerie de l'armée du Var; le retrouvant à Paris, il est disposé à l'écouter avec intérêt; il le fait donc venir. A peine admis dans le cabinet topographique, le jeune général, saisissant déjà la plume du *gouvernement*, comme si elle lui était familière, minute d'un seul jet, 1°. un plan de campagne; 2°. l'instruction à donner au général en chef qui va être chargé de l'exécution; 3°. la lettre à écrire aux représentans du peuple en mission auprès du général en chef; 4°. les ordres accessoires pour les généraux d'artillerie,

---

adhérens du royalisme, et lui-même, qui ne comptait aucun service de guerre, s'élevait du grade de capitaine d'artillerie, à celui de général de division et d'inspecteur de son arme. (*Voyez* Thibaudeau, tome I, page 95.)

[1] Entré au Comité, par le renouvellement du 15 thermidor (2 août).

et pour l'ordonnateur en chef; 5°. les divers arrêtés nécessaires pour coordonner les parties de cette grande opération.... Le Comité signe tout.

A son premier essor, l'homme de génie s'est révélé. On ne peut plus le méconnaître et sans doute le lecteur a déjà dit comme le poëte : « Jeune homme, tu seras NAPOLÉON ! [1] »

FIN DE LA QUATRIÈME PARTIE.

---

[1] § Ier. *État des services du général de brigade Bonaparte, à l'époque de l'an III.*

Né le 15 août.	1769
Entré à l'École Militaire de Brienne, en. . . .	1779
Passé à celle de Paris, en.	1783
Lieutenant au 1er. régiment d'artillerie de La Fère, le 1er. septembre.	1785
Capitaine dans le régiment d'artillerie de Grenoble, n°. 4, le 6 février.	1792
Chef de bataillon devant Toulon, le 19 octobre. . (entré dans Toulon, le 19 décembre suivant.)	1793
Général de brigade d'artillerie, le 6 pluviôse an II (25 janvier).	1794

§ II. « Si ce ne fut pas le chef de bataillon Bona-
» parte qui prit réellement Toulon, il eut au moins la
» plus grande influence sur la conquête de cette place.
» Cependant il ne fut pas même nommé dans la lettre

» des Représentans qui annonçaient la prise de Toulon à
» la Convention nationale. » (Thibaudeau , *Vie de Napoléon*, tome I, page 75.)

§ III. « Après le siége de Toulon, Napoléon fut
» nommé commandant de l'artillerie de l'armée d'Italie.
» Cette armée était commandée par le vieux et brave gé-
» néral Dumerbion. Napoléon donna le plan qui fit tom-
» ber Saorgio, le col de Tende, Oneille et les sources du
» Tanaro, au pouvoir de l'armée française, en octobre de
» la même année 1794. On attribua à ses conseils les mou-
» vemens de l'armée sur la Bormida, le succès du combat
» de Dego, et la prise de Savone, en février 1795 ; il
» devait commander l'artillerie de l'expédition maritime
» réunie à Toulon contre la Corse... Par suite du com-
» bat de Noli, où le *Ça ira* fut pris, l'expédition fut
» contremandée. » (*Mémoires de Sainte-Hélène*, écrits
par le général Montholon, tome II, page 211.)

§ IV. Bonaparte, en 1793, s'était donné avec franchise à la cause républicaine. Sa jeunesse et le séjour des camps l'avaient rendu étranger à toutes les subdivisions des partis. La prise de Toulon lui avait valu des protecteurs dans les hommes de cette époque qui avaient été en position de l'apprécier, tels que Carteaux, Dumerbion, Dugommier, Gasparin, Ricord, Robespierre jeune et Salicetti. Il n'en fallait pas tant pour le compromettre, quand la réaction thermidorienne se mit à reviser, non pas les services, mais les opinions des principaux officiers des armées.

§ V « Il fut mis en arrestation quelques instans à
» Nice. » (M. de Las-Cases, tome I, page 215.)

§ VI. Barras et Fréron, qui l'avaient connu à Toulon

et à l'armée, ne se souvinrent de lui qu'après leur scission avec la réaction royaliste.

§ VII. « Napoléon, ayant été exclu du tableau des of-
» ficiers généraux d'artillerie, dut quitter l'armée d'Ita-
» lie... En route, pour venir réclamer à Paris, il apprit
» à Châtillon-sur-Seine, chez le père du capitaine Mar-
» mont, la journée de *prairial*, ce qui le décida à y res-
» ter quelques jours pour attendre que la tranquillité
» fût rétablie dans la capitale. Arrivé à Paris, il se pré-
» senta chez Aubry, membre du comité de Salut Public,
» qui avait fait le travail des généraux; il lui observa
» qu'il avait commandé l'artillerie du siége de Toulon et
» celle de l'armée d'Italie depuis deux ans; qu'il avait
» armé les côtes de la Méditerranée, et qu'il lui était pé-
» nible de quitter un corps où il servait depuis son en-
» fance... Peu de jours après, Napoléon reçut l'ordre de
» se rendre à l'armée de la Vendée, pour y commander
» une brigade d'infanterie. En réponse, il donna sa dé-
» mission... » (*Mémoires de Sainte-Hélène*, écrits par le
» général Montholon, tome III, page 88.)

§ VIII. « Les réclamations de Napoléon auprès d'Au-
» bry furent une véritable scène. Napoléon insistait avec
» force; Aubry s'obstinait avec aigreur. Celui-ci disait de
» Napoléon qu'il était trop jeune, et qu'il fallait laisser
» passer les anciens. Napoléon répondait qu'*on vieillissait
» sur le champ de bataille, et qu'il en arrivait*. Aubry
» n'avait jamais vu le feu. Les paroles furent très-vives. »
(M. de Las-Cases, tome I, page 219.)

§ IX. Aubry, après avoir été proscrit au 13 vendémiaire et au 18 fructidor, est mort à Démérary. Il avait pour principal secrétaire à la section de la guerre du comité de Salut Public M. Gau, que Napoléon, aux jours de la puissance, admit sans rancune dans le *conseil d'état*. S'il oubliait les mauvais services, il se souvenait des bons. Pour ne pas sortir des premières années, nous citerons *Carteaux*, qui a joui, jusqu'à sa mort, d'une pension de trois mille francs sur la cassette de l'empereur, et Ricord, à qui Napoléon a rendu, en 1813, un service d'ami sur sa bourse particulière... On connaît les belles lignes du testament de Sainte-Hélène, en faveur des enfans de Gasparin et de Dugommier.

§ X. Un hasard, que nous ne savons comment expliquer, a mis au jour en 1822 le *brouillon* de ce premier travail du général Bonaparte sur la guerre d'Italie. M. Dzialinsky, amateur polonais, en est devenu acquéreur, et le conserve sous une riche couverture de velours brodé d'or. Les brouillons des diverses notes que le général a rédigées vers la même époque, relativement à son projet d'aller en Turquie, font aussi partie de ce précieux portefeuille; et le troisième fragment, qui n'est pas le moins curieux de cette collection, est un roman intitulé, *Clisson et Eugénie*, dont Napoléon paraît s'être amusé à tracer le canevas. Tout est de la main de Napoléon, à l'exception de quelques ordres militaires qu'il a dictés à Junot, mais qui sont surchargés de corrections. Nous avons la certitude que ces fragmens n'ont jamais fait partie des papiers du premier consul, ni de ceux de l'empereur. Restés probablement au fond de quelque ancienne malle, ils s'y étaient égarés... Leur authenticité n'en est pas moins évidente.

MANUSCRIT DE L'AN TROIS.

CINQUIÈME PARTIE.

COMMENCEMENT DE L'AN IV, ET FIN DU RÉGIME CONVENTIONNEL.

MANUSCRIT DE L'AN TROIS.

CINQUIÈME PARTIE.

CHAPITRE I.

PROGRÈS DE LA RÉACTION ROYALISTE.

Il faut laisser de côté les affaires extérieures : cette longue série de négociations, de traités et de combinaisons militaires, a jeté sans doute une lueur brillante sur la dernière époque du comité de Salut Public; mais ce ne sont plus maintenant que des éclairs qui jaillissent d'une atmosphère orageuse, et la Convention, surprise dans les brouillards, a peine elle-même à s'y reconnaître. La question importante n'est plus celle du dehors; la vie politique a quitté les extrémités pour refluer au cœur : tout nous rappelle à Paris. Jamais enfantement ne fut plus laborieux que celui par lequel la Convention s'efforce de produire le gouvernement qu'elle veut laisser après elle ; la République n'a pas encore été si près de sa perte; la contre-révolution, depuis l'invasion de la Champagne, n'a pas encore été si près du succès.

Avant d'entrer dans le récit de cette crise, nous devons faire un appel à l'impartialité du lecteur. Deux grandes opinions politiques sont ici aux prises. Chacune a sa langue, ses louanges, ses reproches. Ce qu'on blâme dans un système peut être toléré dans l'autre, et réciproquement ce qu'un parti approuve, conseille, ordonne, peut être repoussé, combattu, condamné par le parti opposé. Enfin, ne perdons pas de vue que, dans les débats politiques, tout ce qui n'est pas du ressort de la délicatesse et de l'honneur joue sans cesse comme la lumière, à travers un prisme, qui se colore des nuances les plus variées.

L'opinion qui a triomphé en prairial, échauffée par le succès, a promptement trahi les secrets desseins de la faction qui la pousse.

Après avoir déporté les restes de l'ancien comité de Salut Public en germinal, avoir proscrit ceux qui essayaient de revenir sur cette condamnation en prairial, on a continué de décimer l'assemblée, et l'on est revenu sur la conduite de tous les

Conventionnels qui ont siégé, en 1793, dans les comités du gouvernement, ou rempli des missions. Une nouvelle liste d'arrestation a retranché ainsi quarante autres membres, au nombre desquels se trouve le célèbre peintre David. On n'a plus ménagé personne. André Dumont, qui jusqu'alors avait marché dans les premiers rangs de la réaction, s'est vu dans la nécessité de se défendre. « Si j'ai fait beaucoup de bruit dans mes » missions, c'était pour faire moins de mal, » a-t-il dit, et pour excuser ses phrases révolutionnaires, il lui a fallu faire le compte de *ses morts*. Tallien lui-même ne s'est pas trouvé à l'abri sous le bouclier de thermidor. Les souvenirs de septembre ont été réveillés à l'occasion du député Sergent.....; enfin, ce n'était plus assez de proscrire, de déporter, de mettre en arrestation : dans le triomphe des partis, les esprits faibles ne sont pas les derniers à croire qu'il est nécessaire d'être cruels; on a envoyé chercher au fond de la Bretagne les Conventionnels sur lesquels on avait mis la main dans la nuit du 2 prairial. Cette prison lointaine n'a fait que les conserver pour la vengeance, et dès qu'ils ont été ramenés à Paris, vingt jours après l'événement, on les a livrés de sang-froid à une commission militaire. Ils ont voulu prévenir le coup du bourreau, et se sont passé un morceau de fer qui leur a servi à se poignarder l'un après l'autre.

Les conventionnels Rhull et Maure, se voyant poursuivis pour leur mission de 1793, à l'occasion du scrutin épuratoire dont nous venons de parler, avaient aussi préféré se tuer plutôt que de se rendre prisonniers.

L'esprit de vengeance contre les hommes du gouvernement révolutionnaire s'est ainsi animé par ses œuvres. Une jeunesse ardente, dont les sentimens ont été exaltés, a cru être juste en s'abandonnant aux représailles [1].

Dans le Midi, les actions n'ont que trop répondu aux paroles. Les *Vengeurs* se sont réunis en compagnies sous le nom de Jésus et du Soleil : trente cités, dix départemens, ont vu se renouveler les scènes de la Saint-Barthélemy ; le Rhône a

---

[1] Il n'était pas douteux que le royalisme ne cherchât à profiter des conjonctures pour faire le procès à la République. Tous les hommes de la révolution étaient flétris comme terroristes par les hommes de la contre-révolution. Les royalistes se faisaient orateurs des sections, et leurs troupes légères se composaient de bandes de jeunes gens, se disant de bon ton, qui se distinguaient par des cadenettes poudrées, des cravates vertes, et des collets noirs à leurs habits. (Thibaudeau, page 143.)

roulé des cadavres comme la Loire en roulait du temps de Carrier ;

> Et du fleuve français les eaux ensanglantées
> Ne portaient que des morts aux mers épouvantées.
> (*Henriade*, ch. II.)

Les espérances les plus audacieuses se relevaient de toutes parts : c'était à qui jetterait plus promptement le masque. On eût dit, à lire les écrits des partis, à entendre les gens qui se croyaient dans la confidence, que c'en était fait du gouvernment républicain, et que la Convention n'avait plus qu'à proclamer la royauté [1].

Les domaines nationaux avaient cessé de se vendre.

Les assignats étaient tombés dans le plus grand discrédit.

Les approvisionnemens dont le maximum s'était saisi avaient été consommés ; le pain même du soldat n'était plus assuré.

Les armées, minées par une effrayante désertion à l'intérieur, ne recevaient plus rien par le recrutement [2], tandis que tous les nerfs de l'état se trouvaient comme paralysés à la fois, et que la dissolution intérieure semblait repousser tous les remèdes.

---

[1] Trouvé, *Moniteur* du 18 prairial.
[2] Napoléon à Sainte-Hélène.

Laissons Boissy-d'Anglas achever lui-même ce tableau :

« Ce qui fait la principale force des agens de
» la contre-révolution, c'est qu'ils sont soutenus
» par des gens honnêtes, d'un caractère faible,
» qu'on peut bien appeler royalistes si l'on con-
» sidère leurs opinions particulières, mais qu'on
» peut encore appeler républicains si l'on consi-
» dère leur respect pour le gouvernement établi.
» Ceux-là n'aiment pas la République, parce que
» cette idée se lie dans leur esprit avec celle des
» troubles et des factions. L'ombre des Décem-
» virs les poursuit; le flambeau dévastateur de
» l'anarchie les effraye; et, trompés par le sang
» qui a rougi le bonnet de la liberté, ils regar-
» dent le régime opposé comme la seule base
» possible de la tranquillité qu'ils désirent. L'or-
» ganisation d'un bon gouvernement ramènera
» ces citoyens trompés [1]. »

---

[1] La perte de la République se tramait publiquement. La révolution était vieille ; elle avait froissé bien des intérêts. Une main de fer avait pesé sur les individus. Bien des crimes avaient été commis ; ils furent tous relevés avec acharnement, pour exciter tous les jours davantage l'animadversion publique contre ceux qui avaient gouverné, administré, ou participé d'une manière quelconque aux succès de la révolution. Tous les partis étaient fatigués de la Convention : la Convention l'était d'elle-même. Elle

Cette conclusion révèle l'unique espoir qui reste aux amis de l'*ordre* : encore, faut-il le dire, ils sont divisés sur la manière dont ils entendent exploiter cette planche de salut.

A cette époque plusieurs Conventionnels, et même plusieurs membres des comités du gouvernement, s'étaient engagés dans de secrètes intelligences avec le parti royaliste. Sans doute les événemens subséquens prouveront que s'ils ont abandonné le système républicain, ils n'entendent pas du moins sacrifier les libertés nationales, et qu'au contraire ils espèrent trouver dans une prompte transaction des garanties qu'on risquerait de perdre par une résistance trop prolongée. Toutefois, de semblables traités, par cela même qu'ils obtiennent grâce dans le parti qu'ils secondent, n'en trouvent aucune dans celui qu'ils trahissent : aussi les transactions dont nous parlons sont-elles encore enveloppées des plus épais mystères.

Les moyens que ce tiers parti préfère pour arri-

---

vit enfin que le salut de la patrie, le sien propre, exigeaient que, sans délai, elle remplît sa mission ; elle décréta la constitution de l'an III, qui confiait le gouvernement à cinq personnes, sous le nom de Directoire, et la législature à deux conseils, un des Cinq-Cents, et l'autre des Anciens. (Montholon, tome III, page 102.)

ver à son but, sont ceux que les voies légales peuvent fournir dans la nouvelle constitution qu'on va mettre en activité. « Ne parlons pas, se dit-on, de
» rétablir un roi. La masse qui doit nous aider n'y
» pense pas encore; mais attaquons *la Conven-*
» *tion et la Révolution*; avec ce mot d'ordre nous
» ne manquerons pas d'auxiliaires. Ce qui presse
» le plus, c'est de dissoudre la Convention et de
» nous débarrasser des hommes qui ne veulent entendre
» à rien de ce qui n'est pas la République.
» Ce premier pas fait, les élections feront le reste.
» L'opinion s'est montée à un tel degré d'aversion
» contre les hommes révolutionnaires, qu'elle promet
» tout ce qu'on voudra en faveur des hommes
» qui ne le sont pas. Il sera facile, à l'aide des exclusions
» de parti, de resserrer le cercle des éligibles
» de telle façon, que les choix ne placent
» que des amis ou des dupes dans notre système
» transitoire. »

Ce que le tiers parti redoute le plus, c'est l'intervention du glaive. On ne veut admettre aucune de ces combinaisons qui font courir pour seconde chance à leur auteur le meurtre ou l'échafaud. On se flatte d'éviter les combats et les désordres de la guerre civile. Émigrés, Chouans et Vendéens, sont des secours dont on croit pouvoir se passer. On désire surtout échapper à la protection des armées étrangères, et, sous ce rapport, l'achèvement des traités qui restent à conclure pour désarmer l'Europe, entre parfaitement dans le système du parti qui ne désire rien tant que d'échapper à l'influence des gens de guerre. Le licenciement des armées débarrasserait de la seule opposition qu'on ait à craindre. Enfin on est persuadé qu'on n'a besoin pour réussir que de la *voie civile*, et que dès qu'on aura une fois mis la main sur *la machine aux décrets*, on sera maître de tout. Tel est le rêve des hommes de loi. Derrière eux sont des hommes d'exécution qui sourient de cette confiance, mais qui l'encouragent et s'en applaudissent, parce qu'elle leur fournit d'excellens préliminaires....

Encore un pas et le gouvernement des Comités va se trouver enlevé aux républicains; car tous se sont plus ou moins compromis dans les temps de la terreur. Poussés à ce point, ceux qui ont fondé la République sont forcés d'ouvrir les yeux.

Ces meurtres, ces suicides, cette violence de ressentiment qui ne fait plus exception de personne, ce délire des sacrificateurs, cette énergie des victimes, ce bourdonnement de toutes les ambitions nouvelles, finissent par produire une sensation profonde sur les Thermidoriens, qui se sont crus à la tête de *l'opinion* et qui se voient dépassés par elle. Ils n'ont plus à se méprendre sur le coup d'état dont ils sont le point de mire. « Avant trois mois, dit Tallien, la contre-révo- » lution sera faite constitutionnellement. »

« Il faut savoir, dit Thibaudeau, si, lorsque » nous signons des traités glorieux avec l'Europe, » au nom de la République française, on espère » rétablir la royauté dans son sein, et nous faire » trembler par des moyens impuissans. On croit » nous obliger à renverser la République de nos » propres mains. Renverser la République! que la » foudre nous écrase avant qu'aucun moyen, quel » qu'il soit, puisse nous en donner la pensée! »

Les agens de la contre-révolution ont eux-mêmes indiqué ce que les républicains ont à faire. Ils ont placé leur espoir dans l'éloignement des Conventionnels; dès lors les amis de la République doivent mettre tous leurs efforts à maintenir les Conventionnels *au pouvoir,* assez long-temps du moins pour atteindre des temps plus calmes.

On se rallie à cette idée. Les Thermidoriens ont déjà quitté le parti qu'ils n'espéraient plus contenir; les républicains se comptent; ils sont encore nombreux; ils auront la majorité à l'aide d'une portion de l'assemblée restée jusqu'alors incertaine mais que les violences de la réaction royaliste ont épouvantée.... « Votre premier mou- » vement, disent ces hommes sages aux énergu- » mènes qu'ils abandonnent, a été pour la jus-

» tice; mais votre second est pour la haine. »
Fatigués de s'entendre demander les têtes de leurs collègues, ils n'en accordent plus qu'une, encore n'est-ce que celle de Joseph Lebon!

Ainsi, la Convention a fait ce retour sur elle-même; elle n'admettra plus pour règle de salut public que la conservation au pouvoir des hommes qui offrent au gouvernement établi les garanties les plus solides, et c'est dans son propre sein qu'elle est décidée à les prendre.

Cette résolution peut avoir l'inconvénient de paraître dictée par l'intérêt personnel plutôt que par l'intérêt de l'État; aussi ce côté délicat est-il habilement saisi par les adversaires. Ce qu'il y a ici de *personnel* et d'exclusif est bientôt ressenti par un peuple encore plus susceptible sur les convenances qu'il n'est jaloux de ses libertés. « Ils » veulent donc se perpétuer? se met-on à crier de » toutes parts. Nous ne serons donc jamais débar- » rassés de ces hommes qui nous ont déjà coûté » tant de sang par la guerre et les supplices, et » tant de milliards par les assignats et le maxi- » mum? S'ils prétendent maintenir la Républi- » que, c'est donc pour nous imposer leur ignoble » aristocratie? »

Quoi qu'il en soit, les décrets du 5 fructidor ont tranché la question. Les Conventionnels composeront les deux tiers de la nouvelle législature.

Cette disposition imprévue a jeté la réaction hors de toute mesure.

La Convention donne elle-même le signal de l'explosion, en appelant, dans de telles circonstances, le peuple à délibérer. La *république* se trouve tout à coup remise en question dans les assemblées primaires des sections et dans les colléges électoraux qui s'ensuivent. Toutes les idées politiques tourbillonnent; mais, au sein de cette incohérence tumultueuse, les fermens secrets travaillent, et bientôt l'opposition excitée contre les Conventionnels va se trouver rattachée à des fils dont les extrémités sont par delà nos frontières.

Le désastre de Quiberon n'a pas découragé M. Pitt : *Pas une goutte de sang anglais n'a coulé*, dit-il tranquillement dans le parlement. — *Oui*, lui réplique M. Shéridan, *mais l'honneur anglais a coulé par tous les pores*. L'honneur, en politique, se réhabilite par le succès, et M. Pitt est prêt à recommencer. *Il va répandre le Pactole parmi la ligue*, écrit-on dans les correspondances secrètes. Il n'abandonne pas pour cela la voie plus franche des armemens maritimes.

Les préparatifs auxquels on se livre de nouveau dans les ports de l'Angleterre attestent que l'entreprise qui a été un moment compromise à Quiberon présente encore des chances attrayantes. Il s'agit toujours d'un débarquement sur nos côtes de l'Ouest. La partie paraît fortement liée avec les chefs des armées royales de l'intérieur. Deux divisions de troupes anglaises, celle du général Doyle et celle du général Moyra, sont désignées pour l'expédition, et M. le comte d'Artois est déjà à bord d'un des vaisseaux. Ce prince est accompagné de M. le comte de Sérent, de M. de la Chapelle et de M. le comte de Maillé. On nomme parmi ses aides-de-camp MM. de Durfort, de Sablacourt; Charles de Damas et de Puységur. Les autres officiers de l'état-major du prince sont M. de Rosière, quartier-maître général, M. de Chabeuf, major général de la cavalerie, M. de Raigecourt, commissaire général et M. de Rholl, adjudant général.

M. le duc d'Angoulême reste pour s'embarquer avec lord Moyra.

Enfin, le cabinet de Londres, en même temps qu'il menace la Bretagne et le Poitou, porte ses regards sur la frontière opposée, et, pour la dixième fois, l'armée de Condé, dont il fait la solde, est prévenue de se tenir prête à passer le Rhin.

L'attente de ce dernier effort tient l'Europe en suspens; mais les armes qui sont le moins en vue sont peut-être celles qui menacent des coups les plus dangereux.

CHAPITRE II.

FRAGMENS DE LA CORRESPONDANCE DE VÉRONE,
ET DE QUELQUES LETTRES DES BORDS DU RHIN.

La mort du jeune roi Louis XVII vient de faire passer sa couronne sur la tête du prince qui était déjà investi de ses pouvoirs. Il n'y a plus de régence, et le règne de Louis XVIII a commencé.

Cette circonstance a dû rendre un nouvel essor à toutes les entreprises qui ont pour objet le rétablissement de l'autorité royale en France. De Vérone, où le roi réside, les correspondances les plus actives se sont établies avec *Londres*, avec l'armée de Condé, avec la Vendée, avec Paris même ; mais du point de vue où nous sommes placés près de la Convention, comment apercevoir ce qui se passe sur le revers au-delà de l'horizon ? C'est une lacune qu'il ne nous appartient pas de remplir. Peut-être quelques fragmens publiés après coup pourront-ils y suppléer, et jeter un jour vrai sur la partie qui reste obscure dans les événemens de cette époque; je suspends donc mon récit pour les intercaler à cette place que la date leur assigne.

§ I. FRAGMENS

DE LA CORRESPONDANCE DE VÉRONE.

(N°. 1.) *Premières paroles de Louis XVIII à son avénement.*

Les impénétrables décrets de la Providence, en nous appelant au trône, ont établi une conformité frappante entre les commencemens de notre règne et ceux de Henri IV, comme s'ils eussent voulu nous avertir de prendre ce grand roi pour modèle. Nous imiterons sa noble franchise....... Les abus s'introduisent dans les empires qui atteignent le plus haut degré de gloire et de prospérité..... Quelques-uns s'étaient glissés dans le gouvernement français; ils pesaient non-seulement sur le peuple, mais sur tous les ordres de l'État. Le feu roi, notre frère et notre souverain, les avait reconnus et s'occupait tout entier à les réformer. Dans ses derniers momens, il a chargé son successeur d'exécuter les plans que sa sagesse avait conçus pour le bonheur de ce peuple qui l'a laissé périr sur l'échafaud. En descendant de ce trône, d'où l'ont précipité l'impiété et le crime, pour monter à celui que le ciel réservait à sa vertu, il nous a indiqué notre devoir dans cet immortel testament, source inépuisable d'admiration et de regrets......... Ce que Louis XVI n'a pu faire, nous le ferons; mais si l'on peut concevoir des plans de réforme au milieu de la confusion, on ne peut les exécuter que dans le sein de la paix...... Les implacables tyrans qui vous tiennent sous le joug retardent cet heureux moment....... Ils nous représentent à vos yeux comme un homme altéré de vengeance, qui n'aspire qu'au plaisir barbare de vous ôter la vie, le seul bien qu'ils ne vous aient point enlevé; mais connaissez le cœur de votre souverain, et laissez-lui le soin de vous préserver des machinations de vos ennemis. Non-seulement il ne transformera point des erreurs en crimes, mais il sera toujours prêt à pardonner aux crimes qui n'ont leur source que dans l'erreur. Tous les Français qui ne sont devenus coupables que parce qu'ils se sont trompés, loin de trouver en nous un juge inflexible, n'y trouveront qu'un père plein d'indulgence......... Les triomphes de l'armée prouvent que jamais le courage ne s'éteindra dans le cœur des Français; mais cette armée ne saurait rester plus long-temps l'ennemie de son roi : elle a conservé son antique bravoure ; elle reprendra sa première vertu ; elle entendra la voix de l'honneur et du devoir, et suivra leurs conseils. Non, nous n'en saurions douter, bientôt le cri de *Vive le Roi* succédera à des clameurs séditieuses, et nos fidèles soldats viendront autour du trône combattre encore pour sa défense, et lire dans nos regards paternels, l'oubli du passé......

(N° 2.) *Le Roi,*
Au général Charette.

(Envoi de la déclaration ci-dessus.)

Vérone, le 8 juillet 1795.

.... Il est possible que votre trêve subsiste encore lorsque cette déclaration vous parviendra. Alors il serait peut-être imprudent que vous la publiassiez vous-même ; mais faites-la circuler.......

(N° 3.) *Le comte d'Avaray,*
Au général Charette.

Vérone, le 17 août 1795.

.... Depuis long-temps, enflammé d'une ambition de gloire dont il ne peut pardonner qu'à vous de lui avoir donné l'exemple, le Roi se voit privé du moyen le plus noble, le plus sûr et le plus favorable à ses intérêts, d'aller vous rejoindre !.... L'Empereur ne paraît pas disposé à reconnaître encore l'autorité légitime. Le descendant de Louis XIV et de Philippe IV a fait sa paix. Il ne nous reste donc que les Anglais ! Atténuez le mauvais effet que peut produire en France la confiance apparente accordée aux Anglais....... Si vous apprenez que le Roi soit à l'armée de Condé, que cela ne vous étonne pas ; car, sans laisser soupçonner son projet à qui que ce soit, il quitte sa station pour aller passer quelques jours à son armée du Rhin. Il est essentiel que l'Angleterre n'en soit pas prévenue ; car voyant le Roi avec M. le prince de Condé, non-seulement elle ne se presserait pas de répondre à sa demande, mais elle pourrait même le laisser sur le Rhin dans la dépendance de l'Empereur !...... Que cette lettre reste secrète entre nous : je ne l'ai communiquée qu'à Sa Majesté.

(N° 4.) *Le Roi Louis XVIII,*
Au général Charette.

Vérone, le 3 septembre 1795.

Vous jugez sans peine, Monsieur, de la douleur avec laquelle j'ai appris la funeste affaire de

Quiberon, et ses affreuses suites. Mon cœur est déchiré, mais mon courage n'est pas abbattu; il existait en vous avant cette cruelle journée, il y réside encore. Faire pleurer de braves et fidèles sujets! les parens, les plus proches parens abandonner ma cause! Charette et sa valeureuse armée me restent!...... Je charge mon ami de vous écrire plus au long, comme je vous ai prévenu que j'en userais.

Le Comte d'Avaray,
Au général Charette.

Vérone, le 4 septembre 1795.

Le roi me donne l'ordre, mon général, d'ajouter quelques mots à sa lettre. Je dois commencer par surmonter mon trouble et mon ivresse de me voir en tiers entre le roi et vous....... Cet affreux désastre de Quiberon, résultat nécessaire de l'impéritie du chef, ne nous permet pas d'espérer une réponse favorable de Londres à la demande que je vous ai annoncée........ Nous ferons tout au monde pour que l'Angleterre ne soit pas prévenue de l'intention où est le roi d'aller passer quelques jours à son armée du Rhin.......

(N°. 5.) *Le roi Louis XVIII,*
Au général Charette.

Vérone, le 18 septembre 1795.

...... La malheureuse affaire de Quiberon, ce contre-temps, n'est pour moi qu'une preuve de plus que la providence veut que je ne doive ma couronne qu'à mes braves sujets...... Je travaille aussi à prolonger la guerre extérieure que je regarde comme un mal nécessaire pour empêcher les rebelles de réunir trop de forces contre vous. Ceux que vous jugerez dignes de la croix de Saint-Louis, je les nommerai tout d'un temps; cette forme est moins régulière que celle d'envoyer des brevets à chacun, mais la difficulté des communications l'exige......

(N°. 6.) *Le roi Louis XVIII,*
Au duc d'Harcourt,

(Chargé de ses affaires politiques à Londres.)

Vérone, le 28 septembre 1795.

J'ai reçu, mon cher Duc, votre réponse à ma lettre du 25 août. J'ai voulu prendre quelques jours de réflexion avant d'y répondre. Je ne puis qu'être très-reconnaissant de l'intérêt que prend le gouvernement anglais à ma conservation. Ma situation est semblable à celle de Henri IV, sauf qu'il avait beaucoup d'avantages que je n'ai pas. Suis-je, comme lui, dans mon royaume? Suis-je à la tête d'une armée docile à ma voix? Ai-je toujours porté les armes depuis l'âge de seize ans? Ai-je gagné la bataille de Courtras? Non: je me trouve dans un coin de l'Italie. Une grande partie de ceux qui combattent pour moi, ne m'ont jamais vu! Je n'ai fait qu'une campagne, dans laquelle on a à peine tiré un coup de canon! Mon inactivité m'expose à des jugemens défavorables de la part de ceux qui me sont restés fidèles, jugemens que je ne puis pas appeler téméraires, parce que ceux qui les portent ne sont pas instruits de la vérité. Puis-je conquérir ainsi mon royaume? Et, supposé que mes fidèles sujets obtiennent un tel secours que je n'aie qu'à me présenter pour recevoir ma couronne, pourrai-je, par-là, acquérir la considération personnelle qui me serait si nécessaire?

On vous dira que si les progrès de Monsieur me promettent une entière sécurité, on me conduira dans mes états; mais cela signifie uniquement que l'on me fera venir, lorsque les grands dangers seront passés. Dieu m'est témoin, et vous le savez, mon cher Duc, vous qui connaissez le fond de mon cœur, que j'entendrais avec la plus vive satisfaction répéter le cri des Israélites : « Saül a tué mille hommes et David dix mille. » Mais ma joie comme frère ne fait rien à ma gloire comme roi; et, je le répète, si je n'acquiers pas une gloire personnelle, si mon trône n'est pas entouré de considération, mon règne sera peut-être tranquille par l'effet de la lassitude générale, mais il ne sera pas long, et il sera peut-être plus malheureux que celui de Henri III.

Le passage du Rhin, la saison qui avance, tout se réunit pour me persuader qu'au moins pour cette année le corps du prince de Condé n'agira point. D'ailleurs, M. de Thugut a dit depuis peu, sans y être provoqué, que je ne jouerais pas auprès de ce corps un rôle convenable, et je sens en effet que j'y serais pour le moins aussi déplacé qu'à Vérone !

Que me reste-t-il donc ? la Vendée. Qui peut m'y conduire ? le roi d'Angleterre. Persistez de nouveau sur cet article. Dites aux ministres, en mon nom, que je leur demande mon trône ! Tout autre parti, quel qu'il soit, est dangereux pour ma gloire, dangereux pour le bonheur présent et futur de mon royaume, dangereux même pour la tranquillité de l'Europe, incompatible avec l'état présent de la France.

Faites sentir tout ceci au cabinet de St.-James; ajoutez une réflexion moins importante puisqu'elle ne regarde que moi. Dites que j'éprouverais une bien douce satisfaction de devoir mon trône, ma gloire, le salut de mon royaume à un souverain aussi vertueux que le roi d'Angleterre, et à des ministres aussi éclairés que les siens.

Portez-vous bien, mon cher Duc, et comptez sur mon amitié.

Signé, Louis.

(N°. 7.) *Note.*

(Cette note, attribuée à M. le comte d'Entraigue, répond à des communications qui avaient pour objet une amnistie, du moins partielle.)

Le 10 octobre 1795.

...... Je ne crois pas que le Roi puisse, par un acte public, c'est-à-dire par une nouvelle déclaration, pardonner aux juges qui ont voté la mort du roi; mais le Roi regarde comme une chose très-différente de cette déclaration, le pardon accordé à ceux qui, ayant commis ce crime, rendraient de si grands services, que ce serait à leurs forces et à leurs actions que le Roi devrait le rétablissement de la monarchie. En ce cas, on aurait bien des moyens dont on pourrait convenir pour assurer l'existence de ceux qui auraient rendu un pareil service, et je ne crois pas que personne désapprouve le Roi en cela; ce ne serait pas moi, au moins. Mais vous sentez que pour pareille chose il faut des faits même pour la justification du Roi, et des faits tels que la grandeur du service fût à la fois le mobile et l'excuse du Roi..... Mais, en même temps que le Roi désire que vous écoutiez et mainteniez les propositions sur les demandes qui peuvent vous être faites, Sa Majesté croit qu'il ne doit pas échapper à votre sagacité que ces nouvelles négociations peuvent fort bien avoir pour objet d'allanguir par-là même les efforts que va faire Monsieur et sa Majesté Britannique, et sous ces rapports, les vues cachées n'auraient aucun succès; car le Roi n'a recommandé rien tant à Monsieur que d'aller en avant, de seconder le zèle de ses sujets, et de n'entendre aucune des négociations. La conduite de Tallien à Quiberon, a prouvé quelle foi on peut leur accorder. Ainsi l'effet de toute négociation ne sera jamais d'arrêter ou ralentir un seul moment ce qui se passe *en Vendée*; le Roi le leur enjoint expressément, impérieusement, absolument.

§ II. NÉGOCIATIONS SECRÈTES

AVEC LE GÉNÉRAL PICHEGRU.

Des intelligences ont été pratiquées entre les royalistes et le général Pichegru. On en fait remonter l'origine au 3 juin 1795 (15 prairial an 3). Il y a même des écrivains qui prétendent qu'elles datent de plus loin : peut-être du séjour de Pichegru à Paris, au milieu des troubles de germinal, peut-être même du temps qu'il commandait en Hollande!.... Quoi qu'il en puisse être, la première lettre *directe* de M. le prince de Condé, a été apportée à Pichegru le 19 août (2 fructidor), par le sieur Fauche Borel, libraire de Neufchâtel.

On promettait à Pichegru le bâton de maréchal de France, le gouvernement de l'Alsace, le cordon rouge, le château de Chambord avec son parc, un hôtel à Paris, la terre d'*Arbois*, son pays natal, érigée en duché sous le nom de Pichegru, un million en argent comptant, 200,000 francs de rente reversible par moitié à sa femme et par quart à ses enfans.

On offrait pour l'armée la confirmation de tous les officiers dans leur grade;

Et pour le peuple, amnistie entière et sans réserve.

On n'offrait pour le général Moreau, que le

grade de lieutenant général des armées du Roi, et la décoration de commandeur grand'croix de l'ordre de Saint-Louis. Pichegru demandait pour Moreau le bâton de maréchal de France.

M. le prince de Condé voulait que Pichegru lui livrât Huningue, vînt au-devant de lui de l'autre côté du Rhin, et arborât, avant tout, le drapeau blanc. Pichegru désirait éviter ces préliminaires qu'il jugeait inutiles et hasardeux au point de tout compromettre. Il demandait que le prince vînt tout simplement se joindre à lui pour marcher sur Paris..... Mais la confiance que le prince mettait dans les promesses de ses agens de Paris et de Lyon, lui faisait accorder peu d'importance à la défection de Pichegru.

§ III. FRAGMENS

D'UNE CORRESPONDANCE SECRÈTE DES BORDS DU RHIN AVEC PARIS.

(Sans date.)

.... Le parti dominant de la Convention veut rétablir la royauté : c'est sûr. Celui qui m'a porté la lettre était envoyé par les chefs pour voir s'il y aurait moyen de traiter avec le prince pour se procurer des sûretés. Je l'ai vu. Il m'a tout communiqué ; il a vu le représentant des princes ici; il était porteur d'écrits qui ne laissent pas de doutes........ Y aurait-il un moyen d'avoir un passe-port du comité de Salut Public?..... Mon homme, qui te remettra ma lettre du 12 mai, m'a promis en partant de rapporter, dans huit jours, mes passe-ports.....

Huningue, 19 août 1795 (2 fructidor an III).

Wurmser arrive! On craint que les Lyonnais et les montagnes n'éclatent avant le temps. On fait tout ce qu'on peut pour les retenir.... L'Empereur entrera-t-il en conquérant? ce système nous paraît impolitique. Il peut faire manquer l'entreprise et donner de la force à la Convention contre les assemblées primaires...... Nous devons entrer sous un mois probablement par le Porentrui ; alors la grande armée passera le Rhin, et nous, nous agirons par la Franche-Comté, pourvu, toutefois, que ces messieurs (les Autrichiens) ne nous laissent pas tout seuls, en nous disant : Vous y voilà, tirez-vous en! Vienne et Londres ne s'entendent pas trop. L'Empereur n'a pas voulu qu'on répandît de son côté la déclaration du Roi. La Vendée! la Vendée! c'est là notre salut! ou plutôt c'est Paris; c'est la chute des deux tiers conventionnels qui doit tout terminer! si Paris voulait aller! Nous n'avons d'espoir que dans les troubles intérieurs! dans Charette, et dans l'horreur qu'on a de la Convention! Au surplus, les armées sont en présence, et les sections seront aidées de la coalition........

Bâle, le 16 septembre (30 fructidor).

.... Si les sections sentaient ce qu'elles peuvent devenir : le point d'union de la France entière!..... à vos sections, à Charette à réparer tous nos maux! Il faut un coup d'éclat. Cela tient à un brouhaha de Paris! Je ne conseille pas au Roi la place de *maire perpétuel de Paris*. Vérone est une bonne position pour rejoindre Charette. Rien n'empêche d'y arriver, au lieu que d'un autre côté l'Empereur peut barrer le chemin. J'aime bien mieux voir le Roi dans la main des Patriotes, que dans celle des puissances qui n'ont ni foi ni loi!

CHAPITRE III.

LES SECTIONS DE PARIS

Ce qui se passe derrière la toile vient d'être entrevu. Reportons maintenant nos regards sur la scène où les événemens vont s'achever.

Le recensement des votes a été proclamé. Le peuple accepte la nouvelle constitution, et la loi des *deux tiers;* mais ce qui n'est qu'une formule républicaine est pris au sérieux. Des hommes d'état ont la bonhomie de croire que pour renverser une grande république, il peut suffire de quelques scrutins; les voilà qui fouillent dans l'urne du moindre village, et qui, sans autre preuve que leur défiance, contestent l'exactitude du dépouillement.

Depuis la fin de fructidor, on ne voit que des orateurs sectionnaires qui se succèdent à la barre de la Convention. Ces mêmes sections qui, trois mois auparavant, ne parlaient que de leur dévouement à la représentation nationale, ne lui apportent plus que des remontrances et des reproches. Par un concert habilement ménagé entre les assemblées des quartiers les plus riches de la capitale, les mêmes propositions sont faites et adoptées partout, et au même moment; une confédération de sauvegarde, de secours et de garantie s'est établie entre toutes; on prend des mesures pour faire entrer dans cette alliance les assemblées de la ville qui hésitent encore, et celles des départemens voisins. Le langage et toutes les habitudes de la révolution sont ménagés. On échauffe les esprits avec ces mêmes mots de *souveraineté du peuple*, *de dangers de la patrie*, *de résistance à l'oppression* que les républicains ont rendus familiers, et qu'on se plaît à retourner contre eux. « Le peuple a ressaisi ses droits, dit-on bien fort ; il n'y a plus d'autorité légale devant le peuple réuni en assemblées primaires; tous les pouvoirs sont alors suspendus, et la Convention, qui refuse d'abaisser ses faisceaux devant nous, usurpe la tyrannie ! » Ce langage est un moyen de guerre, il a le plus grand succès ; les classes intermédiaires, qui sont devenues les hautes classes, se persuadent qu'une levée de boucliers est nécessaire pour voter avec plus d'indépendance. Cette jeunesse française qu'on est toujours sûr d'animer au seul mot d'*oppression*, a déjà pris feu. Les plus honnêtes gens croient avoir encore la *terreur* à combattre. Dans les salons des propriétaires, dans les études des gens d'affaires, dans les comptoirs, et jusque dans les magasins du commerce, ce n'est qu'un cri contre la Convention ! elle est même condamnée par quelques républicains respectables qui la jugent d'après les lois d'un ordre théorique, quand elle est aux prises avec le chaos d'où elle s'efforce de sortir. Pourtant, ce n'est encore qu'une guerre de plume et de paroles; la presse en gémit, et les quarante-huit tribunes des sections en retentissent [1].

De son côté la Convention essaye de répondre; mais elle renferme dans son sein une opposition qui la gêne, l'intimide, l'embarrasse, et même l'affaiblit [2]. Elle veut éclairer, se défendre, se

---

[1] Sans doute, tout le monde soupirait après un ordre de choses régulier, après le retour de la justice et de l'ordre, mais l'on se tromperait étrangement en pensant que l'esprit public se prononçait à l'époque du 13 vendémiaire, en faveur du rétablissement de la maison de Bourbon. On aurait une bien fausse idée, et du temps et des choses, si l'on pensait que le mouvement contre-révolutionnaire des sections, avait pour objet la restauration de l'autorité royale. (*Histoire* de l'abbé de Montgaillard, tome IV, page 381.)

[2] Les sections avaient quelques partisans parmi les Représentans. C'étaient le petit nombre des adhérens du royalisme, ou des républicains modérés qui étaient aveu-

disculper. Elle oppose des argumens à des argumens, des principes à des principes; elle fait écrire ses plus habiles publicistes; mais Daunou, Lenoir-Laroche et Trouvé, sont à peine écoutés. Je passe par-dessus cette controverse qui est bien pâle dans de pareilles extrémités. Ce qu'il y a de posititif, c'est que la Convention a le désir de calmer ses ardens adversaires; elle semble leur dire : « Prenez un peu de patience! si vous êtes las de » nous, nous sommes nous-mêmes tout disposés à » nous en aller. Un premier tiers va se retirer; les » deux autres tiers suivront. Dans peu, nous serons » tous remplacés. Pourquoi donc provoquer une se- ».cousse publique qui peut tout compromettre? » Ne précipitons rien, et laissons s'opérer graduel- » lement et dans l'ordre prescrit, ce grand renou- » vellement que nous désirons tous [1]. »

---

glés par la flatterie ou les éloges des sections. (Thibaudeau, page 112.)

[1] La Convention nationale s'était décimée; elle était usée; tous les partis en étaient las, elle était fatiguée de son pouvoir. (Thibaudeau, *Vie de Napoléon*, tome I, page 110.)

Dans tout autre temps, on n'aurait pas souffert les discours insolens des sections; mais la foudre révolutionnaire s'était presque éteinte dans les mains de la Convention, elle ne voulait pas la rallumer au moment où elle allait lui substituer un régime constitutionnel. (*Le même*, page 112.)

C'est ainsi que les avocats des deux partis s'épuisent en vaines discussions, en petites chicanes et en transactions illusoires ! Le point essentiel pour lequel on est au moment de se tuer, reste seul *sous-entendu*.

Ce qui importe uniquement au parti qui est derrière les sections, c'est de se rendre maître du pavé de Paris. Alors il placera au plus vite des royalistes au gouvernail de la République, et quand le vaisseau aura changé d'équipage, on n'aura plus qu'à le pousser à pleines voiles sur l'écueil de la contre-révolution..... Voilà tout le secret ! Cependant on ne veut pas se démasquer trop tôt, et l'on s'est bien gardé de mettre d'abord en évidence des personnages qui marqueraient déjà par des services, ou par un rang dans la cause à laquelle il suffit aujourd'hui de surprendre le pouvoir. On s'est donc contenté de donner l'essor à des citadins qui se sentent du mérite, et qui s'irritent de n'être encore rien lorsque tant de gens sont quelque chose. Paris regorge de ces hommes de bonne volonté. Ceux qui ont répondu à l'appel, sont pour la plupart des gens de loi, des gens de lettres, des gens d'affaires ; ils sont maintenant établis dans les bureaux des sections ; ils procèdent aux recensemens ; ils président aux scrutins, s'agitent dans les députations, courent d'une section à une autre, minutent des projets de décrets, rêvent une organisation nouvelle dont ils auront les premières places, fabriquent des proclamations, rédigent des correspondances et portent eux-mêmes leurs lettres, sous le titre de commissaires. Ils sont partout, même à la barre de la Convention, et dans les corridors des comités [1].

---

[1]. Voici les principaux noms qu'on trouve au bas des délibérations des sections :

Quartier du Palais-Royal.

Sections : Lepelletier. . . . . Delalot.
Mail. . . . . Budant.

Quartier Saint-Honoré et faubourg du Roule.

Section : Place Vendôme. . . Saint-Didier.

Quartier Poissonnière et Chaussée-d'Antin.

Sections : Mont-Blanc. . . . . Cadet-Gassicourt.
Salverte.
Poissonnière. . . . . Vaublanc.
Bonne-Nouvelle. . . Cheret.

Quartier de l'Odéon et du faubourg Saint-Germain.

Sections : Fontaine de Grenelle. Quatremère de Quincy.
Leroux.
Théâtre Français. . Lebois, président du tribunal criminel.
Archambaut, avocat.
Dutrône, médecin.

DE L'AN TROIS. 329

De son côté, le gouvernement conventionnel ne veut pas se trouver au dépourvu si la nécessité se présente de repousser la force par la force : « La république n'est plus un jeu d'enfans, dit Thibaudeau à ses collègues, c'est la volonté du

---

Quartier Saint-Denis, Saint-Martin, et des Halles.

Sections : Halle-aux-Blés. . . . Saint-Venant.
            Marchés. . . . . . . Buisson.

Quartier du Temple et du Marais.

Sections : Amis de la Patrie. . Duchosal.
            Arsenal. . . . . . . Gauthier.
                            Charpentier.

Quartier de la Grève et de l'île Saint-Louis.

Section : Fraternité. . . . . . Domanget.
                         Dureau de la Malle.

Quartier du Panthéon et des faubourgs Saint-Victor et Saint-Marceau.

Section : L'Oursine. . . . . . Bouché-René.

Les écrivains et les journalistes qui sonnent la trompette sont nombreux ! Nous ne citerons que MM. De la Harpe, Richer Serisy, Ladeveze, Poncelin, Langlois, Sourriguières, Lacretelle jeune, Fiévée et Marchena.

Enfin, la commission centrale d'exécution s'est établie dans le local de la section Lepelletier. Des membres qui la composent, les seuls dont le nom ait été publié sont : MM. de Castelanne, de Vaublanc, Ladeveze et Duchosal.

peuple, et vous seriez des traîtres si vous ne faisiez respecter sa volonté. »

Depuis les événemens de prairial, les comités ont toujours eu soin de garder quelques troupes dans les environs de Paris. Sous prétexte de continuer l'*École de Mars*, il y a un camp au Trou d'Enfer près Marly, sous les ordres des représentans Letourneur de la Manche et Thabaud. Le commandement de la division militaire, dont le chef-lieu est à Paris, a pris l'importance d'un commandement d'armée. Le général Menou en est investi; il a toujours pour chef d'état-major le général Baraguey-d'Hilliers. Leurs bureaux et ceux de la garde parisienne ont été établis dans un hôtel de la rue des Capucines, qui donne sur les Boulevarts. Les trois représentans chargés de la direction de la force armée, Delmas, Laporte et Goupilleau de Fontenay, ont quitté l'hôtel de Noailles pour se réunir au quartier-général de la rue des Capucines. Là ils exercent une haute surveillance; ils sont parfaitement d'accord avec leurs collègues les plus fermes des comités; ils ont des chevaux, des armes, des cavaliers d'ordonnance, et sont les véritables généraux. Ce sont eux qui répondent de la sûreté de la représentation nationale. Un appareil de défense commençait à se développer sous leurs ordres, quand, le 3 vendémiaire, une première rencontre a lieu au Palais-Royal. Des coups de pistolets sont tirés sur des grenadiers de la Convention qui dissipaient un attroupement. Des jeunes gens sont arrêtés ; on les conduit au Comité de sûreté générale, et, ce qu'on aura peine à croire, mais ce qui peint mieux que tout ce qu'on pourrait dire la sourde dissidence qui énerve la Convention, c'est que dans ce comité même, un membre qui y siége ne craint pas de réclamer ces jeunes gens comme faisant partie *de sa milice*, les absolvant de ce qu'ils ont tiré sur celle de la Convention nationale : ce membre, c'est Rovère ![1]

Au premier récit des rixes du Palais-Royal, la Convention croit voir éclater la guerre civile. Elle décrète aussitôt, que si on vient à succomber à Paris, le nouveau corps législatif et le nouveau gouvernement directorial auront à se réunir

---

[1] La plupart des soixante-treize gardaient alors le silence. C'était de leur part une défection ou une faiblesse ; ils devinrent dès-lors suspects, et l'on finit par les accuser de complicité avec les sections. Qu'il y en ait eu plusieurs de vendus alors à la royauté, c'est ce que la suite a prouvé..... Cependant, l'influence des soixante-treize diminuait ; le royalisme était si décrédité, qu'il compromettait alors ses partisans lorsqu'il les mettait en avant. (Thibaudeau, *Convention nationale*, page 200.)

à Châlons-sur-Marne. Dans toutes les armées, des colonnes républicaines doivent se tenir prêtes à partir à la fois au premier signal, pour venir punir les révoltés et délivrer la représentation nationale attaquée.

Ces dispositions, loin d'intimider les sectionnaires, semblent, au contraire, les presser d'agir. Le lendemain 4, on parle ouvertement dans tout Paris de marcher sans plus de délai sur les Tuileries, et la Convention passe la nuit du 4 au 5, entourée de quelques troupes de ligne que les représentans chargés de la direction de la force armée ont fait arriver sur le Carrousel et dans les Tuileries.

Cette première démonstration n'est suivie d'aucun résultat. Cinq à six jours d'un calme apparent se succèdent. « Dorment-ils ? — Non,
» dit un membre de la Convention à ses collègues
» dans la séance du 7, n'en croyez rien ! Il ne se
» passe pas un seul instant que les sections ne son-
» gent à notre destruction ! Et moi, je demande
» qu'il ne se passe pas un seul jour sans qu'il nous
» soit fait un rapport sur la situation de Paris ! »

Cette attitude dans laquelle l'assemblée reste vis-à-vis les sections est pénible : la Convention perdrait trop à n'être considérée que sous ce point de vue; mais il y a des contrastes qui peuvent distraire. En voici un auquel on ne s'attend pas :

la guerre civile est au Palais-Royal, sur le Carrousel, dans les Tuileries, aux portes et jusque dans les tribunes publiques de la salle, et dans cette crise même la Convention passe deux séances à délibérer si la République s'adjugera définitivement les champs de la Belgique et du Rhin.

CHAPITRE IV.

RÉUNION DE LA BELGIQUE ET DU PAYS DE LIEGE A LA FRANCE.

Cette importante délibération a commencé à la manière des jurisconsultes. On a parlé des contrats qui engageaient la République envers les peuples Belges et Liégeois; on tenait à la main les volumineux dossiers des votes qui avaient été émis par les assemblées primaires des pays, ainsi que les proclamations et les décrets qui leur ont promis la réunion; mais une affaire de cette nature se décide d'après d'autres élémens. Vainement le rapporteur élève la voix pour dire *que les contrats sont obligatoires entre les populations comme entre les particuliers*; la délibération quitte bientôt ce terrain pour s'établir sur celui des considérations politiques. Harmand de la Meuse et Lesage d'Eure-et-Loir combattent la réunion par des argumens qui frappent l'attention : « La Convention, dit Harmand de la » Meuse, peut-elle se persuader que les cabinets

» de l'Europe resteront spectateurs tranquilles
» de cet accroissement prodigieux de notre ter-
» ritoire? La maison d'Autriche est-elle donc
» tellement épuisée qu'elle soit hors d'état de
» prolonger cette guerre? Voulez-vous la pousser
» à bout? Quoi! c'est à l'époque où l'on se pré-
» sente pour traiter de la paix, que vous ne crai-
» gnez pas d'indisposer les puissances par des
» vues ambitieuses! n'est-ce pas le moyen de
» rompre toute négociation ou de ne faire qu'une
» paix plâtrée?... »

Le raisonnement de Lesage d'Eure-et-Loir appartient à un autre ordre d'idées. « Vous occu-
» pez militairement la Belgique et le pays de
» Liége, dit-il; mais cette occupation, qui est
» provisoire de sa nature, on veut que vous la
» changiez en occupation définitive! Eh bien! je
» dis qu'on veut une chose absurde, car c'est
» demander que vous vous décidiez sur un point
» que vous ne pouvez pas même examiner! Il y
» a deux manières d'occuper un territoire: par
» conquête, ou par traité; par envahissement,
» ou par cession. La conquête est le droit de la
» force; elle suppose l'état de faiblesse de ceux
» qui possédaient, ou, ce qui est la même chose,
» l'état de supériorité de ceux qui prétendent
» posséder; or, cette relation de faiblesse ou de
» supériorité n'est pas invariable; elle a des vi-

» cissitudes, et par conséquent elle ne peut don-
» ner naissance à un droit fixe. N'est-il pas ri-
» dicule de décréter que la France qui désire s'ac-
» commoder de la Belgique et du pays de Liége
» sera toujours plus forte que la maison d'Au-
» triche? Voilà pourtant ce que l'on veut que vous
» prononciez!... L'état de guerre est un état de
» violence; il doit finir. Vous aurez beau dé-
» créter, il faudra toujours, pour la validité et
» l'exécution de votre décret, que le Gouverne-
» ment Français revienne à négocier avec les
» agens de la maison d'Autriche, et de l'évêque
» de Liége. Ce ne sont pas les déclarations isolées
» d'une des puissances intéressées, ce sont les
» traités qui fondent le droit public, et qui légi-
» timent les changemens de possession. De par-
» ticulier à particulier, on ne dit pas : Ceci m'ap-
» partient parce que je suis plus fort que mon
» voisin; mais ceci m'appartient par mon con-
» trat d'acquisition, de donation, ou de suc-
» cession. De même en Europe et de puissance à
» puissance, les traités seuls établissent des droits,
» les légitiment et les sanctionnent... Pourquoi
» cette affaire qui est restée indécise depuis deux
» années, ne le serait-elle pas encore pendant
» quelque temps? et d'ailleurs, pouvons-nous,
» dans la crise où nous sommes, nous occuper
» avec maturité d'une des questions les plus épi-

» neuses qui se soient jamais présentées? Rien ne
» nous presse : revenons aux principes; ne nous
» embarrassons pas par des actes intempestifs;
» et sachons attendre que l'heure de la paix
» vienne à sonner. Alors notre diplomatie pourra
» régler d'une manière solide et durable ce qui
» importe, sur cette matière, à nos véritables
» intérêts. »

Les partisans du projet parlent à leur tour :
« Si les peuples de la Belgique et du pays de
» Liége, disent ceux-ci, ne pouvaient pas être
» réunis à la France, ils ne pourraient pas du
» moins être replacés sous le joug de leurs an-
» ciens maîtres; il faudrait bien alors leur assi-
» gner une existence indépendante : or, cette idée
» plairait beaucoup à l'Angleterre, et par cela
» même nous ne devons pas nous y arrêter.
» M. Pitt n'aspire qu'à réunir la Belgique à la
» Hollande, et déjà il tient un nouveau Stathou-
» der tout prêt; gardons-nous bien de lui ouvrir
» le chemin.... » — « Et pourquoi craindre tant
» la réunion des Belges aux Hollandais? réplique
» Lesage d'Eure-et-Loir; pourquoi se reporter
» aux projets de Guillaume-le-Taciturne? Quand
» même de tels plans viendraient à se réaliser,
» de qui la nouvelle république devrait-elle re-
» chercher le plus soigneusement l'amitié, si ce
» n'est des Français, ses voisins, ses appuis, ses

» défenseurs naturels? La Hollande réunie à la
» Belgique n'en deviendrait que plus intéressée à
» rivaliser avec l'Angleterre ; elle la haïrait puis-
» qu'elle la craindrait, et ce serait une nouvelle
» raison pour resserrer ses liens avec la France. »

Cependant les préventions de l'assemblée sont toutes en faveur de la réunion. On écoute avec une bienveillance marquée les répliques très-habiles de Merlin de Douay, ainsi que les discours d'Eschassériaux, de Portier de l'Oise, et de Roberjot; enfin, après deux jours d'une discussion qui a répandu de vives lumières, les adversaires du projet conviennent eux-mêmes que les avantages l'emportent sur les inconvéniens. Voici les principales considérations qui déterminent l'assemblée.

La réunion ne saurait embarrasser nos négociations pour l'avenir; elle doit au contraire les aplanir. Il n'y a pas de voie plus courte ni plus efficace que la franchise d'un tel procédé pour déjouer les chicanes diplomatiques, prévenir les longueurs qu'elles entraînent, et fixer l'attention de nos ennemis tant sur les vrais moyens d'en finir avec nous, que sur le parti qu'ils ont à prendre pour s'indemniser entre eux. « Peut-être ne s'at-
» tache-t-on pas assez, dit Boissy-d'Anglas, à
» l'idée que la pacification générale tient à cette
» réunion même. Au surplus, la Convention ne

» doit pas se dissimuler que si la réunion peut
» être remise en question, il n'est pas moins in-
» téressant de la préjuger dès à présent, dans
» l'intérêt de notre organisation intérieure. Il ne
» faut pas que le Directoire et la législature, aux-
» quels la nouvelle constitution va confier les
» rênes de l'état, puissent considérer la Belgique
» autrement que comme partie intégrante du
» territoire français. En résumé, le droit des Bel-
» ges est d'être Français, et notre intérêt est
» qu'ils le soient. Il importe à la République que
» la maison d'Autriche ne se retrouve pas en con-
» tact avec nous; il importe à la République de
» profiter de cette occasion pour rectifier l'arron-
» dissement de notre frontière du nord, de ma-
» nière à ce que la position de Paris soit plus
» centrale; il importe à la République d'enrichir
» son commerce par les nouveaux débouchés de
» la Meuse et de l'Escaut : nous n'avons pas rou-
» vert l'Escaut pour l'Autriche. Enfin, la ques-
» tion de la Belgique intéresse moins l'Autriche
» que l'Angleterre, et, sous ce dernier point de
» vue, il importe à la République que les Belges
» et les Liégois ne soient libres qu'autant qu'ils
» seront Français. »

Carnot achève de vaincre les dernières hésitations, en déclarant que sous les rapports mili-

taires la réunion de la Belgique est avantageuse. Voici sa péroraison :

« Vous devez, dit-il, à vos généreux frères d'ar-
» mes de conserver à la France le prix glorieux de
» leur courage et de leur sang; et j'ose dire que,
» sans cela, on serait en droit de vous demander :
» Où est donc le résultat de tant de victoires et de
» tant de sacrifices ? On ne verrait plus que les
» maux de la révolution, et vous n'auriez rien à
» offrir en compensation.... rien que la *Liberté* !
» Mais, aux yeux de vos adversaires, la liberté est
» un bien imaginaire! Sans doute il faut terminer
» la guerre, et promptement; mais il faut baser la
» paix sur la nature même des choses, qui est in-
» variable, et non sur la fidélité de nos adversaires
» qui est incertaine. Coupez les ongles au *Léopard*;
» abattez au moins une des deux têtes de l'*Aigle*,
» si vous voulez que le *Coq* puisse dormir tran-
» quille. »

Les plus vifs applaudissemens accueillent ce discours, et la *réunion* est votée par acclamation.

CHAPITRE V.

PREMIÈRES ÉTINCELLES DE GUERRE CIVILE.
AFFAIRE DE LA RUE VIVIENNE.

Le calme n'a pas été de longue durée, et la Convention ne tarde pas à se retrouver dans le tumulte des Sections qui éclate avec plus de fureur [1].

Les assemblées sectionnaires se sont déclarées permanentes. Pour détendre tous les ressorts de la police urbaine, elles ordonnent aux officiers civils, composant l'autorité municipale, de se soustraire à l'obéissance de la Convention ; elles font la même injonction aux commandans des bataillons des Sections ; enfin, pour substituer un

---

[1] L'agitation était concentrée dans l'intérieur des Sections ; on ne s'en apercevait pas pour ainsi dire extérieurement. On allait et venait dans les rues, aux spectacles, à ses plaisirs, à ses affaires, comme à l'ordinaire. Le peuple se livrait à ses travaux habituels, et ne prenait aucune part à ces discussions. (Thibaudeau, *Convention nationale*, page 209.)

centre à un autre, elles arrêtent que le corps électoral, qui ne devrait se rassembler que le 17, se réunira dès le 11 au Théâtre-Français, salle de l'Odéon.... Lanjuinais l'a bien prédit. « Le » corps électoral placé à Paris dans une atmo- » sphère corruptrice, disait-il il n'y a pas en- » core deux mois, voudra contre-balancer la » législature. » Cette convocation illégale de l'assemblée de l'Odéon se distingue par la violence des expressions. « ...... Considérant, disent » les sections, que c'est à l'impéritie et au bri- » gandage des gouvernans actuels que nous avons » été redevables de la disette, et de tous les » maux qui l'ont accompagnée ; considérant qu'il » est temps que le peuple lui-même songe à son » salut, puisqu'il est trompé, trahi, égorgé par » ceux qui sont chargés de ses intérêts...., etc. » Ce manifeste porte la date du 10.... La déclaration de guerre est lancée.

Le 11, la Convention se disposait à célébrer une fête funéraire en l'honneur des victimes de la terreur, lorsque Daunou vient l'avertir, au nom des Comités, qu'elle prélude peut-être à ses propres funérailles.

« Les ennemis de la République se pressent à » vos portes, dit cet orateur qui est également » respecté des deux partis ; ralllions le bataillon » sacré. Les royalistes aiguisent leurs poignards ;

» que les républicains préparent leurs boucliers.
» Laissons aux malveillans l'affreuse initiative de
» la guerre civile; mais s'ils osent tenter ce qu'ils
» méditent, s'ils osent soutenir par les armes
» leurs rassemblemens séditieux, donnons le si-
» gnal d'une courageuse résistance. Républicains,
» accourez autour de nous, et, puisque les amis
» des rois l'exigent, donnons-leur le spectacle de
» notre triomphe ! »

La Convention se livre à cette impulsion. Elle enjoint aux Sections de se séparer; elle défend aux électeurs de Paris de se réunir avant l'époque fixée; et, pour prix de la soumission, elle offre l'oubli du passé. Il ne sera fait aucune recherche contre ceux qui jusqu'à ce jour se sont laissés entraîner dans des mesures illégales.

Dans la soirée, les administrateurs du département de Paris proclamaient eux-mêmes aux flambeaux les décrets de la Convention, lorsqu'arrivés sur la place de l'Odéon, leur cortège est assailli par les huées d'un attroupement qui s'est établi sous le péristyle et les galeries extérieures du théâtre. Déjà soixante à quatre-vingts électeurs y tenaient séance. Des détachemens de la garde nationale de la section sont près de là pour les protéger, et les porteurs de la proclamation, ne pouvant plus avancer, sont repoussés par la clameur publique jusque par-delà le Pont-Neuf.

Les Comités, au premier avis de cette résistance, requièrent les Représentans qui dirigent la force armée, de faire exécuter les décrets et de maintenir force à la loi. Le général Menou envoie aussitôt vers le Théâtre-Français une colonne de troupes qui trouve à son arrivée le rassemblement dissous. Dans la nuit on croit pouvoir faire rentrer les troupes à leur camp des Sablons.

Sur ces entrefaites, quinze cents Patriotes, environ, répondant à l'appel, se sont réunis sous les fenêtres des Tuileries où la Convention se tient en permanence. Elle fait donner des armes à ceux qui viennent la défendre. Ces hommes sont des têtes chaudes qui ont pris part avec plus ou moins d'ardeur aux événemens de la révolution. Ils se donnent eux-mêmes le titre de Patriotes de 1789; dans le nombre figurent beaucoup d'officiers décorés par d'honorables cicatrices. On en forme trois bataillons, puis on les place sous les ordres du général de division Berruyer, vieillard à cheveux blancs, dont l'âge, les services militaires, la belle figure et les formes affectueuses et polies offrent déjà la garantie que cet armement n'est destiné qu'à l'appareil de la défense. Les meneurs des Sections ne trouvent pas moins dans cette mesure un nouveau prétexte pour porter au plus haut degré l'irritation des esprits. « La Con-
» vention, font-ils crier partout, ne cache plus

» son jeu; elle rassemble autour d'elle tous les
» suppôts de Robespierre, et prétend recommen-
» cer avec eux le régime affreux de la terreur. »
Ces paroles sont magiques, tant le souvenir de
la terreur est encore présent aux esprits! Entre
ennemis tout moyen de ce genre est de bonne
guerre : toutefois, gardons-nous bien de confondre
les ruses du moment avec les véritables élémens
de l'histoire.

La journée du 12 commence sous les plus si-
nistres auspices. Les Sections qui se sont mises à
la tête de l'insurrection n'ont pas tardé à recevoir l'adhésion de leurs confédérées ; elles font
proclamer audacieusement, par les rues, qu'elles
ne reconnaîtront plus aucun des décrets de l'assemblée, et bientôt cette proclamation est suivie
d'une seconde, par laquelle sommation est faite
à tous les citoyens de se rendre en armes au chef-
lieu de leur arrondissement, pour être prêts à
repousser les Terroristes qui menacent d'égorger
les *femmes et les enfans*. De tous côtés, le *rappel* bat et la *générale* se fait entendre. A leur
tour, les comités de Salut Public et de Sûreté
Générale ordonnent que les tambours et les officiers qui font les proclamations des Sections
soient enlevés. Les Représentans chargés de la direction de la force armée envoient, à cet effet, des
patrouilles dans tous les quartiers. Cependant

les appels et les proclamations continuent ; aucun tambour, aucun *proclamant* n'est arrêté, et les électeurs ont repris sans obstacle leur séance au Théâtre-Français.

Des députés des Sections ont poussé la hardiesse jusqu'à venir déclarer aux Comités de Gouvernement qu'ils ont perdu leur confiance, et ils ont pu librement se retirer !

Cependant, dès midi, les Comités se sont décidés à prendre les grands moyens. La section Lepelletier et celle du Théâtre-Français recèlent le foyer qu'il s'agit d'éteindre : la direction de la force armée fait marcher dessus ; l'ordre est donné d'enlever les chefs. Les Représentans ont mis de l'empressement à faire leurs dispositions ; mais il n'en est pas de même de tous ceux qui sont au second rang. Les chefs militaires voient avec répugnance cette *guerre des rues*. La plupart doivent leur emploi à la révolution de prairial, où leurs auxiliaires étaient précisément ceux qu'il est question de désarmer aujourd'hui. La politique de la Convention a changé depuis ; leurs amitiés n'ont pu changer de même, et beaucoup d'entre eux hésitent sur ce que le devoir militaire leur prescrit.

Les troupes ont marché toute la nuit. A peine rentrées au camp des Sablons, il a fallu les faire revenir ; le général Desperrières, qui doit diriger une des colonnes, ne se trouve pas à son poste; le général Debar, qui est à la tête de la légion de police de Paris, et le général Duhoux, qui commandait au camp des Sablons, ont également donné lieu à de graves mécontentemens; enfin, ce n'est qu'entre 9 et 10 heures du soir que les troupes arrivent sur la section Lepelletier, encore n'arrivent-elles point par les rues qui ont été indiquées pour tourner la position des Sectionnaires; elles se rencontrent et s'entassent dans la rue Vivienne, ayant en tête, devant elles, la force armée de la section Lepelletier; qui vient défendre son quartier-général des Filles-Saint-Thomas, et derrière elle, en queue, à l'autre extrémité de la rue Vivienne, les nombreux attroupemens qui remplissent le Palais-Royal. Le général Menou se trouve là de sa personne, et le représentant Laporte, l'un des trois de la direction de la force armée, est à cheval auprès de lui; leur position devient de moment en moment plus embarrassante par la résistance qui leur est opposée de toutes parts. Les ordres des Comités de Gouvernement sont formels : il faut faire mettre bas les armes aux Sectionnaires; mais ces ordres ont été donnés dans la matinée; la journée devait éclairer leur exécution; on ne pouvait pas prévoir les retards qui sont survenus; dans la situation actuelle des choses, ces ordres ne peuvent plus s'exécuter sans effusion de sang, et qui peut prévoir les suites d'un premier coup de fusil? L'heure avancée de la soirée, cette foule qui s'agite inconsidérement autour d'un grand danger qu'elle ignore, tout ce qu'un combat de nuit peut avoir de déplorable dans un des quartiers les plus riches et les plus populeux de la capitale, parlent plus haut que les instructions du matin, et l'ordre de faire feu expire sur les lèvres du général Menou. Il veut du moins que les troupes se retirent avec honneur; mais il laisse parlementer avec les Sectionnaires [1]. Des deux côtés on se dit également disposé à s'en aller. Cela paraît convenu; mais Menou seul tient parole. Tandis que ses troupes se replient sur le Carrousel, la force armée de la section Lepelletier reste au poste qu'elle s'applaudit d'avoir conservé. Les membres du Comité Insurrectionnel commencent à se croire les plus forts, et, dans la confiance qu'ils ont acquise, ils ne pensent plus qu'à passer de la défense à l'attaque. La nuit est employée par eux en préparatifs. Le lendemain matin, 13 vendémiaire, l'armée des

---

[1] M. Charles Delalot, âgé de vingt-trois ans, était un des chefs de l'insurrection : c'est lui qui, dans cette circonstance, parlementa avec les officiers du général Menou. (Voyez la *Biographie* Michaud et celle d'Arnault.)

Sections doit se trouver toute entière en armes aux portes de la Convention. Le commandement général pour cette journée, qui sera décisive, est déféré de la part des sections au général Danican [1].

---

[1] Auguste Danican, né en 1763 d'une famille noble, mais pauvre, avait d'abord été soldat dans le régiment de Barrois, infanterie, et ensuite gendarme à Lunéville. A la révolution, son avancement avait été rapide. Devenu colonel d'un régiment de hussards, puis général de brigade, il avait été employé dans la Vendée. Le 15 juillet 1793, il s'était fait battre par les royalistes près de Martigné-Briant. Enfermé ensuite dans Angers, il avait été publiquement accusé d'avoir voulu livrer cette place aux Chouans. Destitué à cette époque, il était parvenu depuis quelques mois à se faire remettre en activité, et commandait à Rouen.

CHAPITRE VI.

JOURNÉE DU 13 VENDÉMIAIRE.

La retraite de la rue Vivienne dépouille le général Menou du reste de confiance que les Comités de Gouvernement avaient en lui. On le destitue au moment même où il rentre avec sa troupe dans les cours des Tuileries. Les généraux Desperrières, Debar et Duhoux sont également destitués. Menou est en outre mis en état d'arrestation, car pour les chefs il n'y a pas de demi-disgrâces dans les discordes civiles : on crie contre lui à la trahison ; il sera jugé.

Cependant le temps presse ; un nouveau général est nécessaire ; il en faut un dans la nuit même : la cause est devenue tellement personnelle pour les Conventionnels, qu'ils ne veulent plus abandonner le commandement à un étranger ; c'est un Représentant qu'on désire en charger, et tous les yeux se sont tournés sur le général du 9 thermidor. Le représentant Barras est donc investi du commandement supérieur. Les représentans Delmas, Laporte et Goupilleau de Fontenay, qui jusqu'à ce moment ont été chargés de la direction de la force armée, lui sont laissés pour *adjoints*.

Le nouveau général n'a que la nuit pour faire ses dispositions de défense. Tous les officiers sans emploi, qui se trouvent en ce moment à Paris, se pressent sur ses pas pour recevoir des ordres. Il les destine aux divers postes extérieurs ; mais il a besoin d'un second sur lequel il puisse se reposer des détails du métier, et dont le coup d'œil soit sûr. Il se souvient alors du jeune général Bonaparte, qu'il a sous la main au cabinet topographique. Il l'appelle, et le fait agréer pour son lieutenant. Cette adjonction a lieu dans l'intérieur du Comité. Au-dehors, on ne connaît que Barras ; tous les ordres se donnent en son nom [1].

---

[1] Les détails que contiennent les Mémoires de Sainte-Hélène, sur cette époque de l'avènement de Napoléon à la célébrité, présentent ici quelques inexactitudes qui déjà ont été relevées. « Il n'est pas étonnant », dit à ce sujet Thibaudeau, *Vie de Napoléon*, tome I, page 115, « qu'après vingt-cinq ans, et dans les circonstances où Na- » poléon dictait, il ait été trahi par sa mémoire. » Nous en sommes encore aux temps où les généraux étaient dans la poche des Représentans ; la supériorité du général Bonaparte n'a pas besoin d'être antidatée ; elle ne saurait

Il est une heure du matin quand le général Bonaparte se met à la besogne. Bien des renseignemens lui manquent; mais il apprend que Menou est détenu dans une pièce voisine : il va le trouver, et celui-ci lui donne avec une franchise toute militaire les premières indications dont il a besoin.

Les défenseurs de la Convention consistent dans ce petit nombre de soldats qui dorment sur le pavé des cours et sur la terrasse du jardin, autour de la salle ; ils ne sont pas cinq ou six mille hommes de toutes armes ; encore faut-il y comprendre les grenadiers de la Convention, la légion de police, un bataillon du faubourg Saint-Antoine, et les trois bataillons des Patriotes de 1789. L'artillerie suppléerait au nombre, mais les pièces de position sont restées au parc des Sablons. Il y en a une trentaine; elles ne sont gardées que par un poste de vingt-cinq hommes; rien de plus urgent que de prévenir les Sections qui pourraient mettre la main dessus. On demande pour cette expédition un officier intelli-

---

l'être d'ailleurs qu'aux dépens des supériorités antérieures, et ce ne serait pas seulement une inexactitude, ce serait une injustice. Nous marquons ici les degrés de cette grande ascension d'après nos propres souvenirs.

gent et actif. Le représentant Delmas appelle Murat du vingt-unième de chasseurs : « Je t'ai » vu gagner le grade de chef d'escadron aux » journées de prairial, lui dit-il avec l'ac- » cent de l'amitié : il s'agit aujourd'hui des » épaulettes de chef de brigade ! » Murat reçoit donc, pour la première fois, les ordres du général Bonaparte, et la rapidité avec laquelle il court les exécuter, promet que ce ne seront pas les derniers !.... Il ne suffit pas d'avoir des canons, il faut des munitions : Ordre au général Durtubie, qui commande l'artillerie, d'envoyer en toute hâte aux Tuileries les approvisionnemens nécessaires. Il faut des vivres : les magasins sont dispersés dans Paris ; Ordre à l'ordonnateur Lefébure d'envoyer des rations au camp du Carrousel ; Ordre de faire fabriquer du biscuit ; Ordre de préparer le service des ambulances. Les troupes sont pêle-mêle ; on rectifie la ligne des postes ; les commandemens ne sont pas bien déterminés : on les partage entre les généraux qui sont présens ; des réserves sont établies, et des mouvemens de troupes qui s'exécutent, dérangent l'emplacement que les affidés des Sections ont pu reconnaître la veille. Deux lignes de défense se forment : l'une du côté de la rue Saint-Honoré ; l'autre du côté de la rivière.

Les débouchés du Carrousel par la rue Saint-

Nicaise et la rue de Rohan sont confiés au général Brune, qui a sous ses ordres le général Gardanne.

Les généraux Dupont-Chaumont et Loison, qui ont avec eux l'adjudant général Blondeau, prennent poste à la rue de l'Échelle et dans la petite rue Saint-Louis.

Les portes de la cour du Manége qui donnent sur le cul-de-sac Dauphin, et sur le passage des Feuillans, sont gardées par le général Berruyer. Là, se trouvent encore le général Vachot, et les adjudans généraux Huart et Mutel.

Sur les quais, un fort détachement est placé à la hauteur du Louvre. Il est commandé par le général Carteaux, qui a son avant-garde au Pont-Neuf. A la tête d'un autre détachement, les généraux Verdière et Lestranges ferment le Pont-Royal et veillent sur les débouchés de la rue du Bac et du quai Voltaire.

La réserve aux ordres des généraux Montchoisy et Duvigneau, est stationnée sur la place Louis XV, couvrant le Pont-Tournant des Tuileries, gardant le pont Louis XVI, et observant les avenues de la place du côté des Champ-Élysées, de la rue Royale, et de la rue Saint-Florentin. La réserve est là, surtout pour conserver au besoin la retraite vers Saint-Cloud. Ce village est le rendez-vous qui vient d'être assigné à toutes les troupes qui sont en marche sur Paris, et si la Convention se voit un moment forcée de céder au nombre, c'est à Saint-Cloud que ses défenseurs doivent se rallier pour ressaisir l'avantage !

Le travail de l'état major cesse avec la nuit. A la pointe du jour on monte à cheval.

Barras va visiter tous les postes; il rectifie ce que les hésitations de la nuit ont pu laisser de défectueux dans les mouvemens des troupes. Son commandant en second est principalement occupé des positions à assigner à l'artillerie qui arrive. A la tête du Pont-Royal, il place une batterie qui enfile la rue du Bac et bat le quai Voltaire et le quai d'Orsay. Cette batterie est soutenue par une seconde, établie sur le quai du Louvre, qui d'un côté prend en écharpe le quai Voltaire, et de l'autre balaye le quai de l'École jusqu'au Pont-Neuf. Vers la rue Saint-Honoré, on pointe, à l'ouverture de chaque défilé, des pièces dont la ligne de tir se prolonge jusqu'au bout des rues de Richelieu, de la butte des Moulins, et de Saint-Roch.

La réserve du parc est rangée au Pont-Tournant; auprès de chaque pièce, la mèche est allumée.

Ces dispositions terminées, on reste l'arme au bras à voir venir un ennemi qui ne paraît pas d'humeur à se faire attendre.

La générale n'a pas cessé de battre dans toutes les sections. Depuis qu'il fait jour, l'insurrection prend un caractère décidé qui ne ménage plus rien. Les tambours sectionnaires poussent l'audace jusqu'à venir battre sur le Carrousel et sur la place Louis XV.

On proclame par toutes les rues l'ordre de marcher contre la Convention; les Comités de Gouvernement sont mis hors de la Loi; quelques représentans qu'on peut surprendre par la ville sont retenus pour otages. On ne veut excepter que cent Conventionnels de la proscription dont l'assemblée est menacée. Un gouvernement provisoire essaie de se former à la section Lepelletier. On intercepte les armes que la Convention cherchait à faire passer aux ouvriers des faubourgs; on met la main sur des dépôts de chevaux; on enlève des munitions à l'Arsenal; on arrête les voitures qui portent des vivres aux Tuileries; on écrit à toutes les communes voisines d'accourir. Des bataillons de la section Lepelletier prennent possession des bâtimens de la Trésorerie. Enfin, depuis le matin, les colonnes d'attaque affluent par toutes les directions qui aboutissent sur les Tuileries.

Le moment où ces colonnes se rompent pour se former en lignes devant les avant-postes de la Convention offrait sur elles une grande prise;

c'est l'instant critique, même pour des troupes aguerries. Les chefs militaires demandent à commencer le feu; on est sûr de tout foudroyer; mais des considérations moins ennemies dominent encore, et commandent de négliger ce premier avantage. Ce que la majorité de la Convention craint par-dessus tout, c'est de donner le premier signal de la guerre civile. Elle se flatte toujours d'échapper à cette extrémité. Si les chefs n'ont plus cet espoir, ils veulent du moins conserver les apparences et ménager les scrupules du plus grand nombre.

Les seize membres du comité de Salut Public, les douze du comité de Sûreté Générale, et les douze du Comité militaire, composent par leur réunion un gouvernement de quarante membres que Cambacérès préside, et qui devient le centre de tous les incidens de la matinée. Ce Comité ne cesse de recommander qu'on s'abstienne de toute agression.

La Convention elle-même, qui ne s'est séparée qu'à cinq heures du matin, vient de rentrer en séance à midi. Barras s'y montre un moment pour rassurer ses collègues : « Restez à votre » poste, leur dit-il, je me rends au mien. »

Le danger est devenu imminent. L'avant-garde que Carteaux avait sur le Pont-Neuf s'est repliée sur le Louvre devant les sectionnaires de la rive droite, qui effectuent par le Pont-Neuf leur jonction avec les sectionnaires de la rive gauche. Un bataillon de cette troupe, poussant toujours le général Carteaux, s'est établi au jardin de l'*Infante*. D'autres sections prennent position sur les marches de l'église Saint-Roch. D'autres essayent de s'introduire par le jardin de l'hôtel de Noailles jusqu'aux portes de la cour du Manége. La plus forte masse des baïonnettes sectionnaires est groupée sous les galeries du Théâtre de la République, prête à s'élancer de la rue de Richelieu sur le Carrousel. Une foule de non-combattans et de curieux encombre les rues adjacentes et force les généraux de la Convention à resserrer la ligne de défense autour des Tuileries. Par suite de ce mouvement rétrograde, les 25 à 30 mille hommes des sections peuvent donc s'avancer jusqu'aux derniers coins de rue qui sont l'extrême limite entre le Carrousel et la ville. Amis et ennemis, on n'est plus qu'à quinze pas les uns des autres. Barras se porte encore une fois aux avant-postes ; il fait sommer les Sections de se retirer, mais la sommation est accueillie par des huées. Ce qui importe, c'est que les troupes ne se laissent pas ébranler par la population qui s'agite autour d'elles. Barras leur prescrit de ne pas bouger ; il harangue les officiers et les soldats.

Ces précautions ne sont pas inutiles contre le système de parlementage que l'ennemi paraît vouloir employer. Les femmes sont mises en avant pour entrer en conversation avec les soldats. Des pelotons de garde nationale déposent leurs armes, sortent des rangs et, élevant les chapeaux en l'air, demandent à fraterniser. Un bataillon tout entier, prenant une attitude amie, veut pénétrer dans le cul-de-sac Dauphin; l'adjudant général Huart se détache à leur rencontre : « Puis-je » avancer? ou veux-tu avancer? lui dit le chef » de la section? — Ni l'un ni l'autre, » répond Huart, et l'on reste stationnaire. Au poste des Feuillans, le commandant de la section de la place Vendôme veut également essayer de fraterniser. Enfin, au poste de la rue de l'Échelle, un parlementaire se présente avec toutes les formes d'usage au nom du général en chef Auguste Danican, qui prend le titre de commandant général de la force armée de Paris. On le conduit les yeux bandés jusqu'au Comité des Quarante. Le parlementaire demande que les troupes de ligne se retirent; qu'on désarme les patriotes de 1789, et que la Convention se confie aux sections. Cette proposition rend aussitôt la parole aux hommes modérés pour lesquels tout est honorable pourvu qu'on prévienne l'effusion du sang : « Il ne s'agit pas de donner aux sections satisfaction complète; mais il y a peut-être des concessions qu'on pourrait faire à l'exaspération des esprits : on voudrait

du moins que le parlementaire remportât de douces paroles. » On parle d'envoyer des conventionnels dans chaque section, pour éclairer les citoyens et les tranquilliser. On députerait de préférence ceux des membres de l'assemblée qui sont restés agréables aux sections. « Il y a quarante-
» huit sections, répond brusquement Tallien à
» cette ouverture; envoyer deux commissaires à
» chacune, c'est faire passer quatre-vingt-seize
» conventionnels de l'autre côté. Sont-ce des ota-
» ges qu'on prétend donner? ou n'est-ce qu'un pré-
» texte ménagé pour que les cent conventionnels
» que les sections appellent à former le noyau de
» la nouvelle assemblée puissent nous quitter? »
Cette délibération du Comité a des échos jusque dans la Convention nationale. Gamon arrive avec un projet de proclamation *aux Sections*. On a déjà fait la veille au soir une proclamation à la section Lepelletier. Deux jours auparavant on en avait fait une autre à la section du Théâtre-Français. Les meneurs des sections ne sont pas non plus restés en arrière. Enfin, tout ce qu'il y a de *bonnes gens* compromis dans cet imbroglio politique croit qu'on en sera quitte pour se battre à *coups de proclamations*. « Je suis étonné, dit
» Chénier, qu'on vienne nous parler de ce que
» demandent des sections en révolte. Il n'y a plus
» pour la Convention que la victoire ou la mort.

» Quand l'assemblée aura vaincu, elle saura dis-
» tinguer les hommes égarés. » — « Mais, je vois
» la guerre civile, réplique Lanjuinais; elle est à
» nos portes! » — « Ce que tu devrais voir, Lan-
» juinais, lui crie Garrau de Coulon, c'est qu'on
» veut décimer la Convention, et renouveler le
» 31 mai dans un sens opposé. »

Ces discussions ont bientôt trouvé leur terme. La séance se prolongeait en conversations particulières, quand tout à coup, à 4 heures et demie, on entend crier *aux armes!* Les membres de l'assemblée reprennent leurs places; un profond silence règne dans la salle! quelques minutes s'étaient écoulées ainsi dans de vives angoisses, quand un sourd frémissement répond aux premiers coups de la mousqueterie; elle éclate du côté du cul-de-sac Dauphin.... « Restons en place,
» s'écrie Legendre, et s'il faut recevoir la mort,
» recevons-la comme il convient aux fondateurs
» de la République! » Cependant, le bruit du feu gagne du côté de la rue de l'Échelle; bientôt les décharges se succèdent avec redoublement. Le combat est engagé dans toutes les directions, et le canon tonne à la fois sur la rue Saint-Honoré, sur le quai du Louvre et sur le Pont-Royal!

Quelques voix timides essayent de demander que l'on constate d'où sont partis les premiers

coups. Alors une voix ferme s'élève : « Les pré-
» tentions des sections étaient sans fondement,
» dit-elle; mais, dans tous les cas, nous serions
» des insensés, si nous consentions à traiter
» comme une affaire judiciaire l'établissement
» d'une grande république! Il n'y a plus de mé-
» nagemens à garder! il faut réduire les révol-
» tés par la force, et vaincre ou périr [1]. »

Le bruit du combat ne cesse plus de retentir dans la salle, et le calme de la plus profonde douleur dépose son empreinte sur toutes les physionomies. « Les représentans qui sont officiers » de santé, crie-t-on d'une extrémité de la salle, » sont invités à sortir pour panser les blessés. » Aussitôt quelques Conventionnels sortent, et les femmes de députés qui sont venues chercher un refuge sur les banquettes de l'assemblée, les suivent pour offrir leurs soins aux pansemens. On a

---

[1] Les premiers coups de fusil partirent, non de l'hôtel de Noailles, non, comme on le dit dans le temps, de l'hôtel occupé par le restaurateur Venua, mais d'une maison voisine... Ces coups de fusil eurent pour but de faire cesser l'irrésolution des comités et d'empêcher qu'ils consentissent à quelques transactions qui auraient évidemment assuré le triomphe des sections. En effet, ce fut le signal du combat, Bonaparte laissa même croire que c'était lui qui avait fait tirer. (Thibaudeau, *Vie de Napoléon*, pages 121, 122.)

établi l'ambulance dans le salon de la Liberté, qui sert de vestibule à la salle des séances.

Cependant, la fusillade semble redoubler du côté du cul-de-sac Dauphin. C'est là que le combat paraît être le plus acharné : c'est d'ailleurs le point le plus rapproché de la salle. On voit les coups de feu partir des fenêtres qui dominent l'entrée de la cour du Manége. Les balles arrivent jusqu'au grand péristyle du pavillon du milieu... Diverses nouvelles se répandent dans l'assemblée. Il y a eu un moment d'encombrement au cul-de-sac Dauphin; on s'était trop pressé de déboucher sur Saint-Roch; on a été ramené. La pièce de huit qui défendait ce défilé a cessé le feu pendant quelques minutes; tous ses canonniers avaient été tués ou blessés. Le général Berruyer a eu son cheval tué sous lui. Si les sectionnaires s'étaient précipités, ils auraient pu pénétrer jusqu'aux portes du jardin. Mais les bataillons de 1789, qui étaient sur la terrasse, ont eu le temps d'accourir; ils ont entraîné la troupe de ligne, et sont pour beaucoup dans le rétablissement du combat. Deux pièces de plus qui viennent d'être mises en batterie contre Saint-Roch, ont rendu à la défense la supériorité du feu. D'autres nouvelles arrivent du côté opposé. On assure qu'une colonne qui se présentait par le quai Voltaire, pour attaquer le Pont-Royal, a été repoussée.

Enfin des cris de *Vive la République!* s'élèvent tumultueusement de la terrasse du jardin, qui est sous les fenêtres. Le combat du cul-de-sac Dauphin est heureusement terminé, et les sectionnaires se renferment dans Saint-Roch.

Dès ce moment, le bruit des coups de fusil commence à s'éloigner, et le canon ne se fait plus entendre que par intervalles.

Il est six heures et demie du soir; les comités du gouvernement n'ont encore rien fait annoncer. Merlin de Douay, appelé par l'inquiète impatience de ses collègues, monte enfin à la tribune. « Le » succès n'est plus douteux, dit-il d'une voix dont » il ne peut dissimuler l'émotion, la République » triomphe sur tous les points de l'attaque; mais » ce n'est pas sans douleur que je puis vous le » dire, puisque le sang français a coulé. » L'assemblée qui se sent soulagée se contient assez pour ne pas applaudir, tant cette joie de guerre civile est douloureuse au fond de tous les cœurs! mais déjà l'attitude si long-temps morne et silencieuse a changé, et dans l'empressement qu'on met à recueillir les récits particuliers, l'agitation des groupes devient générale et bruyante.

L'attaque a été engagée à la fois par les sections, sur toute la ligne de la rue Saint-Honoré.

Le combat a été très-vif dans la rue de l'Échelle.

Barras a fait avancer les gendarmes pour y soutenir l'adjudant général Blondeau.

Brune a repoussé de son côté toutes les attaques qui ont été tentées par la rue Saint-Nicaise et la rue de Rohan.

Sur l'autre rive de la Seine, la colonne de sectionnaires destinée à forcer le Pont-Royal, débouchait par le quai en bon ordre. Elle était commandée par le colonel Lafond de Soubé, ancien officier de la garde du roi Louis XVI. Trois fois elle s'est ralliée sous la mitraille. Mais écharpée par les feux du Pont-Royal et par ceux du quai du Louvre, elle n'a pu tenir d'avantage, et s'est dispersée par toutes les rues transversales qui aboutissent au quai Voltaire.

Une autre colonne d'attaque sortant du faubourg Saint-Germain, s'est fait voir du côté du palais Bourbon. La présence des réserves qui gardaient la place Louis XV, a suffi pour déjouer cette diversion.

Pendant l'action, Barras, ses collègues adjoints, et leur état major, se sont portés partout où leur présence pouvait être le plus nécessaire : on les a vus successivement au cul-de-sac Dauphin, à la rue Saint-Nicaise, aux batteries du Pont-Royal.

Depuis sept heures du soir, la fusillade a entièrement cessé : cependant, on entend encore quelques coups de canon éloignés.

A neuf heures, Barras se présente à l'assemblée. Il descend de cheval. « J'ai opposé la force
» à la force, dit-il à ses collègues, il a bien fallu
» combattre ceux qui s'avançaient obstinément
» pour s'établir sur vos banquettes. Maintenant
» il ne s'agit plus que de dissoudre les restes de
» la rébellion. Les assaillans de Saint-Roch se
» sont retranchés dans l'église. Ceux de la rue de
» l'Échelle et de la rue Saint-Nicaise, se sont re-
» pliés sous les galeries du Théâtre de la Répu-
» blique et du Palais-Royal. Ils sont encore trop
» voisins, et voici les dispositions qui vont termi-
» ner la journée. Duvigneau et Montchoisy, qui
» ne sont plus nécessaires à la place Louis XV, se
» sont mis en marche avec deux pièces de canon,
» par la grande rue Royale. Ils tournent la place
» Vendôme par le boulevart de la Madeleine. En
» même temps Berruyer débouche des passages des
» Feuillans sur la place Vendôme; Brune, sorti
» du défilé de la rue Saint-Nicaise, pousse devant
» lui des obusiers qui achèvent de balayer la rue
» de Richelieu, et Carteaux, qui n'a plus rien à
» faire du côté du Louvre, passe sur la place du
» Palais-Royal pour dégager la rue Saint-Honoré
» jusqu'à l'Oratoire. Le succès n'étant plus con-
» testé, on ne tire plus qu'à poudre. »

Barras avait à peine quitté la tribune qu'on apprend l'heureux résultat des dernières mesures. Il n'y a eu de résistance que sous les colonnes du Théâtre de la République, et dans la rue Saint-Honoré, au corps-de-garde de la barrière des Sergens. Là des obstinés ont voulu former des barricades, mais quelques coups à boulets ont suffi pour rompre ces entreprises qui ne se rattachaient plus à aucun plan sérieux.

Le reste de la soirée est employé à parcourir la ville ; à disperser des rassemblemens ; on rétablit la correspondance de la Convention avec les chefs-lieux des sections ; on ramasse les armes dont les rues sont semées ; on lit aux flambeaux des proclamations de clémence et de concorde. Chacun se retire, et la violente commotion de la journée achève de s'amortir dans le silence de la nuit.

CHAPITRE VII.

FIN DU RÉGIME DE LA CONVENTION. — CONCLUSION.

Cette crise est la dernière du régime conventionnel. Abrégeons pour arriver à la fin.

Les troupes de Barras, après s'être avancées dans différentes directions, sont revenues sur leurs pas, pour passer le reste de la nuit dans le quartier des Tuileries. La plupart ont bivouaqué sous les galeries du Palais-Royal et du Théâtre de la République.

Cependant quelques sectionnaires étaient restés enfermés dans le clocher de Saint-Roch; ils avaient continué de tirer pendant la nuit des coups de fusil insignifians : au petit jour, ils trouvent des issues secrètes qui leur permettent de s'évader par les derrières de la Butte-des-Moulins, et sous leurs pas disparaissent les derniers champions de la querelle.

Le 14 au matin, tous les services publics reprennent leur allure. La trésorerie est retrouvée intacte. L'administration des postes n'a pas vu s'interrompre un moment le départ et l'arrivée de ses courriers.

Après avoir donné aux chefs de l'insurrection le temps nécessaire pour se séparer et mettre leurs têtes à l'abri, on se décide à occuper militairement le chef-lieu de la section Lepelletier, et l'on n'y ramasse que des armes et des chevaux abandonnés.

Dès le matin on a relevé les morts : on en compte environ 400 des deux partis.

Il ne reste plus qu'à faire disparaître les traces hideuses que le combat a laissées sur quelques édifices. Les colonnes du Théâtre de la République ont été échancrées par les boulets; on se hâte de les réparer. L'empreinte des balles sur les murs des maisons est promptement effacée; les vitres brisées sont enlevées, et les trous que les obus ont percés au corps-de-garde de la Barrière des Sergens sont bientôt bouchés [1].

On regrette que trop de sang ait été répandu; et cependant, par un reste d'habitude révolu-

---

[1] Le 14, les curieux affluaient dans les rues qui avaient servi de champ de bataille. Il n'y restait aucune trace. La nuit même, on avait enlevé les morts. On en exagéra beaucoup le nombre... Il ne périt pas un chef, pas un de ces orateurs furibonds qui avaient allumé l'incendie, et qui, tandis qu'on en venait aux mains, faisaient en

tionnaire, ce qu'on appelle la vindicte publique, réclame encore la part du bourreau !! Trois commissions militaires sont établies sur l'emplacement même des foyers de la rébellion. L'une, présidée par le général Loison, siége dans l'église de Saint-Roch ; le général Lestrange préside la seconde à la section Lepelletier ; la troisième ouvre ses séances au Théâtre-Français, sous la présidence du général Ducoudray. Les condamnations sont nombreuses. Mais hâtons-nous de le dire : parmi tant hommes marquans qui se sont compromis, on ne trouve à mettre la main que sur deux qui n'ont pas fui. Lafond, commandant de l'attaque du quai Voltaire, et Lebois, l'un des présidens de la section du Théâtre-Français, paient pour tous. Les autres sont contumaces, et ne sont exécutés que sur le papier. Danican lui-même n'a pas été atteint [1]. Une mo-

---

sûreté des vœux pour le succès de leur parti. Le soir, les spectacles étaient remplis, comme s'il ne fût rien arrivé. (Thibaudeau, *Mémoires sur la Convention*, page 214.)

[1] Le général Danican parvint à s'échapper dans la déroute de ses troupes, et à passer chez l'étranger. Il alla d'abord à Blankenbourg, auprès du roi Louis XVIII, revint secrètement à Paris en juin 1797, sortit encore de France après le 18 fructidor, fit la campagne de 1799 en Suisse, dans un corps d'émigrés, fut accusé d'avoir

dération, inconnue jusqu'alors, vient de prendre le dessus; et la Convention, bien loin de se plaindre d'une justice qui ne frappe que dans le vide, s'occupe d'abolir la peine de mort. Disons mieux : la peine est abolie en principe; on ne la conserve que provisoirement, et seulement jusqu'à la paix générale [1].

Après la part des punitions, vient celle des récompenses. Les généraux, les officiers, les fonctionnaires destitués ou suspendus, qui ont pris

---

trempé alors dans l'assassinat des ministres français à Radstadt, passa en Piémont en 1801, et joignit ses efforts à ceux du général Willot pour agiter le midi de la France. Il était en Angleterre en 1814. Depuis le rétablissement des Bourbons, ses tentatives pour recouvrer son grade dans l'armée française ont été vaines; il s'est définitivement fixé en Angleterre, où le gouvernement britannique, plus reconnaissant des mauvais services qu'on ne l'est ailleurs des bons, lui fait une pension de trois mille livres sterling.

On se montra si peu sévère, que le comte de Castellanne, condamné à mort par contumace, ne quitta pas Paris, s'y laissa voir publiquement, et que, rencontré par une patrouille la nuit, il répondit au *qui vive* : « Eh! » parbleu, c'est moi, Castellanne le contumace? »

[1] Ce décret fait partie de la législation qui a été adoptée par la Charte (art. 68); et cependant, depuis la paix générale, on continue de sacrifier des hommes à la justice humaine!

la défense de la représentation nationale, sont rendus à leurs emplois par les Comités. Mais il est des services supérieurs que la Convention veut récompenser elle-même. A cette occasion, dans la séance du 18, cinq jours après l'événement, le nom du général qui a commandé en second sous Barras est enfin prononcé.

« N'oubliez pas, dit Fréron, que le général » d'artillerie Buonaparte [1], nommé dans la nuit » du 12 au 13 pour remplacer Menou, n'a eu que » la matinée du 13 pour faire les dispositions sa- » vantes dont vous avez vu les effets! » Quelques instans ensuite, Barras vient appeler formellement l'attention de ses collègues sur les services de son lieutenant, et fait rendre le décret qui le confirme dans l'emploi de commandant en second de l'armée de l'intérieur.

De la tribune, le nom du général de brigade Bonaparte passe dans les journaux, et sort dès ce moment de l'obscurité qui l'avait jusqu'alors enveloppé.

---

[1] A cette époque, le général signait Buonaparte. Buonaparte ou Bonaparte sont le même mot; seulement, la première manière de l'écrire se rapproche davantage de la prononciation italienne. Quand ce nom fut devenu populaire, le général se conforma à la prononciation de ses concitoyens, et ne signa plus que *Bonaparte*.

Le 14 vendémiaire, 16 octobre 1795, Bonaparte est promu au grade de général de division ; enfin, dix jours après (le 4 brumaire, 26 octobre) il est définitivement nommé général en chef de l'armée de l'intérieur. Cette grande faveur, qui éclate tout à coup sur un homme nouveau, et le contraste de sa jeunesse avec la haute position qu'il vient d'atteindre, fixent sur lui l'attention.

Il est à peine âgé de vingt-six ans ; sa taille est petite et mince ; sa figure creuse et pâle ; des cheveux longs lui tombent des deux côtés du front, le reste de sa chevelure, sans poudre, se rattache en queue par derrière. L'uniforme de général de brigade dont il est encore revêtu *a vu le feu* plus d'une fois, et se ressent de la fatigue des bivouacs. La broderie du grade s'y trouve représentée dans toute la simplicité militaire par un galon de soie qu'on appelle *système*. Son extérieur n'aurait rien d'imposant, si ce n'était la fierté de son regard !

On se demande d'où il vient ? ce qu'il était ? par quels services antérieurs il s'est recommandé ? Personne ne peut répondre, excepté son ancien général Carteaux et les Représentans qui ont été au siége de Toulon ou sur la ligne du Var.

Quand le nouveau général de l'armée de l'intérieur prend possession du quartier de la rue des Capucines, il amène avec lui le général Duvigneau comme chef d'état major, et n'est accompagné que de deux aides de camp : Junot, officier qui lui est attaché depuis long-temps, et Lemarois, élève de l'École de Mars, que Letourneur de la Manche vient de lui donner [1]. Le général n'a pas encore de secrétaire ; il emprunte dans ce moment le secrétaire des Représentans chargés de la direction de la force armée, et celui-ci écrit les premiers ordres que le général Bonaparte signe comme général en chef [2]. Tout Paris s'étonne de voir sortir des batteries de vendémiaire un état major si jeune et si peu révolutionnaire.

Le premier usage que Bonaparte fera de son crédit sera en faveur de son prédécesseur *Menou*. L'équité du général Loison qui préside le tri-

---

[1] Peu de jours après, le capitaine d'artillerie Marmont, de l'armée d'Italie, et le sous-lieutenant de dragons Louis Bonaparte, sont venus prendre rang parmi les aides de camp. Plus tard, au moment de son départ pour l'armée d'Italie, le général s'est attaché le chef de brigade Murat du 21e. de chasseurs ; la sixième place était réservée au capitaine Muiron, de l'armée d'Italie.

[2] Quatre ans après, au 18 brumaire, le même secrétaire, transporté à Saint-Cloud avec la minorité du Directoire, écrira les premiers ordres du général Bonaparte comme Consul, et, par suite d'une fatalité singulière, après un intervalle de quatorze ans, Fain se trouvera encore à Fontainebleau, pour écrire les derniers ordres de l'Empereur et son abdication !

bunal, et l'énergique amitié du représentant Thibaudeau feront le reste. Le général Menou sera acquitté [1].

Le nouveau général en chef de l'armée de l'intérieur achève de se recommander par la manière dont il procède au désarmement des Sections. Tout ce qui est rigueur dans ses ordres cesse de l'être dans l'exécution [2].

Les dépêches favorables qu'on a reçues de divers côtés n'ont pas peu contribué à tout adoucir. Il n'y a plus d'inquiétudes sur les mouvemens et les défections qui pouvaient être combinés avec les derniers événemens de Paris. Dès le 14, on a eu réponse aux demandes de secours adressées aux

---

[1] Quelques jours après le 13 vendémiaire, le général Bonaparte avait fait passer à Menou un avis conçu en ces termes · « *J'ai tout vu, on veut vous perdre ; mais je ferai tout pour vous sauver, en dépit de la rage qu'ont certains représentans de faire retomber leur sottise sur la tête des généraux.* » Menou se plaisait à raconter cette anecdote.

[2] « On avait exécuté le désarmement général des sections. Il se présenta à l'état major un jeune homme de dix à douze ans, qui vint supplier le général en chef de lui faire rendre l'épée de son père, ancien général de la République. Ce jeune homme était Eugène de Beauharnais, depuis vice-roi d'Italie. Napoléon, touché de la nature de sa demande et des grâces de son âge, lui ac-

armées. Jourdan écrit que toutes ses dispositions sont faites pour mettre en marche la colonne de Sambre-et-Meuse au premier signal qui sera donné. Merlin de Thionville répond en ces termes au nom de l'armée du Rhin : « Les braves qui ont » défendu Mayence ont déjà marché sur la Ven- » dée : les braves qui font aujourd'hui le siége » de cette place sont prêts à marcher à leur tour » sur le même ennemi, s'il est à Paris. »

Dès le 15, la Convention a su que l'expédition anglaise a échoué devant l'île de Noirmoutiers, et que Charette, qui avait fait mine de s'avancer à la rencontre du débarquement, a été prévenu par l'activité du général Hoche : trois colonnes arrivant par des directions différentes ont renfermé

---

corda ce qu'il lui demandait. Eugène se mit à pleurer en voyant l'épée de son père. Le général en fut touché, et lui témoigna tant de bienveillance, que madame de Beauharnais se crut obligée de venir le lendemain lui en faire des remerciemens. Napoléon s'empressa de lui rendre sa visite. Chacun connaît la grâce extrême de l'impératrice Joséphine, ses manières douces et attrayantes : la connaissance devint bientôt intime et tendre, et ils ne tardèrent pas à se marier. » (*Mémorial* de Las-Cases, tome II, page 258, édition de 1824.)

Le directeur Barras, et le capitaine Lemarrois, furent les témoins du général dans l'acte civil de son mariage ; les témoins de *Joséphine*, étaient les citoyens *Tallien* et Calmelet; ce dernier tuteur des mineurs Beauharnais.

le général vendéen dans ses cantonnemens de Belleville, l'ont attaqué et ne lui permettent plus de penser à autre chose qu'à sa propre sûreté.

Les lettres de la Suisse sont également rassurantes. Naguère ces lettres étaient pleines des espérances que le parti de l'étranger annonçait hautement. « La Convention nationale est au » moment de se voir chasser de Paris, disaient- » elles, et n'aura de refuge qu'au milieu des ar- » mées.... » Aujourd'hui le découragement a succédé à la confiance. Les commissaires autrichiens qui sont à Bâle pour l'échange des prisonniers viennent eux-mêmes de faire une révélation importante. « La conspiration de vendémiaire, ont- » ils dit, avait le projet de se servir des prison- » niers étrangers. Les prisonniers autrichiens, » cantonnés à Châlons-sur-Marne, ont entre » autres été pratiqués et travaillés dans ce des- » sein : la commission autrichienne *fait deman-* » *der qu'on éloigne de Paris ces malheureux.* »

Maintenant que la Convention est certaine que ses derniers momens seront tranquilles, elle trouve la victoire suffisante, et pour le peu de temps qui lui reste, elle dédaigne de la rendre plus complète. Comme les moribonds, elle est plutôt disposée à apaiser les ressentimens qu'à les augmenter. C'est donc en vain que quelques-uns de ses membres méditent d'ajourner la mise en activité de la Constitution, pour prolonger encore le gouvernement révolutionnaire; elle écarte toutes les propositions de cette nature. Son dernier jour est définitivement fixé au 4 brumaire. D'ici là, les ambitions et les partis n'ont plus d'autre point de mire que la place qu'ils occuperont dans le nouvel ordre de choses. La Convention va s'écrouler sur les deux tiers de ses membres, et la première affaire de ceux-ci est de combiner l'élection des cinq directeurs de manière à la soustraire à l'influence du nouveau tiers qui va arriver.

Le parti thermidorien croit pouvoir réclamer le prix de la dernière journée. On est généralement disposé à porter au Directoire Barras, l'homme du 13 vendémiaire; mais il s'agit de lui accoler Tallien, l'homme du 9 thermidor, et c'est plus difficile. Tallien n'a pas encore calmé toutes les haines qu'il a encourues dans le parti républicain, et la mission de Quiberon vient de lui en susciter de nouvelles dans le parti opposé.

De son côté, le *tiers parti* ne se tient pas pour battu et se prépare à disputer l'élection. Cambacérès, Boissy-d'Anglas et Barthélemy, ont retrouvé de grandes chances de succès dans l'esprit de modération dont on est généralement animé.... Mais une circonstance de police survient qui rompt toutes les mesures prises par les principaux candidats. Le bureau établi par le Comité de sûreté générale auprès de la poste, a surpris une correspondance suspecte qui de Bâle était adressée à un nommé Lemaître, à Paris. On est parvenu à se procurer la clef des chiffres, et la correspondance placée sous les yeux des Comités s'est trouvée celle que le roi Louis XVIII fait entretenir avec ses agens secrets à Paris, par l'intermédiaire de M. le comte d'Entraigue et de M. le comte de Montgaillard. La découverte promet d'être féconde en révélations : mais on n'a ni le temps ni la volonté de la pousser à bout. Au premier aperçu, on est tombé sur des indices qui compromettent les candidats du parti modéré. Le parti thermidorien s'en saisit et se contente de voir ce qu'il a besoin d'y voir : Tallien demande un comité secret, et fait donner lecture de quelques lettres interceptées [1].

---

[1] Pièces de Lemaître, lues le 2 brumaire par Ysabeau. Extrait d'une lettre de M. le comte d'Entraigue : —
« Je ne suis nullement étonné que Cambacérès soit du
» nombre de ceux qui voudraient le retour de la royauté.
» Je le connais, et je l'ai vu souvent. C'est un homme
» de beaucoup d'esprit, et si quelque chose m'a étonné
» de lui, ç'a été de le voir s'asservir à obéir à des gens
» qu'en tout autre temps il eût voulu commander, et
» auxquels il eût en effet commandé. »

Quand on accuse, il faut être soi-même irréprochable, et Tallien a méconnu cette première règle de la prudence, en se laissant emporter par le désir trop ardent d'écarter des rivaux.

Le parti qui se voit soupçonné n'a pas oublié les lettres surprises au mois de mars dernier sur le paquebot de la princesse Charlotte, dans lesquelles Tallien est nommé de la main de Louis XVIII lui-même [1].

Les résultats de cette querelle intérieure retombent sur les deux partis extrêmes qui s'y sont compromis. La Convention nationale en a assez entendu pour craindre que des deux côtés il n'y ait

---

[1] « La lettre saisie sur la princesse Charlotte n'était
» pas le seul document qu'on eût contre *Tallien*. Il y
» avait des rapports absolument conformes des agens di-
» plomatiques de la France en Italie, et d'un agent se-
» cret à Londres ; on avait une lettre du comte d'Entrai-
» gue, dans laquelle il disait en parlant des révolution-
» naires : *D'après la conduite de Tallien à Quiberon,*
» *comment se fier à leurs promesses ?*

» Lorsque Reubell et Sieyès revinrent de leur mission
» en Hollande, ils dirent qu'ils y avaient recueilli des
» renseignemens précieux contre Tallien et Fréron.

» J'avais entendu Louvet dire qu'étant en Suisse pen-
» dant sa proscription, il avait connaissance de concilia-
» bules d'émigrés dans lesquels on arrêtait des résolu-
» tions qu'il voyait ensuite dans les journaux, présentées
» par Tallien à la Convention. » (Thibaudeau, pag. 232.)

également partie liée avec la contre-révolution, et que ce ne soit à qui s'emparera du *directoire* pour achever et exécuter son traité plus à l'aise !... Or, la majorité de l'assemblée est *républicaine*, et considère comme un devoir de probité de préserver avant tout la République de l'effet de ces diverses intrigues. Il est évident que les dernières élections vont introduire dans la législature un tiers qui sera favorable à des transactions avec le système monarchique. Peut-être eût-il été d'une saine politique de briser, après la victoire, des choix hostiles qui faisaient partie de l'attaque. La Convention croit opposer au mal un palliatif suffisant, en prenant la résolution de n'appeler au nouveau gouvernement que des hommes sûrs et qui soient franchement républicains. A cet effet, une association d'environ quatre cents membres se forme : elle se promet de considérer comme *douteux*, et par conséquent d'écarter tous ceux qui viennent de s'accuser [1]. La liste des candidats à présenter par le conseil des Cinq-Cents pour le Directoire, doit être de *cinquante*, entre lesquels le conseil des Anciens choisira, nécessairement, les

---

[1] Tallien arrive ici au terme de son existence politique ; il n'a plus fait que végéter sous le Directoire et sous l'Empire : il est mort obscurément depuis la Restauration. La munificence du roi Louis XVIII lui faisait une pension.

cinq directeurs. Or, les suffrages du nouveau tiers pourraient apporter dans la formation d'une liste de cinquante noms, des combinaisons nouvelles qui dérangeraient la majorité républicaine. Pour jouer à coup sûr, on convient d'éluder la condition des cinquante candidats. On n'en présentera réellement que cinq et ce sont ceux sur lesquels on vient de tomber d'accord; savoir : Revellière-Lepeaux, Sieyès, Reubell, Letourneur de la Manche et Barras. Ces noms seront en tête de la liste; on remplira les quarante-cinq autres lignes par des noms obscurs destinés à rejeter hors des limites du scrutin tout véritable concurrent. Il résulte de ce procédé que Cambacérès, qui est le premier candidat de la liste opposée, n'arrive que le cinquante et unième dans l'ordre des suffrages, au lieu d'y arriver le sixième, et que ni lui, ni ses amis, qui le suivent, ne peuvent pénétrer dans le défilé de la candidature [1].

Sur ces entrefaites, Sieyès refuse. Une rivalité qui existe depuis quelque temps entre Reubell et lui ne leur permet pas de siéger autour du même tapis; la porte du directoire va donc se rouvrir, et Cambacérès se représente. Son travail sur les codes le recommande en dépit des préven-

---

[1] La minorité portait Cambacérès, Boissy-d'Anglas, Barthélemy, Villaret Joyeuse et Pichegru.

tions; mais en ce moment, il n'est bruit que de la retraite de nos armées en deçà du Rhin, et des tristes effets du système qui s'est introduit dans la direction des opérations militaires. Un tacticien est devenu plus nécessaire qu'un jurisconsulte pour ceux qui veulent que la République soit préservée aussi bien au dehors qu'au dedans. Les républicains font donc un dernier effort pour porter Carnot au directoire.

Cependant le membre de l'ancien comité de Salut Public ne l'a emporté que de cinquante voix sur Cambacérès, et la contre-révolution se console en voyant que cette grande partie qu'elle croyait perdue est seulement remise aux futures élections. De son côté, le Directoire, inflexible dans les dogmes du républicanisme, promet de ne reculer devant aucun coup d'état qui serait nécessaire pour le salut de la cause dont il a le pouvoir... Mais à travers les deux opinions opposées qui vont continuer la lutte, la commotion de vendémiaire a lancé le général Bonaparte et sa fortune!

FIN.

SUPPLÉMENT.

PIÈCES HISTORIQUES.

SUPPLÉMENT.

PIÈCES HISTORIQUES.

§ I. TRAITÉS

CONCLUS

PAR LE COMITÉ DE SALUT PUBLIC.

1°. Traité de paix avec la Toscane. — 2°. Traité de Bâle avec la Prusse, du 16 germinal an III. — 3°. Conventions du 28 floréal avec la même puissance.. — 4°. Traité avec la Hollande. — 5°. Traité de Bâle avec l'Espagne, du 4 thermidor. — 6°. Traité de Bâle avec le landgrave de Hesse-Cassel, du 11 fructidor. — 7°. Traité avec la Suède, du 28 fructidor, non ratifié.

1°. *Traité de paix avec la Toscane.*

Entre les représentans du peuple français, composant le comité de Salut Public, chargé par le décret de la Convention nationale du 7 fructidor dernier, de la direction des relations extérieures, soussignés,

Et S. Exc. M. François comte Carletti, envoyé extraordinaire du grand-duc de Toscane, chargé de ses pleins-pouvoirs donnés à Florence les 4 novembre et 13 décembre 1794, qui demeureront annexés à la minute des présentes, également soussigné :

Il a été convenu et arrêté ce qui suit :

Art. Ier. Le grand-duc de Toscane révoque tout acte d'adhésion, consentement ou accession à la coalition armée contre la République française. En conséquence, il y aura paix, amitié, et bonne intelligence entre la République française et le grand-duc de Toscane.

Art. II. La neutralité de la Toscane est rétablie sur le pied où elle était avant le 8 octobre 1793.

Art. III. Le présent traité n'aura son effet qu'après avoir été ratifié par la Convention nationale.

Fait à Paris, au palais national le 21 pluviôse de l'an III de la République française une et indivisible (9 février 1795 de l'ère vulgaire).

Signé, Cambacérès, Pelet, Chazal, Carnot, Fourcroy, Merlin de Douai, Boissy-d'Anglas, Marec, Dubois-Crancé, Lacombe Saint-Michel, Bréard, André Dumont.

Signé, en regard : François Carletti.

2°. *Traité de Bâle avéc la Prusse.*

La République française et Sa Majesté le roi de Prusse, également animés du désir de mettre fin à la guerre qui les divise, par une paix solide entre les deux nations, ont nommé pour leurs plénipotentiaires, savoir :

La République française, le citoyen François Barthélemy, son ambassadeur en Suisse,

Et le roi de Prusse, son ministre d'état, de guerre et du cabinet, Charles-Auguste, baron de Hardemberg, chevalier de l'Aigle-Rouge, de l'Aigle-Blanc et de Saint-Stanislas ;

Lesquels, après avoir échangé leurs pleins-pouvoirs, ont arrêté les articles suivans :

Art. Ier. Il y aura paix, amitié et bonne intelligence entre la République française et le roi de Prusse, tant considéré comme tel, qu'en qualité d'électeur de Brandebourg et de co-état de l'Empire germanique.

Art. II. En conséquence, toutes les hostilités entre les deux puissances contractantes, cesseront à compter de la ratification du présent traité ; et aucune d'elles ne pourra, à compter de la même époque, fournir contre l'autre, en quelque qualité et à quelque titre que ce soit, aucun secours ni contingent, soit en hommes, en chevaux, vivres, argent, munitions de guerre ou autrement.

Art. III. L'une des puissances contractantes ne

pourra accorder passage sur son territoire à des troupes ennemies de l'autre.

A‍rt. IV. Les troupes de la République française évacueront, dans les quinze jours qui suivront la ratification du présent traité, les parties des états Prussiens qu'elles pourraient occuper sur la rive droite du Rhin.

Les contributions, livraisons, fournitures et prestations de guerre, cesseront entièrement, à compter de quinze jours après la signature de ce traité.

Tous les arrérages dus à cette époque, de même que les billets et promesses données ou faites à cet égard, seront de nulle valeur.

Ce qui aura été pris ou perçu après l'époque susdite, sera d'abord rendu gratuitement, ou payé en argent comptant.

A‍rt. V. Les troupes de la République française continueront d'occuper la partie des états du roi de Prusse, située sur la rive gauche du Rhin. Tout arrangement définitif à l'égard de ces provinces sera renvoyé jusqu'à la pacification générale entre la France et l'Empire germanique.

A‍rt. VI. En attendant qu'il ait été fait un traité de commerce entre les deux puissances contractantes, toutes les communications et relations commerciales sont rétablies entre la France et les états Prussiens, sur le pied où elles étaient avant la guerre actuelle.

A‍rt. VII. Les dispositions de l'article VI ne pouvant avoir leur plein effet qu'en tant que la liberté du commerce sera rétablie pour tout le nord de l'Allemagne, les deux puissances contractantes prendront des mesures pour en éloigner le théâtre de la guerre.

Art. VIII. Il sera accordé respectivement aux individus des deux nations, la main-levée des effets, revenus ou biens, de quelque genre qu'ils soient, détenus, saisis ou confisqués à cause de la guerre qui a eu lieu entre la France et la Prusse, de même qu'une prompte justice à l'égard des créances quelconques que ces individus pourraient avoir dans les états des deux puissances contractantes.

Art. IX. Tous les prisonniers faits respectivement depuis le commencement de la guerre, sans égard à la différence du nombre et du grade, y compris les marins et matelots prussiens pris sur des vaisseaux, soit prussiens, soit d'autres nations, ainsi qu'en général tous ceux détenus de part et d'autre pour cause de la guerre, seront rendus dans l'espace de deux mois au plus tard, après l'échange des ratifications du présent traité sans répétition quelconque, en payant toutefois les dettes particulières qu'ils pourraient avoir contractées pendant leur captivité. On en usera de même à l'égard des malades blessés, d'abord après leur guérison.

Il sera incessamment nommé des commissaires, de part et d'autre, pour procéder à l'exécution du présent article.

Art. X. Les prisonniers des corps saxons, mayençais, palatins, et hessois, tant de Hesse-Cassel que de Darmstadt, qui ont servi avec l'armée du roi de Prusse, seront également compris dans l'échange susmentionné.

XI. La République française accueillera les bons offices de Sa Majesté le roi de Prusse, en faveur des princes et états de l'Empire germanique qui désireront entrer directement en négociation avec elle, et qui, pour cet effet, ont déjà réclamé ou réclameront encore l'intervention du roi.

La République française, pour donner au roi de Prusse une première preuve de son désir de concourir au rétablissement des anciens liens d'amitié qui ont subsisté entre les deux nations, consent à ne pas traiter comme pays ennemi, pendant l'espace de trois mois après la ratification du présent traité, ceux des princes et états dudit Empire qui sont situés sur la rive droite du Rhin, en faveur desquels le roi s'intéressera.

Art. XII. Le présent traité n'aura son effet qu'après avoir été ratifié par les parties contractantes, et les ratifications seront échangées en cette ville de Bâle dans le terme d'un mois; ou plus tôt, s'il est possible, à compter de ce jour.

En foi de quoi, nous soussignés ministres plénipotentiaires de la République française, et de Sa Majesté le roi de Prusse, en vertu de nos pleins-pouvoirs, avons signé le présent traité de paix et d'amitié, et y avons fait apposer nos sceaux respectifs.

Fait à Bâle, le 16 du mois de germinal, de l'an 3 de la République française (5 avril 1795).

Signé, François Barthélemy.

Et en regard :

Charles Auguste, baron de Hardemberg.

Articles séparés et secrets.

Art. Ier. Sa Majesté le roi de Prusse ne formera aucune entreprise hostile sur les Provinces-Unies et sur tous les autres pays occupés par les troupes françaises.

Art. II. Si, à la pacification générale entre l'Empire germanique et la France, la rive gauche du Rhin reste à la France, Sa Majesté le roi de Prusse s'entendra avec la République française sur le mode de la cession des États prussiens situés sur la rive gauche de ce fleuve, contre telle indemnisation territoriale dont on conviendra. Dans ce cas, le roi acceptera la garantie que la République lui offre de cette indemnisation.

Art. III. Afin d'éloigner le théâtre de la guerre des frontières des États de Sa Majesté le roi de Prusse, de conserver le repos du nord de l'Allemagne et de rétablir la liberté entière du commerce entre cette partie de l'Empire et la France, comme avant la guerre, la République française consent à ne pas pousser les opérations de la guerre, ni faire entrer ses troupes soit par terre soit par mer, dans les pays et États situés au delà de la ligne de démarcation suivante : Cette ligne comprendra l'Ost-Frise et descendra le long de l'Ems et de l'Aa ou l'Alpha jusqu'à Munster, prenant ensuite sa direction sur Coesfeld, Borken, Bockholt jusqu'à la frontière du duché de Clèves près d'Isselbourg, suivant cette frontière à Magenporst sur la nouvelle Issel, et remontant le Rhin jusqu'à Duisbourg ; de là longeant la frontière du comté de Lamark sur Werden, Gemarke et le long de la Wippar à Hombourg, Altenkirchen, Limbourg sur la Lahn, le long de cette rivière et de celle qui vient de Idstein sur cette ville, Epstein et Hochst sur le Mein, de là sur Ravenheim, le long du Landgraben sur Dornheim, puis en suivant le ruisseau qui traverse cet endroit, jusqu'à la frontière du Palatinat, de là celle du pays de Darmstadt et du cercle de Franconie que la ligne enclavera en entier, à Ébersbach sur le Necker, continuant le cours de ce fleuve jusqu'à Wimpfen, ville libre de l'Empire, et prenant de là sur Lowenstein, Murhard, Hohenstadt, Nordlingen, ville libre de l'Empire, et Holtzkirch sur la Wernitz, renfermant le comté de Pappenheim et tout le cercle de Franconie et de la Haute-Saxe, le long de la Bavière, du haut Palatinat et de la Bohème jusqu'aux frontières de la Silésie.

 La République française regardera comme pays et États neutres tous ceux qui sont situés derrière cette ligne, à condition que Sa Majesté le roi de Prusse s'engage à leur faire observer une stricte neutralité, dont le premier point serait de rappeler leurs contingens et de ne contracter aucun nouvel engagement qui pût les autoriser à fournir des troupes aux puissances en guerre avec la France. Le roi se charge de la garantie qu'aucunes troupes ennemies de la France ne passent cette ligne ou ne sortent des pays qui y sont compris, pour combattre les armées françaises; et à cet effet les deux parties contractantes entretiendront sur les points essentiels, après s'être concertées entre elles, des corps d'observation suffisans pour faire respecter cette neutralité.

Art. IV. Le Comté de Sayn-Altenkirchen sur le Westerwald, y compris le petit district de Bendorff au-dessous de Coblentz, étant dans la possession de Sa Majesté le roi de Prusse, jouira des mêmes sûretés et avantages que ses autres états situés sur la rive droite du Rhin.

Art. V. La République française désirant contribuer, en tout ce qui dépend d'elle, à l'affermissement et au bien-être de la Prusse, avec laquelle elle reconnaît avoir une grande identité d'intérêt, consent, pour le cas où la France étendrait, à la paix future avec l'Empire germanique, ses limites jusqu'au Rhin, et resterait ainsi en possession des États du duc de Deux-Ponts, à se charger de la garantie de la somme de quinze cent mille rixdalers prêtés par le roi à ce prince, après que les titres de cette créance auront été produits, et sa légitimité reconnue.

Art. VI. Les dispositions de l'article 11 du présent traité ne pourront s'étendre aux États de la Maison d'Autriche.

Les présens six articles séparés et secrets auront la même force que s'ils étaient de mot à mot insérés dans le traité principal conclu et signé cejourd'hui, et ils seront également ratifiés par les parties contractantes. En foi de quoi, nous soussignés ministres plénipotentiaires de Sa Majesté le roi de Prusse et de la République française, en vertu de nos pleins-pouvoirs, avons signé ces présens articles séparés et secrets, et y avons fait apposer nos sceaux respectifs.

Fait à Bâle, le 16 germinal de l'an III (5 avril 1795).

Signé, François Barthélemy, et Charles Auguste, baron de Hardemberg.

3°. *Convention du 28 floréal avec la Prusse. Articles patens.*

La République française et Sa Majesté le roi de Prusse, ayant stipulé, dans le traité de paix et d'amitié conclu entre elles, le 16 germinal dernier, 5 avril 1795, des clauses secrètes qui se rapportent à l'article 7 dudit traité, et qui établissent une ligne de démarcation et de neutralisation, dont le but est d'éloigner le théâtre de la guerre de tout le nord de l'Allemagne, ont jugé convenable d'en expliquer et d'en arrêter définitivement les conditions par une convention particulière.

A cet effet, les plénipotentiaires respectifs des deux hautes puissances contractantes, savoir :

De la part de la République française, le citoyen François Barthélemy, son ambassadeur en Suisse, et de la part du roi de Prusse, son ministre d'état, de guerre et de cabinet, Charles Auguste, baron de Hardemberg, chevalier de l'Aigle-Rouge, de l'Aigle-Blanc et de Saint-Stanislas, etc., ont arrêté les articles suivans :

Art. Ier. Afin d'éloigner le théâtre de la guerre des frontières des États de Sa Majesté le roi de Prusse, de conserver le repos du nord de l'Allemagne, et de rétablir la liberté entière du commerce entre cette partie de l'Empire et la France, comme avant la guerre, la République française consent à ne pas pousser les opérations de la guerre, ni faire entrer ses troupes, soit par terre, soit par mer, dans les pays et États situés au delà de la ligne de démarcation suivante :

Cette ligne comprendra l'Ost-Frise, et descendra le long de l'Ems, et de l'Aa ou l'Alpha, jusqu'à Munster; prenant ensuite sa direction sur Coesfeld, Borken, Bockholt jusqu'à la frontière du duché de Clèves, près d'Isselbourg; suivant cette frontière à Magenporst sur la nouvelle Issel, et remontant le Rhin jusqu'à Duisbourg; de là longeant la frontière du comté de Lamark, sur Werden, Gemarke, et le long de la Wipper à Hombourg, Altenkirchen, Limbourg sur la Lahn; le long de cette rivière et de celle qui vient d'Idstein, sur cette ville, Epstein et Hochst sur le Mein; de là sur Ravenheim, le long du Landgraben, sur Dornheim; puis, en suivant le ruisseau qui traverse cet endroit, jusqu'à la frontière du Palatinat; de là, celle du pays de Darmstadt et du cercle de Franconie, que la ligne enclavera en entier, à Ebersbach, sur le Necker, continuant le cours de ce fleuve jusqu'à Wimpfen, ville libre de l'Empire, et prenant de là sur Lowenstein, Murhard, Hohenstadt, Nordlingen, ville libre de l'Empire, et Holzkirch sur la Wernitz, renfermant le comté de Pappenheim, et tout le cercle de Franconie et de la haute Saxe, le long de la Bavière, du haut Palatinat et de la Bohème, jusqu'aux frontières de Silésie.

La République française regardera comme pays et États neutres tous ceux qui sont situés derrière cette ligne, à condition qu'ils observent, de leur côté une stricte neutralité, dont le premier point sera de rappeler leurs contingens, et de ne contracter aucun nouvel engagement qui pût les autoriser à fournir des troupes aux puissances en guerre avec la France.

Ceux qui ne rempliront pas cette condition, seront exclus du bénéfice de la neutralité.

Art. III. Sa Majesté le roi de Prusse s'engage à faire observer cette neutralité à tous les états qui sont situés sur la rive droite du Mein, et compris dans la ligne de démarcation sus-mentionnée.

Le roi se charge de la garantie qu'aucunes troupes ennemies de la France ne passent cette partie de la ligne ou ne sortent des pays qui y sont compris, pour combattre les armées françaises ; et à cet effet, les deux parties contractantes entretiendront sur les points essentiels, après s'être concertées entre elles, des corps d'observation suffisans pour faire respecter cette neutralité.

Art. IV. Le passage des troupes, soit de la République française, soit de l'Empire ou autrichiennes, restera toutefois libre par les routes conduisant sur la rive droite du Mein par Francfort :

1°. Sur Kœnigstein et Limbourg, vers Cologne;

2°. Sur Friedberg, Wetzlar et Siégen, vers Cologne;

3°. Sur Hadersheim, Wisbaden, et Nassau à Coblentz ;

4°. Enfin, sur Hadersheim à Mayence, *et vice versâ ;*

De même que dans tous les pays situés sur la rive gauche de cette rivière et dans tout le cercle de Franconie, sans toutefois porter le moindre préjudice à la neutralité de tous les Etats et pays renfermés dans la ligne de démarcation.

Art. V. Le comté de Sayn-Altenkirchen sur le Westerwald, y compris le petit district de Bendorff, au-dessous de Coblentz, étant dans la possession de Sa Majesté le roi de Prusse, jouira des mêmes sûretés et avantages que les autres États situés sur la rive droite du Rhin.

Art. VI. La présente convention devra être ratifiée par les parties contractantes, et les ratifications seront échangées en cette ville de Bâle dans le terme d'un mois, ou plus tôt, s'il est possible, à compter de ce jour.

En foi de quoi, nous soussignés plénipotentiaires de la République française et de Sa Majesté le roi de Prusse, en vertu de nos pleins-pouvoirs, avons signé la présente convention particulière et y avons fait apposer nos sceaux respectifs.

Fait à Bâle, le 28 floréal an 3 de la République française (17 mai 1765).

Signé, François Barthélemy.

Et en regard :

Charles Auguste, baron de Hardemberg.

Articles séparés et secrets.

Art. Ier. Dans le cas que le gouvernement de Hanovre se refusât à la neutralité, Sa Majesté le roi de Prusse s'engage à prendre l'électorat de Hanovre en dépôt, afin de garantir d'autant plus efficacement la République française de toute entreprise hostile de la part de ce gouvernement.

Art. II. Quoique le passage des troupes, soit françaises, soit de l'Empire ou autrichiennes, par la ville de Francfort, soit stipulé par l'article 4 de la convention particulière de cejourd'hui, entre le roi de Prusse et la République française, il ne pourra être placé ni garnison française ni autrichienne dans cette ville.

Les présens deux articles séparés et secrets auront la même force que s'ils étaient de mot à mot insérés dans la convention particulière conclue et signée cejourd'hui, et ils seront également ratifiés par les parties contractantes.

En foi de quoi, nous soussignés plénipotentiaires de la République française et de Sa Majesté le roi de Prusse, en vertu de nos pleins-pouvoirs, avons signé les présens articles secrets et séparés, et y avons fait apposer nos sceaux respectifs.

Fait à Bâle, le 17 mai 1795 (28 floréal an III).

Signé, François Barthélemy.

Et en regard,

Charles Auguste, baron de Hardemberg.

4°. Traité de paix et d'alliance avec la république des Provinces-Unies.

La République française et la République des Provinces-Unies, également animées du désir de mettre fin à la guerre qui les a divisées, d'en réparer les maux par une juste distribution de dédommagemens et d'avantages réciproques, et de s'unir à perpétuité par une alliance fondée sur les vrais intérêts des deux peuples, ont nommé, pour traiter définitivement ces grands objets, sous la ratification de la Convention nationale et des États-Généraux, savoir :

La République française, les citoyens Reubell et Sieyès, représentans du peuple;

Et la République des Provinces-Unies, les citoyens Peter Paulus, Lestevenon, Mathias, Pons et Hubert, membres des États-Généraux, lesquels, après avoir échangé leurs pleins-pouvoirs, ont arrêté les articles suivans :

Art. Ier. La République française reconnaît la République des Provinces-Unies comme puissance libre et indépendante, lui garantit sa liberté, son indépendance et l'abolition du stathoudérat, décrétée par les États-Généraux et par chaque province en particulier.

Art. II. Il y aura à perpétuité, entre les deux Républques française et des Provinces-Unies, paix, amitié et bonne intelligence.

Art. III. Il y aura entre les deux Républiques, jusqu'à la fin de la guerre, alliance offensive et défensive contre tous leurs ennemis sans distinction.

Art. IV. Cette alliance offensive et défensive aura toujours lieu contre l'Angleterre, dans tous les cas où l'une des deux Républiques sera en guerre avec elle.

Art. V. Aucune des deux Républiques ne pourra faire la paix avec l'Angleterre, ni traiter avec elle sans le concours et le consentement de l'autre.

Art. VI. La République française ne pourra faire la paix avec aucune des autres puissances coalisées sans y faire comprendre la République des Provinces-Unies.

Art. VII. La République des Provinces-Unies fournira pour son contingent, pendant cette campagne, 12 vaisseaux de ligne et 18 frégates, pour être employés principalement dans les mers d'Allemagne, du Nord et de la Baltique.

Ces forces seront augmentées pour la campagne prochaine s'il y a lieu.

La République des Provinces-Unies fournira en outre, si elle en est requise, la moitié au moins des troupes de terre qu'elle aura sur pied.

Art. VIII. Les forces de terre et de mer des Provinces-Unies qui seront expressément destinées à agir avec celles de la République française, seront sous les ordres des généraux français.

Art. IX. Les opérations militaires combinées seront arrêtées par les deux gouvernemens. Pour cet effet, un député des États-Généraux aura séance et voix délibérative dans le comité français chargé de cette direction.

Art. X. La République des Provinces-Unies rentre, dès ce moment, en possession de sa marine, de ses arsenaux de terre et de mer, et de la partie de son artillerie dont la République française n'a pas disposé.

Art. XI. La République française restitue pareillement, et dès à présent, à la République des Provinces-Unies, tout le territoire, pays et villes faisant partie ou dépendant des Provinces-Unies.

sauf les réserves et exceptions portées dans les articles suivans :

Art. XII. Sont réservés par la République française, comme une juste indemnité des villes et pays conquis restitués par l'article précédent :

1°. La Flandre hollandaise, y compris tout le territoire qui est sur la rive gauche du Hondt;

2°. Maestricht, Venloo et leurs dépendances, ainsi que les autres enclaves et possessions des Provinces-Unies situées au sud de Venloo, de l'un et l'autre côté de la Meuse.

Art. XIII. Il y aura dans la place et le port de Flessingue garnison française, exclusivement, soit en paix, soit en guerre, jusqu'à ce qu'il en soit stipulé autrement entre les deux nations.

Art. IV. Le port de Flessingue sera commun aux deux nations en toute franchise; son usage sera soumis à un règlement convenu entre les deux parties contractantes, lequel sera attaché comme supplément au présent traité.

Art. XV. En cas d'hostilité de la part de quelqu'une des puissances qui peuvent attaquer, soit la République des Provinces-Unies, soit la République française, du côté du Rhin et de la Zélande; le gouvernement français pourra mettre garnison française dans les places de Bois-le-Duc, Grave et Berg-op-Zoom.

Art. XVI. A la pacification générale, la République française cédera à la République des Provinces-Unies, sur les pays conquis et restés à la

France, des portions de territoire égales en surface à celles réservées par l'article XII, lesquelles portions du territoire seront choisies dans le site du pays le plus convenable pour la meilleure démarcation des limites réciproques.

Art. XVII. La République française continuera d'occuper militairement, mais par un nombre de troupes déterminé et convenu entre les deux nations, pendant la présente guerre seulement, les places et positions qu'il sera utile de garder pour la défense du pays.

Art. XVIII. La navigation du Rhin, de la Meuse, de l'Escaut, du Hondt et de toutes leurs branches jusqu'à la mer, sera libre aux deux nations française et batave; les vaisseaux français et des Provinces-Unies seront indistinctement reçus et aux mêmes conditions.

Art. XIX. La République française abandonne à la République des Provinces-Unies tous les biens immeubles de la maison d'Orange, ceux même meubles et effets mobiliers dont la République française ne jugera pas à propos de disposer.

Art. XX. La République des Provinces-Unies paiera à la République française, à titre d'indemnité et de dédommagement des frais de la guerre, cent millions de florins, argent courant de Hollande, soit en numéraire, soit en bonnes lettres de change sur l'étranger, conformément au mode de paiement convenu entre les deux Républiques.

Art. XXI. La République française emploiera

ses bons offices auprès des puissances avec lesquelles elle sera dans le cas de traiter, pour faire payer aux habitans de la République batave, les sommes qui pourront leur être dues pour négociations directes faites avec le gouvernement avant la présente guerre.

Art. XXII. La République des Provinces-Unies s'engage à ne donner retraite à aucun émigré français; pareillement la République française ne donnera point retraite aux émigrés orangistes.

Art. XXIII. Le présent traité n'aura son effet qu'après avoir été ratifié par les parties contractantes; et les ratifications seront échangées à Paris dans le terme de deux décades, ou plus tôt s'il est possible, à compter de ce jour. En foi de quoi, nous soussignés représentans du peuple français et nous soussignés membres des États-Généraux, en vertu de nos pleins-pouvoirs respectifs, avons signé le présent traité de paix, d'amitié et d'alliance, et y avons apposé nos sceaux respectifs.

Fait à La Haye, le 27 floréal, l'an troisième de la République française (10 mai 1795).

Signé, Reubell, Sieyès, Paulus, H.-A. Lestevenon, B. Mathias, Pons, Hubert.

Règlement pour déterminer l'usage du port de Flessingue, en conséquence de l'art. 14 du traité de paix et d'alliance du 27 floréal an III, entre la République française et celle des Provinces-Unies.

Art. Ier. Les deux nations française et batave se serviront également du port et du bassin de Flessingue pour la construction, la réparation et l'équipement de leurs vaisseaux.

Art. II. Chaque nation y aura séparément, et sans mélange, ses propres arsenaux, magasins, chantiers et ouvriers.

Art. III. Pour faire entrer dès à présent la nation française en communauté d'avantages du port de Flessingue, la République des Provinces-Unies lui cédera sur le bassin le bâtiment qui sert de magasin à la compagnie des Indes-Occidentales; en outre il lui sera assigné le terrain nécessaire pour y établir des chantiers et des arsenaux ; et jusqu'à ce qu'elle puisse en jouir, elle aura l'usage des chantiers actuellement existans.

Art. IV. Quant aux acquisitions de nouveaux terrains et constructions de bâtimens que chaque nation voudrait faire dans les ports et bassins de Flessingue, pour agrandir ses propres magasins, arsenaux et chantiers, ou en créer de nouveaux, les frais de renouvellement ou de réparation desdits arsenaux, magasins et chantiers, et les frais qui regardent les constructions, réparations et équipemens des vaisseaux respectifs, avec tout ce qui en dépend, resteront à la charge de chaque nation respectivement.

Art. V. Les frais des réparations nécessaires au port, au bassin et aux quais, étant pour l'avantage commun des deux nations, seront à la charge des deux gouvernemens.

Ces réparations seront arrêtées, ordonnées et conduites par la direction des Provinces-Unies.

La direction de la République française sera seulement prévenue des réparations à faire, et se bornera, quand elles seront achevées, à en constater la confection, à en faire passer le procès verbal à son gouvernement, y joint l'état des frais, afin qu'il soit de suite pourvu au remboursement de la moitié des dits frais.

Art. VI. Il est convenu qu'aucune des deux nations ne mettra dans le port ni vaisseau amiral, ni vaisseau de garde.

Art. VII. Dans tous les cas où il s'élèverait des contestations qui ne pourraient être terminées à l'amiable sur l'exécution du présent règlement, ces contestations seront décidées par cinq arbitres qui seront nommés, savoir, deux par la direction française, deux par la direction batave; pour le cinquième, chaque direction nommera un neutre, et le sort déterminera entre les deux neutres nommés, celui qui remplira les fonctions du cinquième arbitre.

Art. VIII. Le présent règlement sera exécuté

suivant sa forme et teneur, comme faisant partie de l'article XIV du traité de paix et d'alliance de ce jour entre la République française et celle des Provinces-Unies.

Fait à La Haye, le 27 floréal, l'an III, etc.

Signé, Reubell, Sieyès, P. Paulus, H.-A. Lestevenon, B. Mathias, Pons, Hubert.

Articles séparés et secrets.

Art. Ier. La République des Provinces-Unies offre à la République française en pur prêt, et pour toute la durée de la guerre, trois vaisseaux de ligne et quatre frégates, pour agir soit avec l'escadre des Provinces-Unies, soit séparément, seulement dans les mers d'Allemagne, du Nord et de la Baltique.

Ces vaisseaux et ces frégates seront prêtés tout gréés, armés et en état de tenir la mer pour cette campagne, en même temps que l'escadre des Provinces-Unies. Le gouvernement français les approvisionnera, et les fera monter en officiers et matelots.

A la fin de la présente guerre, ils seront rendus à la république des Provinces-Unies.

Dans le cas où ces vaisseaux et frégates ne feront pas partie d'une escadre française, et agiront de concert avec l'escadre ou partie de l'escadre des Provinces-Unies, le commandant de la flotte, en exception de l'art. 8 du traité patent, et pour ce cas seulement, sera dévolu à l'amiral des Provinces-Unies.

Art. II. Les pays énoncés dans l'art. 12 du traité patent, ne sont réservés que pour être unis à la République française et non à d'autres puissances.

Art. III. Un mois après l'échange des ratifications du présent traité, l'armée française, dans les Provinces-Unies, sera réduite, en exécution de l'art. 17 du traité patent, à vingt-cinq mille hommes, qui seront soldés en numéraire, équipés et habillés, tant sains que malades, par la République des Provinces-Unies sur le pied de guerre, conformément au règlement qui sera convenu entre les deux gouvernemens. Cette armée sera laissée en tout ou en partie, après la paix, à la république des Provinces-Unies tout le temps qu'elle le désirera, et elle sera entretenue sur le pied qui sera réglé à cet effet.

Art. IV. En exécution de l'art. 18 du traité patent, portant l'obligation de la part des Provinces-Unies de payer à la République française la somme de cent millions de florins, argent courant de Hollande, soit en numéraire, soit en bonnes lettres de change sur pays neutres ; ladite somme sera divisée en deux parties, dont la première, de cinquante millions de florins, sera payée de suite à la décharge de la trésorerie nationale de France, sur les places dans l'étranger qui seront désignées par elle.

A cet effet, la trésorerie nationale fournira incessamment aux commissaires des États-Généraux, nommés pour cette négociation, un tableau de ses dettes actuellement exigibles dans l'étranger, pour une somme supérieure à celle de cinquante millions de florins.

A mesure que les obligations seront retirées des mains des créanciers acceptés par la République des Provinces-Unies, elles seront rapportées à la trésorerie nationale de France pour décharge.

Quelle que soit l'époque des paiemens convenus entre les Provinces-Unies et les susdits créanciers, les intérêts courans des créances acceptées seront à la charge de la République des Provinces-Unies, à dater du jour de la présentation du susdit tableau par la trésorerie nationale.

Et néanmoins la totalité des décharges des susdits cinquante millions ds florins sera rentrée en entier à la trésorerie nationale, avant le terme de deux ans, à compter de la ratification du présent traité; faute de quoi, les sommes dont il n'aura pas été rapporté décharge, ainsi que celle des intérêts courans occasionés par les retards des paiemens, seront sans autres délais mises à la disposition de la trésorerie nationale de France sur telles places étrangères qui seront designées par elle.

Première moitié ci 50,000,000
Quant aux autres cinquante millions de florins, ils seront payés à la trésorerie nationale ou à ses ordres.

Savoir :

En prairial prochain. 10,000,000

D'autre part. 60,000,000

dont neuf millions en lettres de change et un en argent numéraire.

En messidor prochain. 10,000,000

dont huit en lettres de change et deux en numéraire.

En fructidor suivant. 10,000,000

dont sept en lettres de change et trois en argent numéraire.

En pluviôse quatrième année républicaine. 5,000,000

En floréal même année, pour fin de paiement. 15,000,000

Total. 100,000,000

Art. V. Les réquisitions faites directement aux États-Généraux par les représentans du Peuple, avant la signature du présent traité, seront remplies en totalité sans retard. Le remboursement de cette dépense prise dans sa totalité, est réduit et fixé à la somme de dix millions de florins, lesquels ne pourront être imputés que sur le paiement de floréal quatrième année républicaine, dernier terme dont on est convenu par l'article précédent.

Art. VI. Les deux Républiques contractantes se garantissent mutuellement les possessions qu'elles avaient avant cette guerre dans les deux Indes et sur les côtes d'Afrique; les ports du Cap de Bonne-Espérance, de Colombo et Trinquemale seront ouverts aux vaisseaux français, comme aux vaisseaux des Provinces-Unies et aux mêmes conditions.

Art. VII. La République française se réserve sur les biens des émigrés français dans les Provinces-Unies et pays en dépendant, tous les droits qu'elle y avait avant l'entrée de l'armée française.

Les présens sept articles secrets font partie intégrante du traité arrêté ce jour entre les deux Républiques. Ils auront la même force et seront aussi ponctuellement exécutés par les deux nations que s'ils étaient formellement insérés dans le traité patent.

Fait à La Haye, le 27 floréal an III de la République française une et indivisible (16 mai 1795).

Signé, Reubell, Sieyès, Peter-Paulus, Lestevenon, Mathias, Pons, Hubert.

5°. *Traité de paix avec l'Espagne.*

La République française et S. M. le roi d'Espagne, également animées du désir de faire cesser les calamités de la guerre qui les divise, intimement convaincues qu'il existe entre les deux nations des intérêts respectifs qui commandent un retour réciproque d'amitié et de bonne intelligence, et voulant par une paix solide et durable, rétablir la bonne harmonie qui depuis long-temps avait constamment été la base des relations des deux pays, elles ont chargé de cette négociation importante ; savoir :

La République française, le citoyen François Barthélemy, son ambassadeur en Suisse; et Sa Majesté Catholique, son ministre plénipotentiaire et envoyé extraordinaire près du roi et de la république de Pologne, don Domingo d'Yriarte, chevalier de l'ordre royal de Charles III, etc. ;

Lesquels, après avoir échangé leurs pleins-pouvoirs, ont arrêté les articles suivans :

Article Ier. Il y aura paix, amitié et bonne intelligence entre la République française et le roi d'Espagne.

Art. II. En conséquence, toutes hostilités entre les deux puissances contractantes cesseront à compter de l'échange des ratifications du présent traité, et aucune d'elles ne pourra, à compter de la même époque, fournir contre l'autre, en quelque qualité et à quelque titre que ce soit, aucun secours ni contingent, soit en hommes, en chevaux, vivres, argent, munitions de guerre, vaisseaux ou autrement.

Art. III. L'une des puissances contractantes ne pourra accorder passage sur son territoire à des troupes ennemies de l'autre.

Art. IV. La République française restitue au Roi d'Espagne toutes les conquêtes qu'elle a faites sur lui dans le cours de la guerre actuelle.

Les places et pays conquis seront évacués par les

troupes françaises, dans les quinze jours qui suivront l'échange des ratifications du présent traité.

Art. V. Les places fortes dont il est fait mention dans l'article précédent, seront restituées à l'Espagne avec les canons, munitions de guerre et effets à l'usage de ces places, qui y auront existé au moment de la signature de ce traité.

Art. VI. Les contributions, livraisons, fournitures et prestations de guerre cesseront entièrement à compter de quinze jours après la signature du présent acte de pacification. Tous les arrérages dus à cette époque, de même que les billets et promesses donnés ou faits à cet égard, seront de nul effet. Ce qui aura été pris ou perçu après l'époque susdite, sera d'abord rendu gratuitement ou payé en argent comptant.

Art. VII. Il sera incessamment nommé, de part et d'autre, des commissaires pour procéder à la confection d'un traité de limites entre les deux puissances.

Ils prendront, autant que possible, pour base de ce traité, à l'égard des terrains qui étaient en litige avant la guerre actuelle, la crête des montagnes qui forment les versans des eaux de France et d'Espagne.

Art. VIII. Chacune des puissances contractantes ne pourra, à dater d'un mois après l'échange des ratifications du présent traité, entretenir sur ses frontières respectives que le nombre de troupes qu'on avait coutume d'y tenir avant la guerre actuelle.

Art. IX. En échange de la restitution portée par l'article IV, le roi d'Espagne, pour lui et ses successeurs, cède et abandonne en toute propriété, à la République française, toute la partie espagnole de l'île de Saint-Domingue, aux Antilles.

Un mois après que la ratification du présent traité sera connue dans cette île, les troupes espagnoles devront se tenir prêtes à évacuer les places, ports et établissemens qu'elles y occupent, pour les remettre aux troupes de la République française au moment où celles-ci se présenteront pour en prendre possession.

Les places, ports et établissemens dont il est fait mention ci-dessus, seront remis à la République française, avec les canons, munitions de guerre, et effets nécessaires à leur défense, qui y existeront au moment où le présent traité sera connu à Saint-Domingue.

Les habitans de la partie espagnole de Saint-Domingue, qui, par des motifs d'intérêt ou autres, préféreraient de se transporter avec leurs biens dans les possessions de Sa Majesté Catholique, pourront le faire dans l'espace d'une année, à compter de la date de ce traité.

Les généraux et commandans respectifs des deux nations se concerteront sur les mesures à prendre pour l'exécution du présent article.

Art. X. Il sera accordé respectivement aux individus des deux nations la mainlevée des effets, revenus, biens, de quelque genre qu'ils soient, détenus, saisis, ou confisqués à cause de la guerre qui a eu lieu entre la République française et Sa Majesté Catholique, de même qu'une prompte justice à l'égard des créances particulières quelconques que ces individus pourraient avoir dans les états des deux puissances contractantes.

Art. XI. En attendant qu'il soit fait un nouveau traité de commerce entre les parties contractantes, toutes les communications et relations commerciales seront rétablies entre la France et l'Espagne sur le pied où elles étaient avant la présente guerre.

Il sera libre à tous négocians français de repasser et de reprendre en Espagne leurs établissemens de commerce, et d'en former de nouveaux, selon leur convenance, en se soumettant, comme tous les autres individus, aux lois et usages du pays.

Les négocians espagnols jouiront de la même faculté en France, et aux mêmes conditions.

Art. XII. Tous les prisonniers faits respectivement, depuis le commencement de la guerre, sans égard à la différence du nombre et des grades, y compris les marins et matelots pris sur des vaisseaux français ou espagnols, soit d'autres nations, ainsi qu'en général tous ceux détenus de part et d'autre pour cause de la guerre, seront rendus dans l'espace de deux mois au plus tard, après l'échange des ratifications du présent traité, sans répétition quelconque de part ni d'autre, en payant toutefois les dettes particulières qu'ils pourraient avoir contractées pendant leur captivité. On en usera de même à l'égard des malades et blessés aussitôt après leur guérison.

Il sera nommé incessamment des commissaires de part et d'autre pour procéder à l'exécution du présent article.

Art. XIII. Les prisonniers portugais, faisant partie des troupes portugaises, qui ont servi avec les armées et sur les vaisseaux de Sa Majesté Catholique, seront également compris dans l'échange susmentionné.

La réciprocité aura lieu à l'égard des Français pris par les troupes portugaises dont il est question.

Art. XIV. La même paix, amitié et bonne intelligence, stipulées par le présent traité entre la France et le roi d'Espagne, auront lieu entre le roi d'Espagne et la république des Provinces-Unies, alliée de la République française.

Art. XV. La République française voulant donner un témoignage d'amitié à Sa Majesté Catholique, accepte sa médiation en faveur du roi de Portugal, du roi de Naples, du roi de Sardaigne, de l'infant duc de Parme, et autres états de l'Italie pour le rétablissement de la paix entre la République française, et chacun de ces princes et états.

Art. XVI. La République française, connaissant l'intérêt que Sa Majesté Catholique prend à la pacification générale de l'Europe, consent également à accueillir ses bons offices en faveur des autres puissances belligérantes qui s'adresseraient à elle pour entrer en négociation avec le Gouvernement français.

Art. XVII. Le présent traité n'aura son effet qu'après avoir été ratifié par les parties contractantes, et les ratifications seront échangées dans le terme d'un mois, ou plus tôt, s'il est possible, à compter de ce jour.

En foi de quoi, nous soussignés plénipotentiaires de la République française et de Sa Majesté le roi d'Espagne, en vertu de nos pleins-pouvoirs, avons signé le présent traité de paix et d'amitié, et y avons fait apposer nos sceaux respectifs.

Fait à Bâle, le 4 du mois de thermidor, an III de la République française (22 juillet 1795).

Signé, François Barthélemy.

Et en regard :

Domingo d'Yriarte.

Articles séparés et secrets.

Art. Ier. La République française pourra pendant l'espace de cinq années consécutives, à dater de la ratification du présent traité, faire extraire d'Espagne des jumens et étalons andaloux, de même que des brebis et béliers mérinos, jusqu'à la concurrence de cinquante étalons, cent cinquante jumens, mille brebis, et cent béliers par an.

Art. II. La République française, en considération de l'intérêt que le roi d'Espagne lui a témoigné prendre au sort de la fille de Louis XVI, consent à la lui remettre dans le cas où la cour de Vienne n'accepterait pas la proposition qui lui a été faite au sujet de la remise de cet enfant par le Gouvernement français.

Si à l'époque de la ratification du présent traité, la cour de Vienne ne s'est pas encore expliquée sur l'échange qui lui a été proposé par la France, S. M. C. s'adressera à l'empereur pour apprendre de lui si positivement il est dans l'intention de refuser d'accéder à cet arrangement, et dans le cas d'une réponse affirmative, la République française fera remettre cet enfant à S. M. C.

Art. III. Les termes de l'article 15 du présent traité, *et autres états de l'Italie*, ne pourront être appliqués qu'aux états du pape, pour le cas où ce prince ne serait pas considéré comme étant actuellement en paix avec la République française, et où il aurait besoin d'entrer en négociation avec elle pour le rétablissement de la bonne harmonie

Les présens trois articles séparés et secrets auront la même force que s'ils étaient de mot à mot insérés dans le traité principal, etc., etc.

6°. *Traité avec le landgrave de Hesse-Cassel.*

La République française ayant accueilli les bons offices du roi de Prusse en faveur de Son Altesse Sérénissime le landgrave régnant de Hesse-Cassel, et étant animée des mêmes sentimens que le landgrave, pour faire succéder une paix solide et durable à l'état de guerre qui les divise, les deux parties contractantes ont à cet effet nommé pour leurs plénipotentiaires, savoir :

La République française, le citoyen François Barthélemy, son ambassadeur en Suisse.

Et le landgrave de Hesse-Cassel, son conseiller privé, Frédérick-Sigismond, baron de Waitz-d'Eschen.

Lesquels, après avoir échangé leurs pleins-pouvoirs, ont arrêté les articles suivans :

Art. 1er. Il y aura paix, amitié et bonne intelligence entre la République française et le landgrave de Hesse-Cassel.

Art. II. En conséquence, toutes hostilités entre les deux parties contractantes cesseront à compter de l'échange des ratifications du présent traité, et aucune d'elles ne pourra, à compter de la même époque, fournir contre l'autre, en quelque qualité et à quelque titre que ce soit, aucun secours ni contingent, soit en hommes, en chevaux, vivres, argent, munitions de guerre ou autrement.

Art. III. Le landgrave de Hesse-Cassel ne pourra, tant qu'il y aura guerre entre la République française et l'Angleterre, ni proroger ni renouveler les deux traités de subsides existans entre lui et l'Angleterre.

Cette disposition aura son effet à compter du jour de la date du présent traité.

Art. IV. Le landgrave se conformera strictement, à l'égard du passage de troupes quelconqués par ses états, aux dispositions stipulées dans la convention conclue à Bâle le 28 floréal dernier (17 mai 1795), entre la République française et le roi de Prusse.

Art. V. La République française continuera d'occuper la forteresse de Rheinfels, la ville de Saint-Goar, et la partie du comté de Catzenellenbogen située sur la rive gauche du Rhin. Tout arrangement définitif à l'égard de ces pays sera renvoyé jusqu'à la pacification entre la République française et les parties de l'Allemagne encore en guerre avec elle.

Art. VI. Toutes les communications et relations commerciales seront rétablies entre la France et le landgrave de Hesse-Cassel sur le pied où elles étaient avant la guerre actuelle.

Art. VII. Il sera accordé respectivement aux gouvernemens et individus des deux nations la main levée des effets, revenus ou biens, de quelque genre qu'ils soient, détenus, saisis ou confisqués à cause de la guerre qui a eu lieu entre la France et la Hesse, de même qu'une prompte justice à l'égard des créances quelconques qu'ils pourraient avoir dans les états des parties contractantes.

Art. VIII. Tous les prisonniers faits respectivement depuis le commencement de la guerre, sans égard à la différence du nombre et des grades, seront rendus dans l'espace de deux mois au plus tard après l'échange des ratifications du présent traité, sans répétition quelconque, en payant toutefois les dettes particulières qu'ils pourraient avoir contractées pendant leur captivité. On en usera de même à l'égard des malades et blessés d'abord après leur guérison.

Il sera incessamment nommé de part et d'autre des commissaires pour procéder à l'exécution du présent article, dont les dispositions ne pourront être appliquées aux troupes hessoises au service de l'Angleterre, faites prisonnières de guerre.

Art. IX. Le présent traité n'aura son effet qu'après avoir été ratifié par les parties contractantes, et les ratifications seront échangées en cette ville de Bâle, dans le terme d'un mois, ou plus tôt, s'il est possible, à compter de ce jour.

En foi de quoi, nous soussignés plénipotentiaires de la République francaise et de Son Altesse Sérénissime le landgrave de Hesse-Cassel, en vertu de nos pouvoirs, avons signé le présent traité de paix, et y avons fait apposer nos sceaux respectifs.

Fait à Bâle, le 11 du mois de fructidor de l'an III de la République française (28 août 1795).

Signé, François Barthélemy,

Et en regard :

Frédérick - Sigismond, baron de Waitz-d'Eschen.

Articles séparés secrets.

Art. Ier. Si, par l'arrangement définitif renvoyé par l'art. 5 du traité après la pacification entre la République française et les états unis de l'Allemagne encore en guerre avec elle, la partie des états du landgrave de Hesse-Cassel, située sur la rive gauche du Rhin, reste définitivement à la France, le landgrave pourra s'indemniser en possessions territoriales ecclésiastiques ou autres sur la rive droite de ce fleuve, auquel cas la République française consent à les lui garantir.

Art. II. Les deux bailliages d'Armenebourg et de Fritzlar, dépendans de l'électorat de Mayence, se trouvant entièrement enclavés dans le pays de Hesse-Cassel, la République française s'emploiera de tout son pouvoir pour déterminer l'électeur à consentir une cession ou tout autre arrangement, qui assurera ces deux bailliages au landgrave de Hesse-Cassel.

Art. III. Comme trois régimens hessois, à la solde de l'Angleterre et prisonniers de guerre en France, ont été relâchés sans avoir prêté serment de ne pas porter les armes contre la République française ni contre ses alliés avant leur échange, le landgrave garantit que ces troupes ne seront, sous aucun prétexte quelconque, employées contre la République française, ni contre ses alliés, pendant la guerre actuelle.

Art. IV. Comme il est stipulé par les deux traités de subsides, entre le landgrave de Hesse-Cassel et le roi d'Angleterre, que les recrutemens ne doivent s'effectuer qu'au printemps de chaque année, le landgrave ne fournira aucunes recrues aux corps hessois qu'il tient à la solde de l'Angleterre jusqu'à l'expiration de ces traités, qui aura lieu au mois d'avril 1796.

Les présens quatre articles, séparés et secrets, auront la même force que s'ils étaient de mot à mot insérés dans le traité principal conclu et signé cejourd'hui, et ils seront également ratifiés par les parties contractantes.

En foi de quoi, nous soussignés, plénipotentiaires de la République française et de S. A. S. le landgrave de Hesse-Cassel, en vertu de nos pleins-pouvoirs, avons signé ces présens articles séparés et secrets, et y avons fait apposer nos sceaux respectifs.

Fait à Bâle, le 18 fructidor an III de la République française

7°. *Traité avec la Suède (non ratifié par la République).*

Art. Ier. En attendant un traité définitif d'alliance et de commerce, dont les deux parties accéléreront la conclusion, Sa Majesté le roi de Suède s'engage d'armer dix vaisseaux de ligne et cinq frégates qui entreront sans délai en campagne.

Art. II. En mettant cette flotte en mer, Sa Majesté le roi de Suède déclarera à l'Angleterre et à toutes les puissances avec lesquelles la République française est en guerre, qu'il est déterminé à soutenir les droits de la neutralité.

Art. III. Sa Majesté suédoise demandera au roi d'Angleterre la restitution la plus prompte des bâtimens et cargaisons arrêtés sous pavillon suédois, et conduits dans les ports de l'Angleterre, ou la valeur des cargaisons si elles n'existent plus en nature.

Art. IV. Dans le cas où la Suède, à cause de la restitution qu'elle demanderait à l'Angleterre ou parce qu'elle userait de représailles, se trouverait entraînée dans une guerre de terre ou de mer avec l'Angleterre, la Russie, ou toute autre puissance, la France lui payera la somme de quatre cent mille livres pour chaque vaisseau de guerre et deux cent mille livres pour chaque frégate.

Art. V. La République abandonne à la Suède le dixième de la valeur des cargaisons, que Sa Majesté le roi de Suède parviendra à faire restituer à la France.

Art. VI. Sa Majesté le roi de Suède fera remettre immédiatement à la République ou aux Français propriétaires toutes les cargaisons ou les produits dont la restitution lui sera faite, à l'exception du dixième de leur valeur, qui lui est abandonné par l'article précédent.

Art. VII. Sa Majesté le roi de Suède promet d'employer tous ses efforts et de se réunir à la France et à la Hollande pour engager Sa Majesté danoise à un concert d'opérations communes, qui puissent assurer la liberté des mers et la réparation des atteintes qui lui ont été ou pourraient lui être portées par l'Angleterre.

Art. VIII. La République française, en considération des armemens faits par la Suède pour maintenir le système de neutralité dont elle ne s'est point écartée depuis le commencement de la guerre, et voulant donner à son allié un témoignage d'intérêt et d'amitié, s'engage à payer à la Suède une somme de dix millions, savoir, quatre millions au moment de la ratification et un million tous les six mois à compter du premier janvier prochain jusqu'à l'expiration de la somme stipulée.

Art. IX. Si la Suède et la France se trouvaient engagées dans une guerre commune avec une ou plusieurs puissances, elles s'obligent à ne faire aucun traité de paix définitif dans lequel l'allié de la puissance contractante ne serait point compris.

Art. X. La Convention du 10 août 1787, entre

la Suède et la France, relativement au port de Gothenbourg, sera exécutée.

Paris, ce 14 septembre 1795 (28 fructidor, an III de la République Française).

Signé, Cambacérès, Boissy, T. Berlier, J.-B. Louvet, Lesage (d'Eure-et-Loir), Merlin (de Douai), Letourneur (de la Manche).

Et en regard :

Signé, E.-M. Stael de Holstein.

§ II. PIECES OFFICIELLES

RELATIVES

A LA MORT DU ROI LOUIS XVII.

1°. Rapport de Sevestre. — 2°. Procès verbal de l'ouverture du corps.

1°. *Rapport de Sevestre au nom du comité de Sûreté Générale, à la séance du 21 prairial.*

Citoyens, depuis quelque temps le fils de Capet était incommodé par une enflure au genou droit et au poignet gauche. Le 15 floréal, les douleurs augmentèrent, le malade perdit l'appétit et la fièvre survint. Le fameux Dussaux, officier de santé, fut nommé pour le voir et pour le traiter; ses talens et sa probité nous répondaient que rien ne manquerait aux soins qui sont dus à l'humanité.

Cependant la maladie prenait des caractères très-graves. Le 16 de ce mois, Dussaux mourut. Le Comité nomma, pour le remplacer, le citoyen Pelletan, officier de santé très-connu, et le citoyen Dumangin, premier médecin de l'Hospice de Santé, lui fut adjoint. Leur bulletin d'hier, onze heures du matin, annonçait des symptômes inquiétans pour la vie du malade, et à deux heures un quart après-midi, nous avons reçu des nouvelles de la mort du fils de Capet.

Le comité de Sûreté Générale m'a chargé de vous en informer. Tout est constaté. Voici les procès-verbaux qui demeureront déposés à vos archives.

———

2°. *Procès verbal dressé à la tour du Temple, à onze heures du matin, le 21 prairial.*

Nous soussignés, Jean-Baptiste-Eugénie Dumangin, médecin en chef de l'Hospice de Santé, et Philippe-Jean Pelletan, chirurgien en chef du grand Hospice de l'Humanité, accompagnés des citoyens Nicolas Jeanroi, ancien professeur aux écoles de médecine de Paris, et Pierre Lassus, professeur de médecine légale à l'école de santé de Paris, que nous nous sommes adjoints en vertu d'un arrêté du comité de Sûreté Générale de la Convention nationale, daté d'hier, et signé Bergoing, président ; Courtois, Gauthier, Pierre Guyomard, à l'effet de procéder ensemble à l'ouverture du corps du fils du défunt Louis Capet, en constater l'état ; avons agi ainsi qu'il suit :

Arrivés tous les quatre, à onze heures du matin, à la porte extérieure du Temple, nous y avons été reçus par les commissaires, qui nous ont introduits dans la Tour. Parvenus au deuxième étage, nous sommes entrés dans un appartement, dans la seconde pièce duquel nous avons trouvé dans un lit le corps mort d'un enfant qui nous a paru âgé d'environ dix ans, que les commissaires nous ont dit être celui du fils de défunt Louis Capet, et que deux d'entre nous ont reconnu pour être l'enfant auquel ils donnaient des soins depuis quelques jours. Les susdits commissaires nous ont déclaré que cet enfant était décédé la veille, vers trois heures de relevée; sur quoi nous avons cherché à vérifier les signes de la mort, que nous avons trouvés caractérisés par la pâleur universelle, le froid de toute l'habitude du corps, la raideur des membres, les yeux ternes, les taches violettes ordinaires à la peau du cadavre, et surtout par une putréfaction commencée au ventre, au scrotum et au dedans des cuisses.

Nous avons remarqué, avant de procéder à l'ouverture du corps, une maigreur générale qui est celle du marasme. Le ventre était extrêmement tendu et météorisé. Au côté interne du genou droit, nous avons remarqué une tumeur, sans changement de couleur à la peau, et une autre tumeur moins volumineuse sur l'os radius près le poignet, du côté gauche. La tumeur du genou contenait environ deux onces d'une matière grisâtre, puriforme et lymphatique, située entre le périoste et les muscles; celle du poignet renfermait une matière de même nature, mais plus épaisse.

A l'ouverture du ventre, il s'est écoulé plus d'une pinte de sérosité purulente, jaunâtre et très-fétide; les intestins étaient météorisés, pâles, adhérens les uns aux autres, ainsi qu'aux parois de cette cavité; ils étaient parsemés d'une grande quantité de tubercules de diverses grosseurs, et qui ont présenté à leur ouverture la même matière que celle contenue dans les dépôts extérieurs du genou et du poignet.

Les intestins, ouverts dans toute leur longueur étaient très-sains intérieurement, et ne contenaient qu'une petite quantité de matière bilieuse. L'estomac nous a présenté le même état; il était adhérent à toutes les parties environnantes, pâle au dehors, parsemé de petits tubercules lymphatiques semblables à ceux de la surface des intestins; sa membrane interne était saine, ainsi que le pylore et l'œsophage; le foie était adhérent par sa convexité au diaphragme, et par sa concavité aux viscères qu'il recouvre; sa substance était saine, son volume ordinaire, la vésicule du fiel médiocrement remplie d'une bile de couleur vert foncé. La rate, le pancréas, les reins et la vessie étaient sains. L'épiploon et le mésentère, dépourvus de graisse, étaient remplis de tubercules lymphatiques, semblables à ceux dont il a été parlé. De pareilles tumeurs étaient dissséminées dans l'épaisseur du péritoine, recouvrant la face intérieure du diaphragme. Ce muscle était sain.

Les poumons adhéraient, par toute leur surface, à la plèvre, au diaphragme et au péricarde; leur substance était saine et sans tubercules, il y en avait seulement quelques-uns aux environs de la trachée-artère et de l'œsophage. Le péricarde contenait la quantité ordinaire de sérosité; le cœur était pâle, mais dans l'état naturel.

Le cerveau et ses dépendances étaient dans la plus parfaite intégrité.

Tous les désordres dont nous venons de donner le détail, sont évidemment l'effet d'un vice scrofuleux, existant depuis long-temps, et auquel on doit attribuer la mort de l'enfant.

Le présent procès verbal a été fait et clos à Paris, au lieu susdit, par les soussignés, à quatre heures et demie de relevée, les jour et an que dessus.

Signé, J.-B.-E. DUMANGIN; PH.-J.-PELLETAN, P. LASSUS, N. JEANROY.

FIN DU SUPPLÉMENT.

TABLE ALPHABÉTIQUE

RAISONNÉE

DES MATIÈRES CONTENUES DANS CET OUVRAGE.

Adet (le citoyen) va remplacer le citoyen Fauchet comme ministre aux États-Unis, p. 252.

Agriculture. Don de béliers mérinos, étalons et jumens d'Andalousie à l'agriculture française, par le traité d'Espagne, 232.

Albitte (le représentant) compromis dans les affaires de prairial, 191.

Alcudia (don Godoï, duc de la), premier ministre d'Espagne. — Reçoit le titre de prince de la Paix, 237.

Allemagne. Impression que l'arrivée des armées françaises sur le Rhin produit au delà de ce fleuve. — Les peuples et les princes cherchent un refuge dans la politique de la Prusse, 36. — Première idée du système des indemnités au profit des princes de la rive gauche du Rhin, par la sécularisation des biens ecclésiastiques en Allemagne, 47. — Première idée de M. de Hardemberg, sur la neutralité du nord de l'Allemagne, 123. — Termes dans lesquels cette neutralité du Nord est assurée par le traité de Bâle, 148. — La diète de Ratisbonne réclame l'intervention du roi de Prusse, pour un armistice qui est refusé, 259.

Amnistie. Note attribuée au comte d'Entraigue, relativement à l'amnistie des conventionnels, 317.

Amsterdam. Prise d'Amsterdam, 61.

Angleterre. Efforts de l'Angleterre et de l'Autriche pour ranimer la coalition. — Débats parlementaires au mois de janvier, 70. — Le cabinet de Londres se sépare de bonne grâce de la neutralité hanovrienne, et transfère l'entrepôt de ses hostilités à Cux-Haven, 204. — Le système de la prolongation de la guerre est maintenu par la triple alliance de l'Angleterre avec l'Autriche et la Russie, 275. — M. Pitt ne se décourage point par l'échec de Quibéron, et prépare un nouveau débarquement sur les côtes de l'Ouest, 306. — L'expédition anglaise échoue devant l'île de Noirmoutiers : Charette, qui devait seconder le débarquement, a été contenu par Hoche, 376.

Aran. Question incidente de la négociation d'Espagne, relativement à la vallée d'Arau, 228.

Aranjo (M. d'), ministre du Portugal à La Haye. — Ses démarches auprès du comité de Salut Public, pour rétablir l'état de paix entre la France et le Portugal, 262.

Archambaut (le citoyen) compromis dans l'affaire de vendémiaire, 328.

Artois (M. le comte d') est à bord de l'expédition anglaise sur les côtes de l'Ouest, 307.

Asseretto (M.). Sa mission à Bâle, 276.

Aubry (le représentant), membre du comité de Salut Public, du 15 germinal au 15 thermidor, 12. — Est adjoint à Delmas dans les journées de prairial, 192. — Son opposition sourde au projet de passer le Rhin, 282. — Son injuste sévérité envers le général Bonaparte, 287. — Sa discussion avec le général Bonaparte, rapportée par M. de Las-Cases, 291.

Aubusson, (le citoyen). L'un des chefs des bureaux du comité de Salut Public, 5.

Augereau (le général) conduit une division de l'armée des Pyrénées dans sa marche sur les Alpes, 237.

Auguis (le représentant) est retenu prisonnier dans le quartier du Panthéon. — Affaire de prairial, 137. — Conduit les colonnes de garde nationale qui reprennent possession de la salle des séances de la Convention envahie par le peuple, 190.

Autriche. Dissentimens survenus entre les cabinets de Prusse et d'Autriche et leurs généraux, 27. — Progrès de cette division, 36. — Subsides de six millions sterling accordés à l'Autriche par l'Angleterre pour continuer la guerre, 70. — Effet produit à Vienne par le traité de la Prusse. — Mission de M. de Lerbach à Berlin et à Bâle, 204 et 205. — Humeur que l'Autriche ressent des défections qui se déclarent dans la coalition, 274. — Triple alliance conclue entre les cours de Londres, de Vienne et de Saint-Pétersbourg, 275. — L'Autriche se décide à reporter toutes ses vues du côté de l'Italie, 276. — Derniers efforts du Comité pour désarmer cette puissance, soit par des victoires, soit par des négociations, 277. — Paroles de paix portées par Merlin de Thionville au général Bender, 278. — L'Autriche elle-même fait arriver quelques notes de conciliation par la voie du Danemarck et de la Suède, ibid. — Négociations pour l'échange de Madame, fille de Louis XVI, 279. — Mission du citoyen Poteratz à Vienne, 280. — Les prisonniers autrichiens compromis dans les troubles de vendémiaire, 377.

Avaray (lettre du comte d') au général Charette, 311 et suiv.

BACHER, secrétaire interprète de la légation de France à Bâle, reçoit les premières communications de la Prusse par l'intermédiaire du sieur Schmertz, 21. — Est chargé de négocier l'échange de Madame, fille de Louis XVI, 279.

BADE (le Landgrave de) appuie les propositions pacifiques faites à la diète de Ratisbonne, 36.

BAILLY DE MONTHION (le comte), aide-major-général de la grande armée, était secrétaire au comité militaire de la Convention, 5.

BALE devient le rendez-vous des négociateurs, 84. — On y commence la négociation de la Prusse, 83. — Et celle de l'Espagne, 168. — Conclusion de la paix de la Prusse, 143. — Conclusion de la paix de l'Espagne, 226. — L'état de Bâle voit sa neutralité menacée par les deux armées belligérantes, 283.

BANCAL (le représentant) est compris dans l'échange proposé contre Madame, fille de Louis XVI, 218.

BARAGUAY D'HILLIERS (le général) est nommé chef d'état-major de l'armée de l'intérieur, 192. — Est remplacé par le général Duvigneau, 373.

BARRAS (le représentant) est adjoint à Pichegru dans les journées de germinal, 138. — Est investi du commandement supérieur dans les journées de vendémiaire, 350 et suiv. — Recommande à la Convention le général Bonaparte, son lieutenant, 372. — Est porté au directoire, 378 et 382.

BARRÈRE (le représentant) comparaît devant l'assemblée, 128. — Conduit à Rochefort, 137.

BARTHÉLEMY (le citoyen), ambassadeur de la République française, près les cantons helvétiques. — Reçoit un premier message de la Prusse, 21. — Est chargé de traiter avec un négociateur prussien, 48. — Entre en conférence avec M. de Goltz, 83. — Négocie ensuite avec M. de Hardemberg, 121. — Signe la paix de la Prusse, 143. — Son entrevue avec M. d'Yriarte, envoyé de l'Espagne, 168. — Il est désiré comme ambassadeur par la Prusse, 209. — Il signe la paix de Bâle avec l'Espagne, 234. — La minorité de la Convention veut le porter au directoire, 378.

BATAVE (la république). *Voyez* Hollande.

BAVIÈRE. L'électeur appuie les propositions pacifiques à Ratisbonne, 36. — Desseins de l'Autriche sur cet électorat, 206. — M. de Salabert, envoyé du duc de Deux-Ponts à Bâle, 259. — L'Autriche abandonne ses projets sur la Bavière pour ne plus penser qu'à l'Italie, 276.

BEAUHARNAIS (Eugène) réclame l'épée de son père auprès du général Bonaparte. — Note de la page 375.

BELGIQUE. La Convention délibère sur la réunion de ce pays au territoire français, 334.

BELLEGARDE. Reprise de cette place qui s'appellera *Sud-Libre*, 34.

BENDER (le général) se charge de transmettre à Vienne des paroles de Merlin de Thionville, pour la paix, 278.
BERLIER (le représentant) est membre du comité de Salut Public, depuis le 15 fructidor an III, jusqu'à la fin du comité, 12.
BERNADOTTE (le général). La division qu'il commande arrive sur le Rhin, 35.
BERNSTORFF (M. de), premier ministre à Copenhague. — Confiance du comité de Salut Public dans cet homme d'état, 49 et suiv.
BERRUYER (le général), l'un des commandans de l'armée de la Convention aux journées de prairial, 193. — Commande les bataillons de 89 aux journées de vendémiaire, 344. — Défend le cul-de-sac Dauphin, 354. — A un cheval tué sous lui, 363.
BERTHIER (le général Alexandre), chef d'état-major de Kellermann, écrit qu'on est à la veille de se replier sur le Var, 285.
BEURNONVILE (le général), ci-devant ministre de la guerre, doit être compris dans l'échange contre Madame, fille de Louis XVI, 218.
BILLAUD DE VARENNE, membre de l'ancien comité de Salut Public. — Comparait devant l'assemblée, 128. — Sera déporté, 137.
BLAD (le représentant) est membre du comité de Salut public, depuis le 15 prairial an III, jusqu'au 15 fructidor suivant, 12.
BOISSY D'ANGLAS (le représentant) est membre du comité de Salut Public, depuis le 15 frimaire an III, jusqu'au 15 germinal, 11. — Il est réélu le 15 messidor, 12. — Porte la parole au nom du comité de Salut Public, pour répondre à M. Pitt, 75. — Préside la Convention dans la fameuse séance de prairial, 187. — Insiste pour la réunion de la Belgique, 338.
BONAPARTE (le général de brigade) est consulté sur les ordres à donner pour la guerre d'Italie, 286. — Est en réclamation devant le comité de Salut Public, 287. — Etat de ses services à cette époque. (Note de la page 289.) — Titre d'un roman dont il s'était amusé à tracer le canevas. (Note de la page 292.) — Est nommé dans la nuit du 12 au 13 vendémiaire, pour commander en second, sous Barras, 351. — Fréron et Barras le recommandent à la Convention, 372. — Est promu au grade de général de division, et dix jours après au commandement en chef de l'armée de l'intérieur, ibid. — La journée de vendémiaire le lance à travers les opinions royalistes et le gouvernement républicain, 383.
BONAPARTE (Louis), appelé comme aide de camp auprès de son frère, 374.
BOUCHÉ-RENÉ (le citoyen), compromis dans l'affaire de vendémiaire, 328.

BOURBOTTE (le représentant), mis en jugement dans les journées de prairial, 190.
BOURGOING (le citoyen) est appelé de Nevers à Paris pour la négociation d'Espagne, 89. — Est envoyé à Figuières, 112. — Suite de sa correspondance avec M. d'Ocaritz, 161. — Se concilie l'estime du Comité, 166. — La négociation de Bâle lui enlève l'honneur de finir celle qu'il a commencée au pied des Pyrénées, 178.
BRÉARD (le représentant), est membre du comité de Salut Public jusqu'au 15 frimaire an III. — Il y est rappelé le 15 nivôse suivant, 11.
BRISGAW. Projet du comité de Salut Public pour l'invasion de ce pays, 283.
BRITO. Secrétaire de la légation portugaise à La Haie, se présente au comité de Salut Public qui le renvoie à Lisbonne, 265.
BRUNE (le général) commande une partie des troupes de la Convention au 13 vendémiaire, 252.
BUDAUT (le citoyen), compromis dans les affaires de vendémiaire, 328.

CACAU (le citoyen) est autorisé par le comité de Salut Public à se rendre à Naples, 269.
CADET-GASSICOURT (le citoyen), compromis dans l'affaire de vendémiaire, 328.
CALENDRIER républicain de l'an III. — Sa concordance avec le calendrier grégorien, 7.
CAMBACÉRÈS (le représentant) est membre du comité de Salut Public, du 15 brumaire an III au 15 ventôse suivant. — Il est réélu deux autres fois, le 15 germinal et le 15 fructidor, 11 et 12. — Président de la Convention, il proclame dans le Champ-de-Mars la délivrance du territoire de la République, 34. — Son rapport sur la question de savoir si les enfans de Louis XVI doivent être mis en liberté hors de France, 68. — Il préside la réunion des comités au 13 vendémiaire, 357. — Il est le premier candidat de la minorité pour le Directoire, 378. — Lettre du comte d'Entraigue qui lui fait manquer l'élection, 379.
CAMUS (le représentant) sera compris dans l'échange proposé contre Madame, fille de Louis XVI, 218.
CARLETTI (le comte), envoyé du grand-duc de Toscane, signe la paix à Paris, 95. — Est reçu par la Convention nationale, 101. — Risque une première démarche pour la délivrance de Madame, fille de Louis XVI, 216.
CARNOT (le représentant) cesse d'être membre du comité de Salut Public au 15 vendémiaire an III. Est réélu le 15 brumaire suiv., 11.—Annonce à la Convention la reprise des quatre villes

de Flandre, 34. — Sa conduite dans le procès des membres de l'ancien Comité, 129. — Influence de son opinion sur la question de la rive gauche du Rhin, 339. — Par un dernier effort, la majorité républicaine le porte au Directoire, 383.

CARRIER (le représentant). Son procès, 66.

CARTEAUX (le général) a joui jusqu'à sa mort d'une pension sur la cassette de l'empereur, 292. — Il avait été son général au siége de Toulon, 287. — Il commandait une partie des troupes de la Convention au 13 vendémiaire, 354.

CASTELLANNE (le comte de), compromis dans l'affaire de vendémiaire, 328. — Sa réponse à un *qui vive!* (Note de la page 371.)

CERDAGNE FRANÇAISE. Question relative à cette province dans la négociation d'Espagne, 230.

CHABEUF (le citoyen), chef dans les bureaux du comité de Salut Public, 5.

CHABŒUF (le comte) accompagne Monsieur à bord de l'expédition anglaise, 307.

CHANEZ (l'adjudant-général) est un des commandans de la garde nationale de Paris, dans les journées de germinal, 135. — Dans celles de prairial, 190.

CHAPELLE (M. le comte de la) accompagne Monsieur à bord de l'expédition anglaise, 307.

CHARPENTIER (le citoyen), compromis dans l'affaire de vendémiaire, 328.

CHARETTE (le général). Lettres de Vérone, qui lui sont adressées, 311 *et suiv.* — Est empêché par le général Hoche de seconder le débarquement anglais, 376.

CHAZAL (le représentant), membre du comité de Salut Public du 15 nivôse an III au 15 floréal suivant, 11.

CHENIER (le représentant Marie-Joseph), membre du comité de Salut Public, depuis le 15 vendémiaire an IV jusqu'à la fin, 12.

CHÉRET (le citoyen), compromis dans l'affaire de vendémiaire, 328.

CLARKE (le général), employé au comité de Salut Public, 4.

COCHON (depuis comte de L'Apparent) cesse d'être membre du Comité de Salut Public au 15 frimaire an III, 11.

COLLIOURE. Difficultés que la violation de la capitulation de cette place apporte dans les commencemens de la négociation de l'Espagne, 23.

COLLOT-D'HERBOIS (le représentant). Exorde de sa défense en présence de la Convention, 128. — Sera déporté, 137.

COMITÉ de Salut Public. Citation de diverses personnes employées dans ses bureaux, 4. — Etat nominatif présentant la composition successive du Comité, 11. — Première déclaration faite en son nom par Merlin de Douai, sur les principes de sa politique, 44. — Seconde déclaration de principes, faite en son nom par Boissy-d'Anglas, 75. — Dans les traités à conclure, aura-t-il le droit de consentir des articles secrets? Discussion à cet égard, 97. — Ses derniers efforts pour désarmer l'Autriche, soit par la guerre, soit par les négociations, 277.

Comité militaire de la Convention. Citations de diverses personnes employées dans les bureaux de ce Comité, 5.

Commerce. Négociations commencées pour un traité de commerce avec l'Espagne, 249.

Condé (la ville de). Reprise de cette place, qui s'appellera désormais *Nord-Libre*, 34.

Condé (l'armée de) doit entrer en France par la Franche-Comté, 283. — Est prévenue de se tenir prête à marcher, 307.

Condé (M. le prince de). Sa négociation avec le général Pichegru, 319.

Convention. On soulève la question de savoir quand elle terminera sa session, 131. — Elle se décide à conserver les deux tiers de ses membres dans le gouvernement qui doit lui succéder, 304. — Fin du régime de la Convention, 368.

Conventionnels. Note attribuée au comte d'Entraigue, relativement à l'amnistie des conventionnels, 317.

Courtin (le citoyen), secrétaire au Comité militaire de la Convention, 5.

Creuzé de la Touche (le représentant). Membre du comité de Salut Public depuis le 15 germinal an III, jusqu'au 15 floréal, 12.

Crillon (MM. de) père et fils. Procédés obligeans du comité de Salut Public à leur égard, 90.

Damas (M. Charles de) accompagne Monsieur à bord de l'expédition anglaise, 307.

Danemarck. Communications amicales et confidentielles du comité de Salut Public avec le cabinet de Copenhague, 49. — Le citoyen Grouvelle est ambassadeur du comité de Salut Public en Danemarck, 251. — Projet de traité entre le comité de Salut Public et les cabinets de Stockholm et Copenhague pour la neutralité du pavillon, 254.

Danican (le général) est nommé général des sections au 13 vendémiaire, 349. — Envoie un parlementaire à la Convention, 359. — Parvient à s'échapper, 370.

Daunou (le représentant) est membre du comité de Salut Public depuis le 15 fructidor an III jusqu'à la fin, 12.

David (le célèbre peintre) est exclu de la Convention, 297.

Debar (le général) encourt la disgrâce de la Convention, dans la journée de vendémiaire, 346.

Defermon (le représentant) est membre du comité de Salut Public, depuis le 15 floréal an III jusqu'au 15 fructidor suivant, 12.

Delacroix (le représentant Charles), parlemente avec les faubourgs le 4 prairial, 195.
Delalot (Charles), compromis dans les affaires de vendémiaire, 328 et 348.
Delbrel (le représentant) dicte à Dugommier la réponse à faire aux premières ouvertures de l'Espagne, 23.
Delecloix (le représentant) se met à la tête d'une des colonnes qui reprennent possession de la salle de la Convention le 2 prairial, 190.
Delmas (le représentant) cesse d'être membre du comité de Salut Public au 15 nivôse an III, 11. — Monte à cheval dans les journées de germinal, 136. — Est chargé de la direction de la force armée dans les journées de prairial, 186 et 330. — Est adjoint à Barras le 13 vendémiaire, 351.
Descorches-Sainte-Croix (le citoyen), chargé d'affaires de la République à Constantinople, est remplacé par l'ambassadeur Verninac, 252.
Despérières (le général) encourt la disgrâce de la Convention dans la journée de vendémiaire, 346.
Desportes (le citoyen Félix), résident de la République à Genève, 104 et 251.
Dewins (le général autrichien). Sa proclamation aux Génois, 277.
Directoire exécutif (brigue pour l'élection des membres du), 378.
Dombrowski (le général) est un des chefs de l'insurrection polonaise que Kocziusko dirige, 28.
Dommanget (le citoyen), compromis dans l'affaire de vendémiaire, 328.
Doucet (l'adjudant-général) l'un des commandans de la garde nationale de Paris en germinal, 135. — En prairial, 190.
Doulcet de Pontécoulant est membre du comité de Salut Public depuis le 15 floréal an III jusqu'au 15 fructidor suivant, 12. — Répare le temps perdu par Aubry et fait passer le Rhin, 280. — Écoute avec bienveillance la réclamation du général de brigade Bonaparte, 288.
Doyle (le général anglais) commande une division de l'expédition sur la côte de Noirmoutiers, 307.
Drouet (le représentant) sera compris dans l'échange proposé contre Madame, fille de Louis XVI, 218.
Dubois (le général), employé dans les journées de prairial, 192.
Dubois de Crancé (le représentant) est membre du comité de Salut Public, depuis le 15 frimaire an III jusqu'au 15 germinal suivant, 11. — Est blessé dans la salle de la Convention, en défendant Feraud, son collègue (affaire de prairial) 187.
Duchozal (le citoyen), compromis dans l'affaire de vendémiaire, 329.

ET RAISONNÉE. 443

Ducoudray (le général), après les journées de vendémiaire, préside la commission militaire du Théâtre-Français, 370.

Dugommier (le général), arrivant de Toulon, attaque la Catalogne, 20. — Reçoit un message du général espagnol, contenant un symbole de paix, 22. — Est enseveli dans sa victoire, 39.

Duhem (le représentant) se déclare contre le système d'une pacification partielle, 43.

Duhoux (le général) encourt la disgrâce de la Convention aux journées de vendémiaire, 346.

Dumangin (le docteur), médecin de l'hospice de Santé, est adjoint au célèbre Pelletan pour soigner Louis XVII dans sa dernière maladie, 214.

Dumont (le représentant André) est membre du comité de Salut Public depuis le 15 frimaire an III jusqu'au 15 germinal suivant, 11. — Est réduit à se défendre devant la réaction dont il avait jusqu'alors suivi le mouvement, 297.

Dupont (le général), employé au comité de Salut Public, 4.

Dupont Chaumont (le général), frère du précédent, commande une partie des troupes de la Convention dans la journée de vendémiaire, 354.

Duquesnoy (le représentant), victime de la révolution de prairial, 190.

Dureau de la Malle (le citoyen), compromis dans les affaires de vendémiaire, 328.

Durfort (le comte de) accompagne Monsieur à bord de l'expédition anglaise, 307.

Duroy (le représentant), victime de la révolution de prairial, 190.

Durtubie (le général d'artillerie), employé à Paris à l'époque du 13 vendémiaire, 353.

Dutrone (le citoyen), compromis dans les affaires de vendémiaire, 328.

Dussaux (le docteur), médecin du Temple, meurt; il est remplacé par Pelletan, 214.

Duvigneau (le général de brigade) est employé dans la journée du 13 vendémiaire, 354. — Devient chef d'état-major du général Bonaparte, 373.

Dzialinski (M.), devenu possesseur de plusieurs manuscrits du général Bonaparte, 292.

Émigrés. Stipulation proposée par l'Espagne en leur faveur, 228.

Entraigue (le comte d'), agent du roi Louis XVIII à Venise. Surprend, dit-on, le secret de la négociation de la République avec la cour de Naples, 268. — Note qui lui est attribuée, relative à l'amnistie des conventionnels, 317. — Découverte de sa correspondance avec le citoyen Lemaitre, 379.

ESCHASSERIAUX (le représentant) cesse d'être membre du comité de Salut Public au 15 brumaire an III, 11.—Est réélu le 15 vendémiaire an IV, 12.—Présente un travail sur les principes qui doivent diriger nos relations extérieures, 41.

ESPAGNE. Première ouverture faite au citoyen Simonin pour la paix, 22.—Disposition du cabinet de Madrid à se rapprocher de la République, 28.—Projets d'articles remis à Simonin, 32.—Dugommier et Moncey entrent sur le territoire espagnol, 39. — Correspondance politico-militaire entre le général espagnol Urrutia et le général français Pérignon, 51. — Démarches du comité de Salut Public, pour arriver à une négociation, 88. — Reprise de la correspondance du général Pérignon et du général Urrutia, 106. — Bourgoing et Roquesantes sont envoyés à Figuières, comme négociateurs. Bourgoing correspond avec M. d'Ocaritz, 112 et suiv. — Reprise de la correspondance entre M. d'Ocaritz et Bourgoing, 141. — Roquesantes est au moment de partir pour Madrid, 163. — La question des enfans de Louis XVI occasione une rupture, 164. — La négociation de l'Espagne se reproduit à Bâle, 168. — M. d'Ocaritz la reprend d'un autre côté, 176. — La question des enfans de Louis XVI devient une seconde fois la difficulté principale de la négociation, 210. — Un troisième négociateur se montre, de la part de l'Espagne, à Bayonne, 220. — Le comité désigne l'ex-ministre Servan, pour traiter avec M. d'Yranda, à Bayonne, 223. — Double négociation, à Bâle et à Bayonne, avec l'Espagne, 225. — Paix de Bâle, 226. — Observations critiques sur ce traité, 235 et 243. — Premières paroles d'alliance entre les deux nations, 241. — On s'occupe de négocier un traité de commerce, 249.

ETATS-UNIS. Le citoyen Adet va remplacer le citoyen Fauchet, comme ministre de la République à Philadelphie, 252.—Envoi amical du drapeau français aux peuples des Etats-Unis, 255.

FAIN (secrétaire des représentans chargés de la direction de la force armée, à Paris.)—Écrit les premiers ordres de Bonaparte comme général en chef, 374.

FAUCHET (le citoyen), remplacé aux États-Unis par le citoyen Adet, 252.

FAYPOULT (le citoyen), chef de bureau, au comité de Salut Public, 5.

FERAUD (le représentant) est tué dans l'enceinte de la Convention, en prairial, 187.

FIÉVÉE (le citoyen), compromis dans les affaires de vendémiaire, 328.

FIGUIÈRES. Prise de cette place par le général Pérignon, 40. — Des négociateurs y sont envoyés par le comité de Salut Public, 112.

ET RAISONNÉE. 445

Fourcroy (le représentant) cesse d'être membre du comité de Salut Public, le 15 nivôse an III. — Est réélu, le 15 pluviôse suivant, 11.

France. Situation intérieure de la France, au mois de janvier 1795, 63. — A l'époque du 13 vendémiaire, 299.

Franche-Comté. Cette province est menacée d'une invasion par l'armée de Condé, 283.

Fréville (Villot de), secrétaire au comité militaire de la Convention, 5. — Secrétaire de la légation de la République, à Florence, 251.

Fricktalh. Projets d'invasion sur ce pays, 283.

Gamon (le représentant) est membre du comité de Salut Public, depuis le 15 prairial an III jusqu'au 15 vendémiaire an IV, 12.

Gardane (le général) sous les ordres du général Brune, au 13 vendémiaire, 354.

Gau. Ancien secrétaire du représentant Aubry. N'en est pas moins appelé depuis au conseil d'état par l'empereur Napoléon, 292.

Gauthier (le citoyen), compromis dans les affaires de vendémiaire, 328.

Gênes. Le citoyen Villars est le consul de la République française à Gênes, 251. — Triste position de l'état de Gênes au milieu des armées belligérantes, 251. — Mission de M. Assereto à Bâle, 276.

Genève. Le résident de la République à Genève est le citoyen Félix Desportes, 251.

Germinal (journées de), 127.

Gillet (le représentant) est membre du comité de Salut Public depuis le 15 germinal an III, jusqu'au 15 messidor suivant, 12. — Est adjoint à Delmas dans le commandement de la force armée, aux journées de prairial, 192. — Meurt des suites de ses fatigues au camp de Sambre-et-Meuse, 284.

Godoï. *Voyez* Alcudia.

Goltz (le comte de) est nommé par le cabinet de Berlin pour traiter avec la République française, 46. — Commence la négociation de Bâle avec le citoyen Barthélemy, 83. — Tombe malade et meurt dix jours après la première conférence, 87.

Goupilleau de Fontenay (le représentant). En mission à l'armée des Pyrénées, fera reconduire le jeune Crillon au camp espagnol, 90. — Dirigera la négociation dont Bourgoing et Roquesantes sont chargés, 112. — Est un des trois représentans qui dirigent la force armée de Paris, 330. — Est adjoint à Barras au 13 vendémiaire, 351.

Goujon (le représentant), victime de la révolution de prairial, 191.

TABLE ALPHABÉTIQUE

Gossuin (le représentant) monte à cheval dans les journées de germinal, 136. — Parlemente avec les faubourgs dans les troubles de prairial, 195.

Gourdan (le représentant) est membre du comité de Salut Public depuis le 15 vendémiaire an IV jusqu'à la fin, 12.

Grégoire (le représentant). Son discours sur le droit des gens ne sera pas imprimé, 254.

Grivel (le contre-amiral) a été secrétaire au comité militaire de la Convention, 5.

Grouvelle, envoyé de la République à Copenhague. Communications dont il est chargé par le comité, 49.

Guypuscoa. Question relative à cette province dans la négociation d'Espagne, 128.

Guyton de Morveaux (le représentant) est membre du comité de Salut Public, depuis le 15 vendémiaire an III jusqu'au 15 pluviôse suivant, 11. — Son discours en faveur des membres de l'ancien comité, 129.

Hambourg. Lagau, consul de France à Hambourg, 251.

Hanovre (le). Projet de M. de Hardemberg, de neutraliser cet électorat, 123. — Termes dans lesquels cette idée est réalisée par la neutralité du Nord, 150.

Harcourt (le duc d'). Lettre qui lui est adressée de Vérone, 314.

Hardemberg (M. le baron de) remplace M. de Goltz comme négociateur à Bâle, 121. — Y signe la paix de la Prusse, 143. — Et la convention additionnelle, 208.

Harmand, de la Meuse (le représentant). Son opinion contre la réunion de la rive gauche du Rhin, 334.

Harnier (M.), secrétaire de la légation prussienne à Bâle, est envoyé à Paris pour parler de la paix, 46. — Il continue la négociation de Bâle après la mort de M. de Goltz, 119.

Hefflinger, résident de la République française dans le Valais, 251. — Reçoit des communications de la Sardaigne, 273.

Hesse-Cassel (le landgrave de) se place derrière la neutralité de la Prusse, 204. — Conclut sa paix particulière à Bâle, 260. — L'Autriche veut le mettre au ban de l'Empire, 274.

Hesse-Darmstadt (le landgrave de) se place derrière la neutralité de la Prusse, 204.

Hoche (le général). Sa victoire de Quiberon, 235. — Il empêche le général Charette de seconder le débarquement de l'expédition anglaise, 376.

Hollande. Le stathouder envoie MM. Brantzen et Repelaër à Paris pour traiter, 60. — Conquête de la Hollande par Pichegru, 61. — Stipulation relative à cette puissance dans le traité de Prusse, 152. — Traité de paix et d'alliance avec la Hollande, 200. — Réception à la Convention de ses deux en-

ET RAISONNÉE.

voyés, 203. — Sa situation pénible depuis la conquête : l'Angleterre confisqué ses dépôts et ses colonies, 256.

Hortode (l'adjudant-général). L'un des secrétaires du comité militaire de la Convention, 5.

Huart (l'adjudant-général) est employé à la défense de la Convention, sous le général Berruyer, aux journées de vendémiaire, 354. — Son colloque avec l'un des chefs des sections, 359.

Iranda (M. d') est envoyé à Bayonne : double négociation, 220.

Italie. Dispositions des puissances d'Italie à l'égard de la République, 105. — L'armée des Pyrénées est destinée à l'invasion de ce pays, 237. — L'Autriche, de son côté, s'y fortifie et prend l'offensive, 276. — L'armée d'Italie recule un moment sur le Var, 285. — Ordre du comité pour qu'elle se reporte en avant, 286. — Conseils du général de brigade Bonaparte, pour cette nouvelle campagne, 286.

Jeanroy (médecin), signe le procès-verbal de la mort de Louis XVII, 215.

Jean de Bry (le représentant), membre du comité de Salut Public, du 15 messidor an III jusqu'à la fin, 12.

Jourdan (le général), vainqueur à Fleurus, s'avance sur le Rhin, 20. — Passe la Meuse et marche sur Mayence, 35. — Passe le Rhin, 284.

Junot, aide de camp du général Bonaparte, 373.

Kellerman (le général). Remplacé par le général Schérer dans le commandement de l'armée d'Italie, 286.

Kervelegan (le représentant) se met à la tête d'une des colonnes qui, en prairial, reprennent possession de la salle de la Convention envahie, 190.

Kléber (le général). Sa division arrive sur le Rhin, 31.

Kocziusko, le chef de l'insurrection polonaise, 28.

Lacombe-Saint-Michel (le représentant), membre du comité de Salut Public du 15 pluviôse an III, au 15 prairial suivant, 11.

Lacretelle jeune (le citoyen), compromis dans les affaires de vendémiaire, 328.

Ladevèze (le citoyen), compromis dans les affaires de vendémiaire, 328.

Lafont de Soubé commande l'attaque du Pont-Royal au 13 vendémiaire, 365. — Est condamné à mort, 370.

Lagau (le citoyen), consul de France à Hambourg, 251.

La Harpe (le littérateur), compromis dans les affaires de vendémiaire, 328.

TABLE ALPHABÉTIQUE

Lajaunaie (pacification de), dans la Vendée, 100.

Lallemand, envoyé de la République à Venise, traite avec le chevalier Micheroux, envoyé de Naples, 103 et 267.

Laloi (le représentant) cesse d'être membre du comité de Salut Public au 15 brumaire an III, 11.

Lamarque (le représentant) sera compris dans l'échange proposé contre Madame, fille de Louis XVI, 218.

Landrecies. Reprise de cette place, 34.

Langlois, homme de lettres, compromis dans les affaires de vendémiaire, 328.

Laporte (le représentant) membre du comité de Salut Public, depuis le 15 ventôse an III, jusqu'au 15 messidor suivant, 11. — Est l'un des trois représentans chargés de la direction de la force armée, 330. — Est à cheval auprès du général Menou dans la rue Vivienne en vendémiaire, 347. — Est adjoint à Barras au 13 vendémiaire, 351.

Larivière (le représentant Henri) est membre du comité de Salut Public, depuis le 15 prairial an III, jusqu'au 15 vendémiaire an IV, 12.

Lassus (le docteur) signe le procès verbal de la mort du roi Louis XVII, 215.

Lebois, président du tribunal criminel de la Seine, compromis dans les affaires des sections en vendémiaire, 328. — Est condamné à mort, 370.

Lebon (le représentant Joseph). Sa tête est la dernière qu'on sacrifie à la réaction, 305.

Lecarpentier (le représentant), proscrit en prairial, 198.

Lecourt-Villiers, l'un des commandans de la garde nationale de Paris, dans les journées de germinal, 135. — Dans celles de prairial, 190.

Lefebvre (le général). Sa division arrive sur le Rhin, 35.

Lefébure, commissaire ordonnateur de l'armée de l'intérieur. Ordres qui lui sont donnés le 13 vendémiaire, 353.

Legendre (le représentant) conduit les colonnes qui reprennent possession de la salle de la Convention, envahie le 2 prairial, 190. — Ses paroles au 13 vendémiaire, quand les premiers coups de feu se font entendre, 361.

Lemaitre. Découverte d'une correspondance de la cour de Vérone qui lui est adressée, 378.

Lemarois, aide de camp du général Bonaparte, 373. — Signe comme témoin à son mariage. (Note de la page 376.)

Lequesnoy. Reprise de cette place, 34.

Lerbach (M. de). Sa mission à Berlin et à Bâle, 205.

Leroux, compromis dans l'affaire de vendémiaire, 328.

Lesage, d'Eure-et-Loir (le représentant) entre au comité de

Salut Public, le 15 germinal an III; est réélu le 15 messidor suivant, 12. — Vote contre la réunion de la rive gauche du Rhin. 335.

LETOURNEUR de la Manche (le représentant), membre du comité de Salut Public, depuis le 15 thermidor an III, jusqu'à la fin du Comité, 12. — Accueille avec bienveillance la réclamation du général de brigade Bonaparte, 281. — En mission près le camp sous Paris, 330. — Est porté au Directoire, 382.

LESTRANGES (le général) employé sous le général Verdière le 13 vendémiaire, défend le Pont-Royal, 354. — Préside la commission militaire qui siége à la section Lepelletier, 370.

LINDET (le représentant Robert) cesse d'être du comité de Salut Public au 15 vendémiaire an III, 11.

LIVOURNE (le port de) est abandonné à l'influence anglaise, 275.

LOISON (le général) commande une portion des troupes qui défendent la Convention au 13 vendémiaire, 354. — Préside ensuite la commission militaire qui siége à Saint-Roch, 370.

LOUIS XVI (les enfans du roi). On commence à parler des rigueurs de leur détention au Temple, 66. — La cour de Madrid demande leur délivrance, 28, 164, 210. — Démarches de l'envoyé de Toscane, pour la délivrance de MADAME, 216. — On convient de proposer à l'Autriche, l'échange de MADAME contre les représentans que cette puissance retient prisonniers, 217. — Stipulations qui concernent cette princesse dans la paix de Bâle avec l'Espagne, 227. — Le général Pichegru est d'abord chargé de traiter avec les Autrichiens pour l'échange projeté, 279. — Cette négociation est transférée à Bâle, et confiée au citoyen Bacher, *ibid.*

LOUIS XVII. L'Espagne demande comme condition de la paix, la remise du jeune prince, 32. — Reproche fait au Comité de lui avoir donné un instituteur, 43. — Inquiétudes que donne le voisinage de la prison du Temple, 66. — Louis XVII meurt dans sa prison, 214.

LOUIS XVIII. Ses premières paroles à son avénement. Fragment de sa correspondance de Vérone, 308 et suivantes.

LOUISIANE. Question de la Louisiane dans la négociation d'Espagne, 233.

LOUVET (le représentant), membre du comité de Salut Public, du 15 messidor an III, jusqu'à la fin du Comité, 12.

LUXEMBOURG (la place de) enveloppée par les armées françaises, 35. — Capitule, 216. — Paroles de paix dites dans cette circonstance, par Merlin de Thionville au général Bender, 278.

MADAME, fille de Louis XVI. *Voyez* Louis XVI (les enfans de).

TABLE ALPHABÉTIQUE

Mahon (le duc de). *Voyez* Crillon.

Maillé (le comte de) accompagne Monsieur à bord de l'expédition anglaise, 307.

Manfredini, ministre du grand-duc de Toscane. — Son influence pour la paix, 94. — Ses conseils maintiennent la neutralité, 275.

Marandet, secrétaire de légation du citoyen Barthélemy, 144 et 172.

Marchena, homme de lettres, compromis dans les affaires de vendémiaire, 328.

Marec (le représentant) est membre du comité de Salut Public, depuis le 15 nivôse an III, jusqu'au 15 floréal suivant, 11. — Il est réélu le 15 prairial, et reste au Comité jusqu'à la fin, 12.

Maret (depuis duc de Bassano), sera compris dans l'échange proposé contre Madame, fille de Louis XVI, 218

Marmont (le capitaine), depuis duc de Raguse. — Le général Bonaparte s'arrête chez son père à Chatillon, 291. — Le général en fait son aide de camp, 374.

Mathieu (le représentant) conduit une des colonnes qui reprennent possession de la salle de la Convention, envahie le 2 prairial, 190.

Maure (le représentant) se tue plutôt que de se soumettre à un décret d'arrestation, 298.

Mayence (la place de). Jourdan s'en approche, 35. — Cette ville devient la première difficulté de la négociation de la Prusse, 38 et 85.

Mayence (l'électeur de) demande, à Ratisbonne, qu'on négocie avec la République, 36.

Mayenrienck, adjudant-général du maréchal Mollendorff, vient à Bâle pour s'aboucher avec le citoyen Bacher, 37.

Mazoyer, secrétaire au comité militaire de la Convention, 5.

Meilhan (le représentant). Son entrevue avec M. d'Iranda, 220.

Menou (le général), nommé commandant en chef de l'armée de l'intérieur, 192. — Compromis dans l'affaire de la rue Vivienne, en vendémiaire, 347. — Destitué, 350. — Jugé et acquitté, 374.

Mérinos (béliers) obtenus au profit de l'agriculture française dans le traité de l'Espagne, 232.

Merlin, de Douai (le représentant) cesse d'être membre du Comité, le 15 nivôse an III. — Y rentre le 15 pluviôse suivant. Est réélu une troisième fois, le 15 messidor, 12. — Expose les bases de la politique du Comité, 44. — Son influence dans la délibération qui réunit la rive gauche du Rhin, 338. — Il annonce à la Convention les premiers succès du combat de vendémiaire, 364.

Merlin, de Thionville (le représentant). Contraste que lui pré-

sentent les troubles du dedans avec la gloire du dehors, 64.
— Est adjoint à Pichegru lors des troubles de germinal, 138.
— Ouverture de paix qu'il fait au général Bender, 278.

MICHEROUX (le chevalier de), envoyé de Naples à Venise. — Négociation ouverte entre cet envoyé et le citoyen Lallemand, pour la paix de Naples, 103 et 267.

MIDI (massacres du) par les compagnies de Jésus et du Soleil, 298.

MILÈS, agent de l'Angleterre, 278.

MIOT (le citoyen), envoyé de la République à Florence, 251.

MOLLENDORF (le général prussien) fait des ouvertures pour la paix, 21.

MONCEY (le général) pénètre en Biscaye, 39. — Marchait sur Burgos quand il a reçu la nouvelle de la conclusion de la paix avec l'Espagne, 243.

MONTCHOISY (le général) commande la réserve de la Convention, au 13 vendémiaire, 354.

MONTGAILLARD (le comte de). Sa correspondance à Paris, avec le sieur Lemaître, 379.

MOREAU (le général). Ses troupes atteignent les bords du Rhin, 31. — Stipulation de Pichegru en sa faveur, 319.

MORT. Abolition de la peine de mort, 371.

MOYRA (lord) commande une division de l'expédition anglaise, destinée contre les côtes de Bretagne, 307.

MUIRON, officier de l'armée d'Italie. Une place d'aide de camp lui est réservée par le général Bonaparte, 374.

MURAT (le capitaine) commande un détachement du 21e de chasseurs, dans les journées de prairial, 193. — Reçoit les premiers ordres du général Bonaparte, dans la nuit du 12 au 13 vendémiaire, 353. — Devient aide de camp du général Bonaparte. (Note de la page 374.)

MUTEL (l'adjudant-général) est employé sous le général Berruyer, au 13 vendémiaire, 354.

NAPLES. Commencement de la négociation de ce cabinet avec la République, 103. — Médiation de l'Espagne en sa faveur, 230. Suite de la négociation, 267. — Le roi déclare au cabinet de Vienne qu'il veut se retirer de la coalition, 270. — L'Autriche répond que, dans ce cas, on le traitera en ennemi, 274.

NEUTRES. Revue des dernières relations de la République avec les puissances neutres, 251.

NUGUES SAINT-CYR était employé au comité de Salut Public, 5.

OCARITZ (M. d'). Le citoyen Bourgoing lui écrit, 90. — Réponse, 116. — Reprise de cette correspondance, 161. — Rupture, 164. — M. d'Ocaritz reparaît comme négociateur, 174.

ORANGE (le prince d'), n'a que le temps de se jeter dans une

barque pour gagner l'Angleterre, quand la Hollande est envahie, 61.
Otto (le citoyen). Était chef de bureau au comité de Salut Public, 5.

Pajol (aide de camp de Kleber). Présente à la Convention les drapeaux de l'armée de Sambre-et-Meuse, 35.
Paix partielles. Système combattu par Duhem, 42.
Pape (le). Ne veut pas être considéré comme en guerre avec la France, 102. — Médiation de l'Espagne en sa faveur, 231. — Des navires français sont reçus amicalement à Civita-Vecchia, 272.
Paris (Troubles de). En germinal, 127. — En prairial, 184. — En vendémiaire, 295.
Parme (l'infant de). Médiation de l'Espagne en sa faveur, 230 et 272.
Pelet de la Lozère (le représentant). Membre du comité de Salut Public, du 15 brumaire an III au 15 ventôse suivant, 11.
Pelletan (le docteur) remplace Dussaux comme médecin du Temple, 214.
Penières (le représentant) court des dangers dans un attroupement populaire, en germinal, 138.
Pérignon (le général) succède à Dugommier dans le commandement de l'armée des Pyrénées, 39. — Sa correspondance avec le général espagnol Urrutia, 51 et 106.
Petitot (le citoyen) était chef de bureau au comité de Salut Public, 5.
Peyssard (le représentant) proscrit en prairial, 198.
Pichegru (le général) reçoit l'ordre d'entrer en Hollande, 35. — Sa campagne d'hiver, 58. — Est nommé au commandement de Paris, en germinal, 138. — Inspire des inquiétudes, 285. — Note sur ses arrangemens secrets avec M. le prince de Condé, 319. — Il commence la négociation pour l'échange de Madame, fille de Louis XVI, 379.
Pierre (le citoyen), chef de bureau au comité de Salut Public, 5.
Pisani, résident de la République de Venise à Paris, est remplacé, 255.
Pitt (M.). Ses discours au parlement d'Angleterre pour la continuation de la guerre, 71. — Mot qui lui échappe à la nouvelle du désastre de Quiberon, 306.
Pologne (la) s'insurge sous Kocziusko, 27. — Succombe sous les coups de Souvaroff, 38.
Pommereuil, capitaine d'artillerie. Lettre qui lui est écrite, à Naples, par le citoyen Cacaut, 269.
Poncelin, homme de lettres, compromis dans les affaires de vendémiaire, 328.

PONIATOWSKI (Joseph) est un des chefs de l'insurrection polonaise sous Kocziusko, 27.
PORTUGAL. Médiation de l'Espagne en sa faveur, 230. — Démarches faites antérieurement par M. d'Aranjo, 262.
POTERATZ (le citoyen), envoyé à Vienne par le comité de Salut Public, 280.
PRAIRIAL (journées de), 184.
PRÊTRES ÉMIGRÉS. Demande de l'Espagne en leur faveur, 228.
PRIEUR, de la Marne (le représentant), membre du comité de Salut Public, depuis le 15 vendémiaire an III, jusqu'au 15 pluviôse suivant, 11. — Est compromis dans les affaires de prairial, 191.
PRIEUR, de la Côte-d'Or (le représentant) cesse d'être membre du comité de Salut Public, au 15 vendémiaire an III, 11.
PRINCES FRANÇAIS. Demande de l'Espagne en leur faveur, 228.
PRUSSE. Premier message de paix remis au citoyen Barthélemy, 21. — Le comité de Salut Public hésite à répondre, 26. — Dissentimens survenus entre les cabinets prussien et autrichien, 27 et 36. — Mission de l'adjudant-général Mayenrienck à Bâle, 37. — Nomination de M. de Goltz pour traiter avec la République, 46. — Voyage de M. Harnier à Paris, *ibid.* — Bases posées par le comité de Salut Public, qui nomme le citoyen Barthélemy pour plénipotentiaire, 47. — Première négociation de Bâle : M. de Goltz et le citoyen Barthélemy, 83. — Après la mort de M. de Goltz, M. Harnier continue la négociation, 119. — Seconde négociation de Bâle : M. de Hardemberg et le citoyen Barthélemy, 121. — Conclusion de la paix, 143. — Convention additionnelle, 204. — Première ouverture pour une alliance, 205. — La Prusse demande un armistice pour l'Empire germanique, 259.
PUYSÉGUR (M. de). Accompagne MONSIEUR à bord de l'expédition anglaise, 307.

QUATREMÈRE DE QUINCY, homme de lettres, compromis dans les affaires de vendémiaire, 328.
QUIBERON (affaire de), 235. — Mot de M. Pitt, 306. — Douleur du roi Louis XVIII, 312.
QUINETTE (le représentant) sera compris dans l'échange proposé contre MADAME, fille de Louis XVI, 218.
QUIRINI (*le noble*), envoyé de Venise à Paris, 255.

RABAUD-POMMIER (le représentant), membre du Comité de Salut Public depuis le 15 floréal an III jusqu'au 15 fructidor suivant, 12.
RAFFET, l'un des commandans de la garde nationale de Paris, 135 et 190. — Est blessé d'un coup de pistolet, 139.

TABLE ALPHABÉTIQUE

Raigecourt (M. de) accompagne Monsieur à bord de l'expédition anglaise, 307.

Ratisbonne (la diète de). Influence de la Prusse en faveur de la paix, 36. — Conclusum pour arriver à une négociation, 83.

Réaction thermidorienne, 65. — Royaliste, 295.

Reinhard (M.) était un des chefs de bureau du comité de Salut Public, 4.

Religion catholique (demande de l'Espagne en faveur de la), 228.

Reubell (le représentant), membre du comité de Salut Public depuis le 15 ventôse an III jusqu'au 15 messidor, 11. — Réélu le 15 thermidor, 12. — Présente à la Convention le traité de la Prusse, 155. — Veut envoyer l'adjudant-général Roquesantes à Madrid, 163. — A conclu le traité de la Hollande, 200. — Commence à avoir des inquiétudes sur Pichegru, 285. — Est porté au Directoire, 382.

Revellière-Lepaux (le représentant) est membre du comité de Salut Public depuis le 15 fructidor an III jusqu'à la fin, 12. — Est porté au directoire, 382.

Reynier (le général). Sa division arrive sur les bords du Rhin, 35.

Rhin. Les armées françaises arrivent sur les bords de ce fleuve, 35. — La cession de la rive gauche est exigée comme base de toute négociation, 47. — Termes dans lesquels le traité de la Prusse s'explique sur cet abandon, 147. — Premier passage du Rhin par les armées de Sambre et Meuse et de Rhin et Moselle, 282. — Délibération de la Convention sur la réunion des départemens de la rive gauche, 334.

Rhull (le représentant) se tue plutôt que de se soumettre à un décret d'arrestation, 298.

Richard (le représentant) est membre du comité de Salut Public, depuis le 15 vendémiaire an III jusqu'au 15 pluviôse suivant, 11. — Il présente à la Convention le traité avec la Toscane, 95.

Richer-Serizi, homme de lettres, est compromis dans les affaires de vendémiaire, 328.

Rivalz, ministre plénipotentiaire de la République française à Stockholm, 252.

Roll (M. de) accompagne Monsieur à bord de l'expédition anglaise, 307.

Rome. *Voyez* le Pape.

Romme (le représentant), victime de la révolution de prairial, 190.

Roquesantes (l'adjudant-général) est envoyé à Figuières pour négocier, 112. — On veut l'envoyer à Madrid, 163.

Rozière (M. de La) accompagne Monsieur à bord de l'expédition anglaise, 307.

Roux, de la Haute-Marne (le représentant) est membre du comité de Salut Public, depuis le 15 germinal an III, jusqu'au 15 messidor suivant, 12.

Rovère (le représentant) réclame la liberté de quelques jeunes gens, arrêtés dans les attroupemens de vendémiaire, 331.

Russie. Elle étouffe l'insurrection de Pologne, 38. — Triple alliance conclue entre cette puissance, l'Autriche et l'Angleterre, pour la prolongation de la guerre, 275.

Sablacourt (M. de) accompagne Monsieur à bord de l'expédition anglaise, 307.

Saint-Didier (le citoyen), compromis dans les affaires de vendémiaire, 328.

Saint-Venant (le citoyen), compromis dans les affaires de vendémiaire, 328.

Sallabert (M. de), envoyé par le duc de Deux-Ponts à Bâle, 259.

Salverte (le citoyen), compromis dans les affaires de vendémiaire, 328.

San-Fermo (M. de), ministre de Venise en Suisse, 170. — L'Autriche demande son rappel, 274.

Santo-Domingo. L'Espagne cède cette colonie par le traité de Bâle, 234 et 245.

Sardaigne (le roi de). Ses démarches pour entrer en communication avec la République, 103, 272 et 274.

Sauret (le général) passe, avec sa division, de l'armée des Pyrénées à l'armée du Var, 237.

Saxe (l'électeur de) se place derrière la ligne de neutralité de la Prusse, 204.

Scherer (le général) remplace le général Kellermann dans le commandement de l'armée du Var, 286.

Schmertz, négociant des environs de Francfort, sert d'intermédiaire aux premières communications de la Prusse avec le citoyen Barthélemy, 21 et 37.

Sections de Paris. Lettre du bord du Rhin, sur les chances que promet à la cause royaliste le mouvement prochain des sections, 321. — Insurrection des sections, 323.

Sécularisation des biens ecclésiastiques en Allemagne. Première idée mise en avant à cet égard, 47.

Sémonville (l'ambassadeur) sera compris dans l'échange proposé contre Madame, fille de Louis XVI, 218.

Serent (M. le comte de) acompagne Monsieur à bord de l'expédition anglaise, 307.

Servan (l'ex-ministre), envoyé à Bayonne, pour traiter avec M. d'Iranda, 223.

Sevestre (le représentant) annonce à la Convention la mort de Louis XVII, 214.

Sieyès (le représentant) est membre du comité de Salut Public, depuis le 15 ventôse an III, jusqu'au 15 messidor, 11.—Il est réélu le 15 thermidor, 12.—A conclu le traité de la Hollande, 200. — Le présente à la Convention, 201. — Porté au Directoire, il refuse, 382.

SIMONIN, payeur des prisonniers de guerre à Madrid, 22. — Symbole de paix qu'il envoie.— Articles de paix dont il reçoit la proposition, 32.

SOUBRANY (le représentant), victime de la révolution de prairial, 190.

SOUHAM (le général). La division qu'il commande arrive sur les bords du Rhin, 35.

SOURRIGÙIÈRES, homme de lettres, compromis dans les affaires de vendémiaire, 328.

STAËL (M. de), ambassadeur de Suède à Paris, 253.

SUBSISTANCES. Pénurie, 68.—Stipulation pour un versement de blés avec la Toscane, 95. — *Idem* avec Naples, 103 et 267. — *Idem* avec le Portugal, 264. — Avantages de la paix avec la Prusse sous le rapport des arrivages des blés, 157. — La disette sert de prétexte aux troubles de Paris, 185.

SUÈDE. La République française est représentée à Stockholm par le citoyen Rivals, 252. — Arrivée de M. de Staël, ambassadeur de Suède, à Paris, *ibid.* — Projet de traité entre la Suède, le Danemarck et la République pour la neutralité du pavillon, 254.

SUISSE. La neutralité du territoire helvétique est à la veille d'être compromise, 283.

TALLIEN (le représentant), membre du comité de Salut Public du 15 germinal an III, au 15 thermidor, 12. — Propose, à la tribune, de diviser la coalition par des traités partiels, 41. — Entre au comité de Salut Public. Lettre de Louis XVIII, qui le compromet, 142. — Il demande que l'Espagne soit tenue de rendre les vaisseaux enlevés à Toulon, 236. — N'est plus à l'abri des reproches sous le bouclier de thermidor, 297. — Compromis, de nouveau, dans une note attribuée au comte d'Entraigue, 318. — Prétend au directoire, 378. — Fin de sa carrière politique, 381.

TERRITOIRE FRANÇAIS. Sa délivrance. — Rapport de Carnot. Fête du champ de Mars, 34.

THABAUD (le représentant), en mission, près le camp sous Paris, 330.

THÉÂTRE FRANÇAIS (Odéon). Expédition dirigée par le général Menou, pour dissoudre l'assemblée qui se réunit à ce théâtre, en vendémiaire, 344.

THÉÂTRE DE LA RUE DE RICHELIEU. Ses colonnes sont échancrées par les boulets de vendémiaire, 369.

THIBAUDEAU (le représentant). Citation de ses mémoires sur la Convention, 6. — Il entre au comité de Salut Public, le 15 vendémiaire an IV, et reste jusqu'à la fin, 12.

THUGUT (M. de), premier ministre à Vienne. Le Comité lui envoie M. de Poteratz, 280.

THURIOT (le représentant) sort du comité de Salut Public, le 15 frimaire an III, 11.

TOSCANE. Traité de paix avec la République, 94. — Réception de M. de Carletti, ministre toscan, à Paris, 101. — Première démarche de ce diplomate pour la délivrance de MADAME, fille de Louis XVI, 216. — Le citoyen Miot est envoyé de la République française, à Florence. Le citoyen Villot Freville est secrétaire de la légation, 251. — L'Autriche veut, inutilement, faire rentrer le grand-duc dans le système de la coalisation, 275.

TREILHARD (le représentant) sort du comité de Salut Public, au 15 brumaire an III. Y rentre le 15 floréal suivant, 11. — Il présente la convention additionnelle au traité de la Prusse, 208. — Il propose l'échange de MADAME, contre les représentans et les ambassadeurs détenus en Autriche, 217.

TURQUIE. Le citoyen Verninac remplace le citoyen Descorches Ste-Croix, à Constantinople, et prend le titre d'ambassadeur, 252. — Rétablissement des relations de la France avec ce pays, 257.

URRUTIA (le général espagnol) prend le commandement de l'armée espagnole, à la mort du général La Union, 40. — Entre en correspondance avec le général Pérignon, 51. — Suite de cette correspondance, 106.

VACHOT (le général) est employé sous le général Berruyer, le 13 vendémiaire, 354.

VALAIS (la république du). Le citoyen Hefflinger y réside, au nom de la République française, 251.

VALENCIENNES. Reprise de cette place, 34.

VANDAMME (le général). Sa division arrive sur les bords du Rhin, 35.

VAUBLANC (le citoyen), compromis dans les affaires de vendémiaire, 328.

VERDIÈRE (le général) défend le Pont-Royal, au 13 vendémiaire, 354.

VÉRONE (fragmens de la correspondance de), 309.

VENDÉE (pacification de la), 100.

VENDÉMIAIRE (journée du 13), 350.

VENISE. Le citoyen Lallemand, envoyé de la République à Venise, 251. — Réception du *noble* Quirini, envoyé à la place du *résident* Pisani, 255.

TABLE ALPHABÉTIQUE, ETC.

VERNIER (le représentant), depuis comte de Monforient, membre du comité de Salut Public, depuis le 15 floréal, jusqu'au 15 fructidor, 12. — Préside la Convention, le 2 prairial, 190.

VERNINAC (le citoyen) remplace le citoyen Descorches-Ste.-Croix, à Constantinople, et prend le titre d'ambassadeur, 252.

VICTOR (le général) conduit une partie de l'armée des Pyrénées sur le Var, 237.

VIDAL (le représentant) intervient dans les communications pacifiques qui arrivent de Madrid, 31.

VIGNET DES ÉTOLLES (M.), ministre de Sardaigne en Suisse, essaie de communiquer avec le citoyen Barthélemy, 104.

VILLARS (le citoyen) réside à Gènes, avec le titre de consul de la République française, 251.

VIVIENNE (affaire de la rue), 340.

YRIARTE (M. d'). Lettre qui lui est écrite par le citoyen Bourgoing, 90. — Il se présente à Bâle pour traiter au nom de l'Espagne, 168. — Instance de ce ministre en faveur des enfans de Louis XVI, 210. — Il signe la paix, 234.

ZAYONSCHECK (le général) est un des chefs de l'insurrection polonaise, sous les ordres de Kocziusko, 28.

FIN DE LA TABLE ALPHABÉTIQUE.

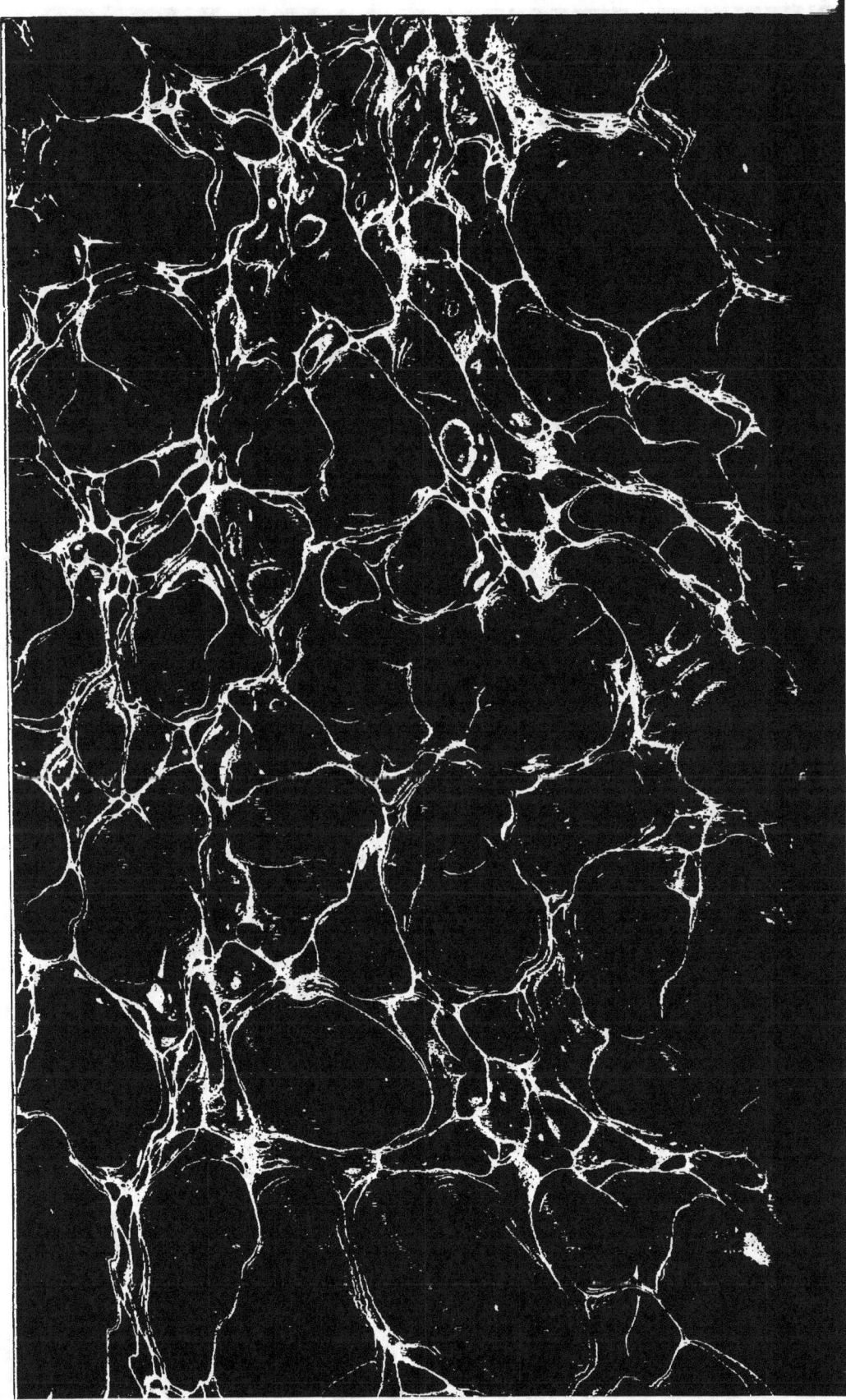

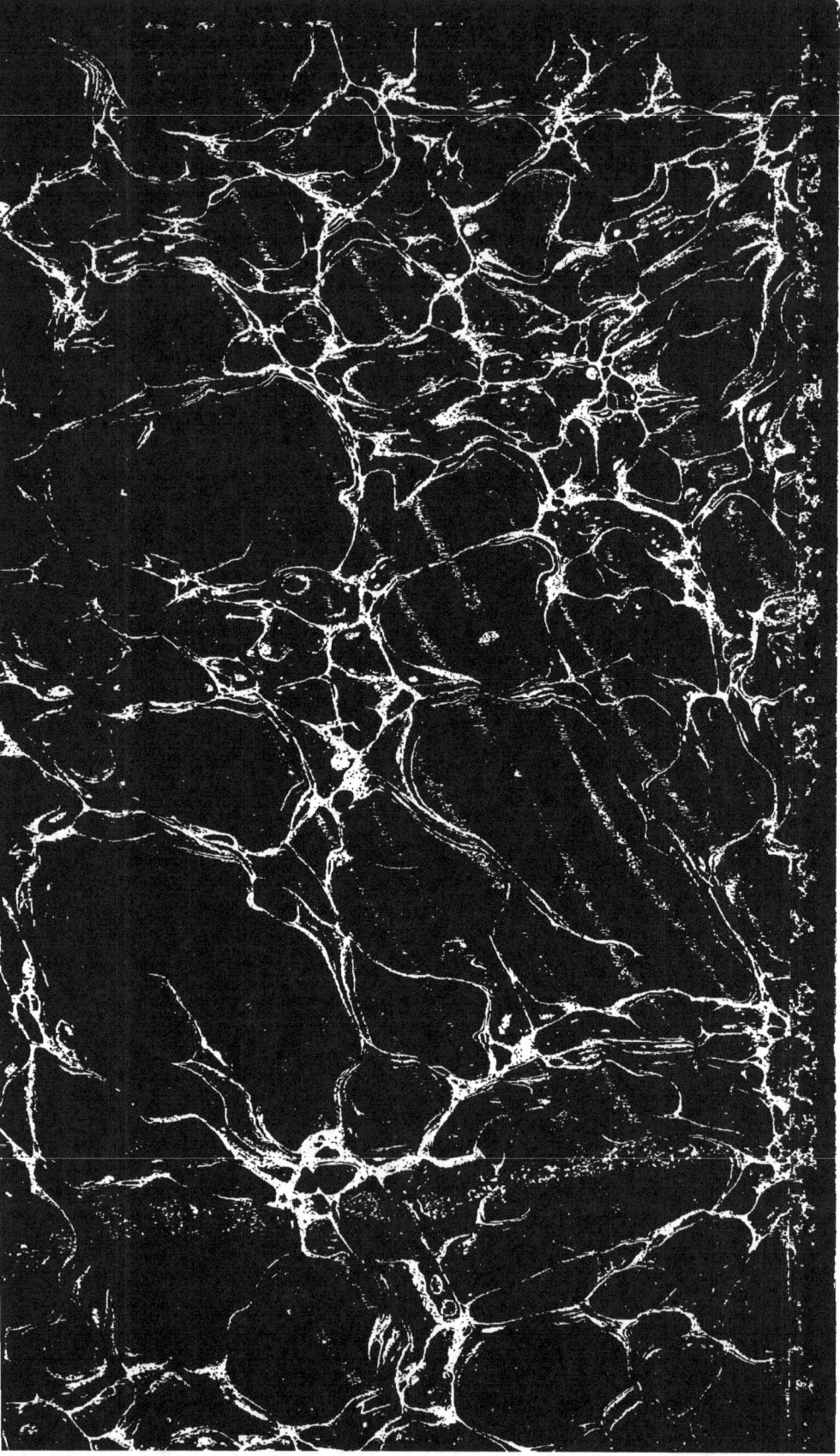

www.ingramcontent.com/pod-product-compliance
Lightning Source LLC
Chambersburg PA
CBHW072112220426
43664CB00013B/2093